U0067303

多元智慧與共同領導

陳佩正　譯

The Art of School Leadership

Thomas R. Hoerr

Association for Supervision and Curriculum Development

我的內心充滿感恩與尊重，

這本書是要奉獻給整個新城小學的社群。

從學生到教職員工，從家長到鄰近社區，

從朋友到行政人員，從畢業生到老師，

我真的要感謝在這裡的每個人。

目錄

CONTENTS

（書旁數碼為原文書頁碼，供檢索索引之用）

關於作者

湯姆·霍爾（Thomas R. Hoerr）從 1981 年開始擔任密蘇里州聖路易斯地區新城小學的校長。在擔任這項職務之前，他在密蘇里州大學城的學校學區擔任校長，也在另外兩個學校學區擔任過教職。湯姆在華盛頓大學創立、指導和教導非營利管理課程。他在研究所也擔任領導統御的課程教導，並且在許多研討會發表文章。

瞭解到愛德華·愛爾碧所倡導的觀點：「我可以透過書寫文章來瞭解我腦袋的想法。」所以湯姆是《多元智慧的教學與領導》（*Becoming a Multiple Intelligences School*, 2000 ；譯註：陳佩正翻譯，遠流出版社發行），以及五十多篇文章的作者。他所寫的文章通常以多元智慧在教育方面的推動，學校領導與教職員的共同領導為主。湯姆從華盛頓大學的教育政策和計畫發展研究所獲得博士學位，他從密蘇里州聖路易斯大學獲得碩士學位，而他的學士學位來自於哈里斯師範學院。讀者可以寫信到底下的地址和信箱與他聯繫（譯註：譯者強烈推薦讀者和作者以電子郵件溝通。通常寫信給他，兩天內會收到回信）：

New City School, 5209 Waterman Avenue, St. Louis, MO 63108 或者 trhoerr@newcityschool.org 。

關於譯者

陳佩正目前服務於國立台北教育大學自然科學教育學系。希望透過翻譯不同類型書籍，提供自己一個自我成長、進修的管道。近年來除了投入各類型書籍的翻譯之外，也策劃遠流的《魔數小子》童書繪本系列，期望透過活潑有趣的數學繪本，引導更多學生喜愛冷冰冰的數學。對於科學發展史也在最近幾年發展出濃厚的興趣，想要把這門冷門的學科，轉變為可愛的學科。另外，譯者也走入國中小校園，想要積極主動建立教育大學與國中小之間的合作伙伴關係，除了強化國中小教育以外，也可以提升國中小準老師的培訓模式，更提升自己在國中小教育現場的應變能力。近年來，譯者也參與幾所學校的本位課程發展與教學專業精進的合作計畫，企圖透過長期合作伙伴關係，改善國內教育體質。

推薦序

有些人會夢想。有些人為別人編織夢想。很少有人會在夢想之後，還會追求原先編織過的那些夢想。更少人會把這種追求夢想的經驗寫下來。

在這本書裡，您將會發現湯姆做到了這四項。所以請您坐下來。您不必離開舒適的椅子就可以走進新城小學著手進行一趟戶外之旅！這是一所位在密蘇里州聖路易斯地區的學校。

精心編織的知識是教師必須累積的智慧，他們每一年要花費二百二十天，每天大約要花費六到十小時的時間，在學校裡逐漸累積這樣的智慧。精心編織的知識就是我們學習到，那些和老師、校長的領導統御、關係的建立、教師專業成長、設定目標、權力和教師評鑑有關的知識。那就是我們在創造一個創意的文化、建立團隊、運作高效能的教職員會議，以及提高家長參與的過程當中逐漸獲得的知識。

長久以來我深信，只要老師和行政人員願意將他們精心編織的豐富知識大門大鎖打開，使這樣的知識得以顯露出來，並且加以讚揚，那麼我們就可以在一夜之間將我們的學校轉型。遺憾的是，在我們這個專業領域，鮮少有精心編織的知識會被專業人員顯露出來。那些將在明年六月退休的老師離開教育界，並且把他們長年從學校的嚴重打擊中所學也帶離開教育界——那些知識和技能就再也不會被教育界所重視。這樣的作為對於學校、年輕學子、同事以及那些沒有機會與他們共事的教育伙伴而言，真的是一項慘痛的損失。

當然，沒有多少人願意分享精心編織的知識可以有好多的理由。殘酷的真相是我們這個專業領域讓我們成為極少互相肯定，並且彼此競爭有限資源的競爭對手。如果你的表現越亮麗，就是說我的表現很差；相對的，當你看來不怎麼樣的時候，我看起來就好多了。所以這樣的心態讓我們這個專業領域的許多寶石都隱藏起來了。

我們經常看到的現象是，當一位老師鼓起勇氣在教職員會議上分享他們精心雕琢的知識時（「我想要和大家分享我剛剛想到的一個好點子，就是把自然科和語文科統整在一起」），如果不是面對一些呆滯的眼光，就是一些嚴厲的批評。「她以為她是誰啊！口氣這麼大，也不害臊！」就這樣，我們很快的學會把我們從學校一點一滴所累積的經驗緊緊的鎖起來。

您在這本書上即將閱讀到的內容就是湯姆．霍爾揭露他精心雕琢的知識，和過去二十八年來與他共事過的十多個老師與家長的知識饗宴。滿心期待的，就像我所獲得的喜悅一樣，相信您即將發現，針對許多學校反覆出現的議題，您將可以在這本書獲得具體的構想來拓展您的個人能力，這些項目包含了表現不良的老師，到領導統御的知識與技能，到家長參與的作法等。

我被邀請幫湯姆寫序真的是一個少有的機會，不過我把它視為校園內的一個教育伙伴樂意和我分享他的心智，也看到這位教育伙伴樂意將「一個店面的鑰匙」繳交給更多讀者分享，所以我在這裡寫推薦序。我期望還有更多人會追尋湯姆的例子，並且從這樣的分享過程獲得更多的體驗。

悲哀的是，我們在這本書看到另一個存在學校文化裡根深蒂固的頑固障礙。在我們的專業領域裡，當我們一些優秀的點子無法在「我」的校園裡落實時，我們似乎有天分可以隨時找到各式各樣的理由來推託。

- 他們學校獲得了所有特殊教育的經費可以支持他們的計畫。
- 他們在課程的自主性方面，遠比學區教育局樂意給我們的自主程度高出許多。
- 他們學校裡有那些富有的白種人學生，你可以隨心所欲的教導任何你想要教導的課程內容。
- 他們的學生家長願意支持老師所推動的各項教學活動。

這樣的清單可以繼續寫下去，寫不完的。

湯姆所服務的新城小學不是一所公立學校，而是一個獨立的學校。人們對於這種私立學校有一個常見的信念，認為他們既然是私立學校，所以可以不理會官僚體制的限制，隨意創新。還有一些人認為他們在公立學校的教育伙伴只要有新的構想和實踐，就可以很快的吸引別人的注意，進一步受到重視，還會被同儕盡力模仿。我在公立學校或私立學校所經歷的多年經驗中，從來都沒有發現這樣的觀點曾經發生過！所以我們通常很輕鬆的可以把一些對「我的」學校沒有多大關係和無法實現的想法打發掉。

不要讓這樣的心態給矇騙了。因為學校所遭遇到的重要議題和機會都是一般性的議題和機會，所有的學校都需要處理不適任的教師、教師專業發展、教師賦權增能的議題、課程與其他反覆發生在校園生活的元素；不一樣的應該是每一所學校如何回應這些相類似的情況。可悲的是，這樣的回應大多數都是一致性、令人氣餒的處理模式：一個教職員會議就是一個校長站在會場前面訓話，而所有老師坐在底下聆聽（也許會聆聽吧！譯註：這不也是我們在每一間教室所看到的師生互動嗎？）。

這是這本書所帶給您的禮物。這本書的作者在服務將近三十年的時候，還依然投入、精力充沛、也對教育充滿希望——更重要的是，他還在學習（譯註：一個沒有繼續學習的老師或校長，我們怎麼可能期望他們的學生不會模仿他們的身教呢？）。他過去所學到的知識和技能，以及他持續學習的內涵構成了另類思考的方式，讓我們可以使用煥然一新的方式來考量學校的運作，以及如何帶領大人和學童邁向學校運作的核心目標。在這裡，在擔任一所學校領導者多年的驚濤駭浪之後，我們所看到的是一位不僅尊重老師的領導者，他也喜歡他們！他的學校是「一所全新的學校」，提供新穎的思考模式來提升人類學習的水準。這些構想可以在不改變經費預算的情況下，在其他學校複製出效果，唯一要改變的就是人們的心態。

要成功的轉移精心雕琢的知識，需要許多必要的條件。一個人必須擁有某些精雕細琢的知識才有能力分享這些知識；一個人還要有十足的勇氣，並且樂意分享這些知識；一個人還要找到願意歡迎和重視這個分享經驗的伙伴才得以分享知識；還有第四個必要的條件：這個人還有能力把精雕細琢的知識透過口語和書寫的文字讓其他人可以輕鬆瞭解他分享的經驗。我在這裡再度肯定湯姆成功的在這些方面都做到令人讚美的程度。

這本書的一個核心主題就是關於「領導是一門關於人際關係的藝術」。湯姆．霍爾說到做到。我猜想他將會和您一起建立一個堅強而忙碌的關係，進一步獲得成功的經驗，就像他和我一起經歷過的經驗一樣。

透過嬉笑怒罵、愉悅、誠實和沒有專業術語的語文，他所寫的這本書獲得高度的信任和尊重。他對於校園生活的描述將會在多數老師、行政人員和家長的內心引起共鳴的。

阿度斯．哈克斯里（Aldous Huxley）這麼說過：「經驗不是那些發生在我們身上的事情，它應該是我們如何把自己的經驗變成有效學習的素材。」我想你將會在這裡找到許多學校的經驗，而且你將會發現湯姆也確實做到這一點。有一天我希望能夠去拜訪新城小學，並且和這位非凡的教育家和他的教職員好好的聊聊天。幸運的，我們都沒有誰要繼續等候下去。請您盡情享受這趟戶外之旅吧！

羅蘭．S．巴斯（*Roland S. Barth*）

致謝

寫這本書是我專業旅程中的另一個步驟。這是一個愉悅的旅程，有時候讓我感到挫折，不過從來都不會無聊，還會經常有令人滿足的感覺。就像多數的旅行者一樣，在這一路上我反覆的被許多博學多聞與和藹可親的人們所幫助。有時候我知道我迷路了，所以我主動要求別人開導我。有時候我很確定我知道要往哪個方向前進，不過實際上我只是繞著一個圓圈在轉；雖然走得比較快，不過仍然繞著一個圓圈轉動。不管我有哪樣的成就，都是許多、許多人願意和我分享他們的想法，願意聆聽我的構想，不管他們同意或不同意我的觀點，都讓我有機會可以反思、並且質疑我自己的想法。這並沒有它看起來的樣子容易，這是為何我的馬克杯上面有這樣的文字：「老是犯錯，不過從來不會猶豫不決。」

該從哪裡開始寫起呢？首先，我要感謝新城小學的教職員。我非常、非常幸運的可以和這樣一群具有天賦、有愛心和充滿精力的老師群體在一起工作，我通常相當敬畏他們每一天帶進教室裡的魔力，他們容忍我的想法和俏皮話，不管是好是壞。新城小學的董事會那麼的支持學校的運作，我感謝他們的信心和智慧。我從來都沒有想過我會在一個環境工作這麼長的時間，不過我發現我每一天都很想要去上班，同時接受支持和挑戰的系統。我們的學生和家長們，以及其他的員工伙伴，都應該獲得我在這裡對他們的感恩。新城小學真的是一個卓越優秀的地方，我也為我們大家一起完成的事情感到驕傲。

許多和我在旅途中交錯的人們，在我身上留下深遠的印痕。這本書每一個章節的草稿都被許多人審查過，他們提供的回饋對我都是那麼的有幫助。十多位世界各地的教育伙伴提供我一些評語或引述，讓我可以釐清我的想法，並且讓我的想法進一步變成這本書。在冒著我可能會遺忘應該感恩的人的情況下（我相信這是一定會發生的事情），我要感謝底下的這些人，沒有他們的支持和激勵，我就沒有辦法完成這本書：Roger Perry, Barry Anderson, Maggie Meyer, Rudy Hasl, Tina Short, Frank Hamsher, Jim McLeod, Mimi Hirshberg, Polly O'Brien, Sue Schlichter, Jerry Dobson, Mary Ann Wymore, John Weil, Ed Soule, Mary Ellen Finch, Howard Gardner, Roland Barth，以及我們學校一年級一位叫做 Helen Mayfield 的老師。我同時也要感謝那些提供生活中令人分心的娛樂消遣的人們，包含我的棒球隊朋友和讀書會的伙伴（譯註：作者感謝這群朋友分散他對於學術單方面的追求，才得以獲得高品質的生活）。

在 ASCD 方面，我特別感謝 Kathy Checkley、John Checkley、Scott Willis，和 Genny Ostertag——也就是這本書的編輯。我第一次遇見 Kathy 和 John 是當他們為我的《多元智慧的教學與領導》拍攝錄影帶。我享受他們當我的同事的感覺，也相當尊重他們的意見。Scott 協助我把這本書從一個想像的概念轉變成一本真實的書籍，在此感謝他的一臂之力，他的技巧和鼓勵是筆墨難以形容的。另外，Genny 一雙靈巧的手，同時給我建議、釐清，也塑造了這本書的脈絡。

最後，我要感謝我的家人對我的支持。我的媽媽、我的太太和我兩隻標準的捲毛狗—— Rita 、 Karleen 、 Casper 和 B.J.——他們知道雖然我的名字出現在這本書的封面，不過我還是我。

譯者序

在國內許多多元智慧相關的書籍當中，多數的書籍強調成功的案例，每一所學校一個成功的案例，我卻偏好一個學校從零到有，到發揚光大的階段。所以原先翻譯了一本《多元智慧的教學與領導》（*Becoming a Multiple Intelligences School* ，也是這本書作者寫的書籍），在國內卻鮮少被討論。或許我錯了，不過我想說的是在觀察國內許多學校推動多元智慧或者其他特色的過程，並且瞭解國內的中小學行政人員的調動對於學校發展影響深遠的情況下，我還是要建議讀者多考慮湯姆這樣的作者所寫的書籍。

首先，一所學校不可能只有一項強勢的多元智慧項目，就可以留得住學生。國內許多學校推動多元智慧，通常在國小低年級還算有效，會使用多種智慧來進行教學。不過到了中年級，這樣的多元智慧教學，或者統整課程就面臨許多困境，主要是學生的年級越高，課程越偏向學科，要統整或者要採用多種智慧的教學模式就會遭遇到困境。一旦學生到了高年級，乃至於國中階段，幾乎就會讓老師放棄多元智慧的教學觀。這樣的情況常常會讓學生的家長對於教育改革產生懷疑。特別是國內學生的家長眼睛是雪亮的，只要他們看到自己的子女在學習上沒有增加信心，考試成績也不見得提升的情況下，就會把子女從原先的學校調開。這樣就會讓原先推動多元智慧的學校無法有效的教導一群固定的學生，對於老師的教學所造成的影響更是無法比擬。所以要推動多元智慧，或者任何一項教育改革的措施，就是要全校性的集中火力來推動，才有效果。湯姆前後兩本書都是我翻譯的，他的文筆淺顯相當容易閱讀，沒有多少專業術語，所以許多讀者可能會認為這樣好像不是一本好書。我倒認為湯姆寫書也在教導我們在教育的過程不可以使用太多的專業術語，不管我們面對的是國小學童、大專院校的學生，或是學生的家長，盡量避免專業術語，或者說把專業術語用一般人聽得懂的言語表達出來，真的就是邁向專業的開始。

另一方面，雖然這兩本書的重點都是以校長的觀點來剖析，不過湯姆的文章只要我們稍微轉化內容，就可以看到每一間教室也都可以使用湯姆的建議。換句話說，湯姆提到，經營一所學校，需要營造和睦相處的氛圍，建立協同合作的工作關係，以及營造一個共同領導的學校團隊，這不也是我們在教室裡面要做的任務嗎？如果沒有這樣的企圖心，學生一離開我們的視線，就會去胡搞瞎搞，讓我們擔憂他們是長不大的小孩。特別是國內的校長制度，有許多校長努力經營的就是教育局的這塊版圖，只要把教育局的長官想要推動的政策盡量弄到學校來進行，就不必擔憂未來的發展。其實這是為了早期校長制度的一些偏差行為來改變的，目的是不希望再看到一些校長消極的在一所學校等待退休，不想進行任何的改革。不過校長一任三到四年，好不容易瞭解一所學校，可以開始認真規畫改革的時間，就已經是該調動的時間點了。湯姆在新城小學已經有十多年的時間，擔任校長一職，也才能夠發揮影響力，把一所平常的學校轉化為一所不斷成長的學校。國內早期一些有成就的學校，不也是一位校長長期耕耘的結果嗎？這是國內校長任期制度可以多考量的部分。

國內早期的校長制度，確實有許多弊病。為了防止類似的弊病再度發生，才改為目前的制度。不過我們該問的是，為何在以往的師資培育、主任培訓和校長培育過程當中，會讓不少校長想要輕鬆工作，不思改革之路，至少看看是否能夠培訓出一些和目前在交通大學就讀的丹尼爾這樣的外國人一樣有愛心的校長呢？丹尼爾以一個外國人的身分、交通大學博士班學生，每個星期卻願意義務到山地的學校擔任英文教學的任務，每次還需要騎七個多小時的車程（來回各七個多小時，最後膝蓋關節出了問題）。這種為教育奉獻犧牲，連學校想要送他一點小禮物都被拒絕，這不是我們渴望找到的校長人選嗎？

同樣的，讓我們回到湯姆對於經營一所學校可以給老師的啟示吧！除了在教室裡面培養和睦相處的氛圍，協同合作的工作關係，以及共同領導的教學現場外，我們不也是要聆聽學生的觀點、興趣嗎？當我們教導的學童年齡太小，無法完整的表達他們的想法時，我們不也是要和他們的家長（或監護人）多多溝通，以便瞭解孩子在學校以外的地方的表現嗎？在知己知彼之後，我們才能夠和學生共同設定目標（當然我們自己也要設定可以監控的目標，不過就誠如湯姆所說，知易行難，知道要設定可以監控的目標不會太難，但是要真實做得到，就相當具有挑戰性）。不同的學生應該在我們的引導下，設定不同的目標，這也是個別化教學的主要訴求之一。過去強調「成衣理論」（一件成衣，每個人都可以穿就好了；一套課程，全體學生適用；一種教學法，學生不可以要求不同的學習模式），在面對社會改革的快速腳步變革時，已經不適合了。所以數學很厲害的學生在數學學習方面所設定的目標，就應該和數學成就不高的學生有所差別。體育方面表現不好的學生在設定體育方面的學習目標時，當然就和一些體育明星級的學生有所不同（每位學生都有一輩子的時間可以學習，我們不必強迫他們在國中畢業之前把每樣知識和技能都學會。就因為我們以前操之過急，所以許多學生到了國中就幾乎已經完全放棄學習）。所以協助老師設定個人的、全校性的目標，也可以轉化為協助我們的學生每個人設定他們自己的、全班性的目標。設定一些公開的、一些隱私的目標，不也可以運用到我們的學生身上嗎？

當然在評量老師的同時，就像我們在教室裡面也不得不考量的項目：每一位學生的表現如何？我們該如何把每一位學生的學習表現告知他們的父母親呢？在評量方面，除了傳統的成績單以外，是否有其他模式的評量結果可以讓學童的家長更放心的瞭解孩子在學校的表現與成長呢？

同理，擔任老師，我們也有不同層面的權力，和湯姆提到校長的權力幾乎一模一樣。我們有專家型的權力，我們也有獎賞型的權力，我們還有強制高壓的懲罰權力……該如何在這些不同的權力方面交叉使用，才能夠把一個班級帶領成為優越的班級，也都在考驗每一位老師的能力。特別是擔任一年級、三年級和五年級的老師，因為學生通常會重新編班，所以把一個混雜（有些老師喜歡稱為烏合之衆）的班級，帶領出學生的潛能，並且把潛能發揮到極限，不也是老師的責任嗎？

我們在二十一世紀相當重要的教育目標之一，就是鼓舞學生發揮創意，並且帶領學生以團隊模式展現他們的創意。因為創意並不是標準化測驗所能夠測量的項目，所以他們所呈現的樣貌通常相當混淆。在創意的過程裡，錯誤是在所難免，學生也因為他們會犯錯，才是學生。不過如果反覆犯錯，那才是真的犯錯。所以鼓勵學生嘗試新的錯誤，並且從新的錯誤當中學習教訓，真的是我們在鼓勵創意教學、創意學習的歷程當中非常重要的項目。當然如果只是告訴學生要嘗試新的錯誤，老師卻從來都沒有犯錯，那麼老師的身教明顯的告訴學生，那些告誡的語文是騙人的片面之詞。一位老師如果完全沒有犯錯，那是神才能夠做得到的境界。我通常要求學生先恢復「人」的身分，才能夠瞭解「人」的行為舉止。老師要切記的只有一項：不可以犯的錯誤類型就是那些有安全考量的，以及危害學生身體或心理健康的事項。

讓會議變得有意義，轉個彎，就變成了讓學生的上學變得有意義，這還要專門顧及學生的觀點，不是我們自己的觀點。許多學生在國中要升學的時候，早已經放棄學習了，原來他們一直找不到學習的目的。對於許多人來說，繼續學習、繼續升學的主要目的是要賺更多的錢。所以當檳榔西施、午夜牛郎、特種行業的人們賺得比老師還要多的時候，當學生的生活價值觀變成賺更多錢就是有成就的情況下，老師在學生面前的尊嚴就降低了。學習真的只和賺錢相關嗎？這是價值澄清的活動，也需要更多教育界的伙伴投入心血來引導年輕學子清楚認識學習的本質和目的，否則混淆的學習只會帶來邪惡的學習。

在慶祝我們的多樣性差異方面，我們國內目前不也是有許多新移民到來嗎？如果考慮到地球村的概念在世界各地已經成形，那麼未來會有更多外籍人士來國內工作，他們的子女也會成為我們教室裡的一員。如何協助不同的學生都能夠發揮潛能，不是幫他們貼上標籤，應該也是慶祝我們的多樣性差異帶給我們的啓示吧！如果我們考量的不是單純新移民的議題，而是學生的多元智慧的輪廓、他們的學習風格、他們的意志力差異等等，那麼我們更應該透過學生多樣性差異的本質來讓每一間教室裡的學習更加多采多姿。

當然，翻譯湯姆的書還有另一個好處，我會是第一個偷取他教學概念的人。在「為我們的多樣性差異而慶祝」那一章，湯姆介紹了多樣性差異的教學活動，是我們可以直接在課堂上不需轉換就可以直接使用的教材，許多表格也是我們可以直接使用的。重點是，湯姆讓我們瞭解到，帶領一所學校絕對不是一條平穩的道路；同樣的，帶領一個班級也絕對不是一趟平順的旅程。

Introduction

導言

優秀的領導者是藝術家。他們在旁邊激勵、鼓掌、 1
責罰、指點建議，也在身旁當我們的依靠。他們會創造、監控、強化、鼓勵，也會在背後當作我們的靠山。是的，有時他們也會站在我們面前。他們瞭解到協助創造一個可以讓每個人發揚光大，每個人都可以成長的環境是他們的責任。優秀的領導者瞭解到領導統御是關於人際關係的一門課。

因爲優秀的領導者確認沒有任何一套公式，沒有特定的政策，沒有一套既定的程序，可以適用到每一個人，或者甚至適用到任何一個人身上，所以他們都必須是藝術家。每一個獨特的情境，每一個有特性的人都應該被我們所鑑賞。我們知道我們必須採用一個發展式的方式來瞭解我們的學生是如何學習的；我們也知道當他們以建構的方式學習，並且創造他們自己的意義時會得到最佳的學習成效。對我們的老師來說，這也沒有相差多少。我們也需要以發展式的方式來看待每一位老師；他們最好的學習方式也是建構他們的教學能力。我認爲對於每個地方，在任何情境下的領導者和追隨者來說，這也是眞實的，我也確定對於學校的領導者來說，這一點更是千眞萬確。

當我在寫這段導言時，我帶領一所學校的年資已經
接近二十八年。這麼長的時間意味著我曾經犯過許多錯
誤，我希望從這些錯誤學到一些教訓。我很確定我並不
欠缺學習的機會，當我回頭看到過去的那段時間，也就
是我應該可以用不同的方式做事的時光，或者是我在未
來可以用不同的方式來做事。例如，就在上個星期，有
2 一整天的在職進修時間用來讓老師個別和行政人員討論
他們的專業目標。這一整天是由一系列的三十分鐘的會
議所組成的，一個接著一個，然後再跟著一個。到了那
天要回家之前，我已經像是洩了氣的皮球，不過我仍然
精力充沛。我很興奮的聆聽老師的計畫，也很高興有一
個不被中斷的半小時可以從他們每個人身上學習各式各
樣的理念。在那一天要結束之前，我所能夠想的就是，
為何我以前沒有這樣做過？

這本書從頭到尾，你將會看到世界各地的教育伙伴提供的建議。

我們都是領導者，我們也都是學生的身分。

～塔瑪拉

這本書利用我的經驗，有些經驗管用，有些不管用，並且提供想法和範例來告訴您可以如何帶領一所學校。我同時也寫電子郵件給世界各地許多教育伙伴，尋求他們針對我想要討論的議題提供想法，你將會在這本書許多頁的空白處看到他們的評論。領導統御是一門藝術，所以它沒有任何公式可以套用。相對的，本書每個章節，討論的議題都是行政人員每一天必須處理的事項：開會、教師評鑑、與家長的溝通、建立一個團隊、督導專案計畫的進行、注重多樣性差異以及鼓勵共同領導。

我認為學校領導者所面臨的挑戰遠比其他領域的領導者所面臨的挑戰還要艱鉅，這是因為教育的本質以及學校組織的運作方式所造成的。三個特定的挑戰立刻浮

現在我的腦海裡。

平衡測驗的壓力。在營利機構裡，結果相當具有共識，底線也相當清楚明白。然而，教育界的伙伴持續辯論到底我們該如何測量學校是否經營成功。我們是否應該只根據標準化測驗的結果來評量個別的學生、一群學生，或整個學校的學生呢？標準化測驗主要在評量哪些項目呢？學生成長的哪些觀點是任何標準化測驗無法掌握的呢？「每年有足夠的進步」是否可以針對我們對於學生和我們自己的期望提供一幅眞實的圖像呢？我們可以如何使用 PEP（專題、展示和呈現）與檔案來量測學生的成長情形呢？我們是否能夠使用這些量測精準的量測老師的效能呢？

雖然針對這類型儀器的效度仍有持續辯論的空間， 3
雖然敏感的老師瞭解到客觀的測驗只能夠掌握一個學生成長當中的一個片段，不過校長卻不得不一肩挑起他們學校在標準化測驗的表現績效。校長必須集中他們與學校教職員工的精力在那些可以被量測的項目上，不管他們對於那些量測工具可能有的限制抱持哪樣的擔憂，還是要繼續做下去。不過這樣的議題並不會那麼容易就讓校長可以抽身脫離它。同時，校長必須瞭解到還有其他議題在學生和教職員的成長與發展上非常重要。

放牧貓咪。帶領老師經常被比喻成指揮一個交響樂團，擔任一隻棒球隊的教練，或者放牧貓咪。一位指揮家努力讓一個交響樂團的每個成員和其他所有的成員能夠有和諧一致的演奏；成功的演出主要是根據他們在一起表演時配合得多好。一位棒球的教練創造一個關係，讓每一位球員和其他場上的球員搭配無間，也要讓他們

調適棒球比賽的節奏；教練的成功也是依據他們是否能夠搭配的完美來決定。優秀的領導統御賦予球員能力，不管是在一個交響樂團或在棒球隊的球員，讓他們超越個人的能力，達成團隊的目標。一個貓咪的放牧者記得目標，並且瞭解到那樣的目標從來都不會很容易達成；他會捫心自問：「我幹嘛要做這件事呢？」

領導統御從來都不是一件容易的事情，更困難的就是帶領那些我們希望能夠教導學生的人們。那是因為在超級棒的老師身上可以找得到的許多特質——熱忱、創意和渴望獨立自主的心——讓他們難以和別人分享他們的驕傲，或者共同邁向同一個目標，以及變成良好的團隊一員。這個傾向有惡化的情形，因為教學通常是一個非常自主的活動（當然，它不該是一項非常自主的活動，那也是這本書的主要訴求）。實際上，有時候很難讓老師接受的一個事實就是他們有一位老闆在監督他們。

4 對於具有天賦的老師來說，教學是一門藝術，而他們就是藝術家。當我想到這些老師時，我會使用米開朗基羅當作他們的化身。我們期望米開朗基羅教導我們的學生，不過這群米開朗基羅通常拒絕服從任何人，也相當獨立自主，要帶領他們不是一件簡單的任務。我們必須找尋方式來領導他們，才能夠鼓舞和挑戰他們的能力，也才能夠給他們指導和支持的系統。督導這些米開朗基羅絕對不是小事一樁。

卡在許多事情當中。校長幾乎要回答每個人的問題。依據官方的規定，他們只要對一位學校學區教育局長和一位助理局長負責就夠了。不過不管是否是官方規定，他們同時也要對學校學區教育局副局長、局長的助

手（或局長的助理）、代理局長和整個學區範圍的教育局長、其他教育主管和課程主任負責。也不要忘了還有教育委員會的成員，有時候他們很難區分哪些是政策，哪些是行政工作。很明顯的，校長有許多正式的老闆（有些校長還要增添一些他們需要向交通運輸主任，或其他各式各樣的主管負起責任）。

> 領導者會挑戰，不過他們不會讓人感受到強烈的壓力。
>
> ～娜麗

校長也要對他們的老師負責，那些老師扮演著一種非官方的老闆的角色。帶領一所學校就是要創造一個每個人都可以成長的環境，包含老師和校長在內。在那樣的環境下，校長傾聽老師的聲音，而傾聽意味著校長要樂意回應老師的需求。此外，有些老師比校長對學生的家長更有互動的經驗和影響力（或可能和那些在學校學區教育局上班的人）。不開心的老師可以召集家長；心滿意足的老師可以平息他們。教師聯盟在許多管理的議題上也給老師一個強勢的發言權。

當然，校長也要回答家長的問題。三位不開心的家長可以引起一場造反，兩位不滿足的家長可以創造出無窮的頭疼時間，一位不滿現況的家長可以讓學校學區的教育局長面對一群群衆。而且就像任何一位校長都知道
的，不管學校的品質如何，或是校長領導的技巧多高， 5
批評和不開心的家長在每一所學校都找得到他們的蹤影。校長必須教導別人，包含所有的學生家長在內。

帶領一所學校所面臨的這些獨特挑戰——針對學生和學校的進步情況該如何量測、老師被視爲藝術家的議題，以及學校領導者顯而易見的脆弱本質——帶領我們到一個不可避免的結論：領導統御是一門關於人際關係

的藝術。確實，有時那些關係相當接近和親密，另外一些時候，他們可以延伸到整個國家和其他大陸。您即將在這本書的空白處看到一些引述，都是來自於世界各地的教育界伙伴，雖然這當中有些人我認識，不過他們多數和我只保持一種電子郵件的伙伴關係。然而，這些伙伴也是我學習的對象（譯註：當初作者寫信要求回饋時，譯者也陸續提供一些在教師研習活動所聽到的訊息。所以譯者在這本書所提到的引述大多是各地區老師在研習時的想法，在此一併感謝這些老師所提出來的觀點）。

優秀的領導者擁抱這些挑戰，並且帶領學校往前邁進。不管一所學校是從一個困境的現況，邁向可以接受的水準；或是從優秀的水準邁向偉大的境界，領導統御是它演化過程當中的關鍵變因。

CHAPTER 01

領導一所學校

優秀的領導者改變組織；偉大的領導者改變人們。 7
人才是任何組織的核心，特別是在一所學校的情況下，也唯有透過改變人們——教養和挑戰他們，協助他們成長和發展，創造一個他們都可以學習的文化——這樣一個組織才有可能會興盛繁榮。**領導其實就是一門關於人際關係的藝術**。

領導者透過協助團體裡的每個人更有效率的工作，提升一個團體的生產力。不管是哪樣的任務或目標，一位偉大的領導者協助每個人變得更棒、更有效能。一個領導者先從設定一個願景出發，不過不會就停留在那裡。一位領導者傾聽、理解、激發、增強、並且做出紮實的決定。當事情進行的相當順利時，一位領導者公開的給予讚美；不過當事情不怎麼順遂時，這位領導者會一肩扛起責任，並且補足破碎的地方。所以從這裡分析，**領導統御就是關於人際關係的一門藝術**。

領導者並不是因爲他們可以發佈命令而獲得領導權力。領導者有良好的溝通能力，並且經常進行溝通，他們樂意傾聽別人的觀點。聆聽並不意味著拋棄責任感，或者放棄扮演一個領導者的角色；聆聽的眞實意涵就是要把別人的想法、天賦與能量結合在一起，塑造成一個願景。有些時候，領導統御相當明顯可見，不過這樣的情況不見得總會發生。就誠如愛森豪將軍所觀察到的現象：「領導統御是一門藝術，它就是當你想要完成某件事情，而且你也瞭解到他想要做那件事情，所以你讓某個人來完成那項任務。」優秀的領導者有辦法把別人的潛能給完全展現出來。**領導統御眞的是一門關於人際關係的藝術**。

學者專家通常會區分領導統御和管理之間的差別。他們說，領導統御是在創造願景，處理那些組織外的相
8 關事宜，並且激勵組織內的其他人。相對於此，管理是在執行願景，處理員工的事情，並且持續保持標準的要求。或許有些領導者不必管理，不過那可不是我個人的經驗。我所認識的強勢領導者因為他們可以同時兼顧領導和管理而變得強勢。是的，領導者確實要創造願景，處理外部的事宜，還要激勵人心。不過領導者同時要執行策略，讓他們所創造出來的願景可以實現，他們也要處理員工之間的事宜，並且要堅持到底，以便確認正確的事情正以正確的方式完成。所以我還是要說**領導統御眞的是一門關於人際關係的藝術**。

經過千辛萬苦所學到的教訓

在經歷了超越四分之一個世紀的時間運作學校，並且嘗試擔任一位領導者角色的過程中，我學到了一些痛苦和強而有力的教訓。當中有四個教訓幾乎天天黏著我（請相信我，到目前為止，我還沒有熟練這些教訓呢）。

領導非公立學校

特許學校、教會學校、私立學校的頭目和他們那些在公立學校服務的同儕必須處理相同的壓力。他們的頭銜可能會有所不同，與其單純的叫做校長，他們可能的頭銜是總裁、主任、執行主任、私立學校校長、私立學校女校長，或者就乾脆叫做學校的頭目，不過他們所面對的議題是相同的。在非公立學校裡，測驗的議題絕對不會比較不切實際。一個差別就是在非公立學校，他們必須回應處理的官僚階層沒有那麼多層級，不過這倒不意味著說學校的管理經營會比較容易。非公立學校通常是由十二到二十五個成員組成教育委員會。

非公立學校的領導者也必須忍受一個額外的真實挑戰。只要學校能夠讓家長放心的在每一個學年度都持續讓他們的子女在某個特定的學校註冊就學，那麼非公立學校就沒有其他比績效要求還要難以面對的挑戰了。當學生的家長用他們的腳決定子女就學的學校（譯註：家長可以選擇讓他們的子女就讀其他學校，也就是用「腳決定子女的學校」），也就表示他們對學校辦學的肯定程度有多高，當然他們的行動也代表了他們對於學校評鑑的一個表決。此外，當我們收取學雜費的時候，他們花費的金錢通常也會讓他們對於學校的辦學抱持更高的期望。當然，多數非公立學校（特許學校除外）有另一項優勢，那就是他們有能力挑選他們的學生，所以會比他們那些在公立學校服務的同儕更具有彈性的進行整體校園的運作。或許最大的差別在於多數非公立學校的領導者有一個額外的責任，那就是要進行行銷和募款的工作。

1. **盡可能包容**：我們在一起合作的表現遠比我們個人的表現要精明多了。 9
2. **清楚明確**：到底應該是你的決定、我的決定，或者是我們的決定呢？
3. **對你自己和其他人要公平公正**：瞭解傑出和完美之間

的差別。

4. **做一個改變現況的人物**：你爲何要領導一所學校呢？

教訓一：盡可能包容

> 領導統御發生在許多階層，也來自於許多個人。如果你遺忘了這件事，你就已經不再是領導統御的一員了。
>
> ～班

華倫——瘦瘦高高的身材，總是眉頭深鎖——走進我的辦公室，毫無預警的就這麼走進來。每當我看到他，我知道我的防衛心就會提升。每當我們在一起討論事情時，華倫總是這樣對待我。他有兩個小孩在我的學校就讀，一位二年級學生，一位四年級學生，而且他總是給我帶來批評和抱怨。就在我擔任校長的前幾個月，華倫早就已經變成一位我無可逃避的人物。

「你有一分鐘的時間嗎？」他這麼問著。坦白說，我連一分鐘都沒有，我非常的忙碌。我甚至可以說，如果我果眞有一分鐘的空閒時間，我最不想做的事情就是和華倫聊天。

「當然！」我居然這麼回答著，不管如何，我找了一張椅子讓他坐下來。

這件事情發生在我擔任校長的第一年，而且我已經深刻的瞭解到我不喜歡讓華倫變成批評我的主要人物。我在一所位於郊區和都會區交會的學校擔任校長，全校有四百個學生，根據學校學區的專業術語，我們那群學生屬於「低成就」的學生，那意味著我們學校多數的學生在標準化測驗的表現相當差。許多學生來自合乎免費午餐或可以享用折扣午餐的家庭，不過我知道那絕對不是一個合情合理的藉口可以逃避標準化測驗的要求。我在開始擔任校長這項工作時，就努力張大眼睛想要瞭解那所學校的整體運作。我清楚瞭解在前面等候我去迎接的挑戰有多艱難，事實上，我也渴望想要去迎接這項挑戰。當華倫走進我的辦公室時，許多議題清晰的展現在我的面前：學生並沒有眞實的在學習，家長也沒有參與他們子女的學習；教職員工則是數十年如一日的度過日子，即使他們瞭解到他們的教學根本沒有任何效率可言。

「我想看看我們學校學生在標準化測驗的分數，」華倫這麼說著。「我不想要看個別的分數，不過學校學區教育局長（superintendent，譯註：美國學區都會有一位負責教育事務的主管，相當於該學校學區的最高主管，國內沒有相關的頭銜，所以譯者延續以往翻譯的方式，採用學校學區教育局長來詮釋這個名詞）告訴我，你來這所學校的目的就是要對這個學校的傳統進行顚覆的任務，而我則是想要瞭解到底這所學校有哪樣的問題存在。我更想要知道我們學校爲何要找你來擔任校長這一職務？」

華倫的小孩在學校表現得相當優秀，所以他沒有其 10
他資料可以瞭解學校裡其他學生在標準化測驗的表現並不怎麼亮麗。此外，當我應徵這份工作時的一位競爭對象就是這所學校的一位老師，是一位華倫相當欣賞的老師。自然而然的，華倫就會懷疑我到底是怎樣獲得這份工作的。理所當然的，我也會懷疑他對我的疑心。

華倫的要求是一個相當難以處理的問題。全校性與全年級的平均測驗分數在那些日子裡都還沒有對外公開。學生家長知道他們子女在測驗所獲得的分數，老師也只知道他們所教導的學童在測驗的表現成就，校長所知道的則是各年級之間的表現比較，以及各校之間的差一位真實的領導者不但領導你，也給你正確的方向。他或她必須和你並肩作戰，也一邊鼓勵、支持、聆聽，還會從彼此身上學習。

～艾斯特拉

異，不過這就是當年所可以獲得的資訊了。這些數據都受到不同階層的限制；換句話說，這些資訊根本就不可以和不同階層的人分享。因此，我必須面對一個問題。我知道我可以躲在學校學區的政策背後，不要和華倫分享這些資訊，不過我如果眞的這麼做，就會和華倫越來越疏遠（這也會讓他繼續懷疑我到底是怎麼賄賂學校學區的校長遴選委員，才得以獲得校長這個職務）。另一方面，我知道我也可以忽略學校學區的政策，讓我們看看我所管轄的資訊，他就可以瞭解我們的學生所獲得的分數和全國各年級學生的標準有哪樣的差異。這樣做的結果，可能可以讓華倫變爲我的戰友（同時也讓他瞭解我到底是怎樣獲得這份工作的），不過這種資料分享的嘗試，我就要冒險。這兩個選擇應該相當清楚明白。

我把事情給搞砸了。

我並沒有和華倫分享這樣的資訊。就誠如我預期的一樣，這樣的拒絕並沒有爲我們的關係帶來任何正面的貢獻，或是對我們之間的信賴程度有所幫助。我還是可以繼續容忍這樣的事情。不過我完全沒有預期的，也是我認爲我把事情給搞砸的事情，就是他認爲我不願意和他分享資訊，並且把他當作一個戰友來對待的態度，就代表我和他不是站在同一邊並肩作戰——也就是改善學生學習的那一邊。因爲這樣，當我開始進行學校改革時，當我嘗試想要讓老師以不同的觀點來看待課程和教學時，當我嘗試要提高老師和他們的學生家長之間的互動時，華倫變成了我最大的敵人。在沒有任何資料佐證之下，他理所當然的認爲我所嘗試的任何一項變革都只是要證明我是這所學校的負責人。也或許他覺得我想要嘗試改變事情，只是因爲我認爲這些貧窮的孩童和他的家長需要一個白種人來告訴他們正確的方向。當我擔任這份工作時，那所學校的學生都是黑人子弟，只有我一個白種人在這所學校，所以我瞭解到種族可能是一個燙手的議題。 11

我的教師群體當中有些人向華倫訴說我所做的一些事情（啓動每個星期舉辦一次的教職員會議、和老師每個月一次討論他們的學生），他也被這些言論所激怒。他率領一群家長和我對抗，事情變得越來越有爭議，導致我們的學校學區教育局長居中斡旋的舉辦一次會議，讓我和十幾位家長進行對談。他們條列了一些和我有關係的重要事情，而我也逐條回應他們所關懷的每一項議題。學校學區教育局長也分享了學校學區在標準化測驗所獲得的分數，單刀直入的說明我的學校可以改善的事項。那次會議眞的是一個轉捩點，因爲它不僅讓我有機會可以解釋我嘗試要做的一些改革，也讓我可以分享我想要改變這些事務的原因。

還好，這個故事有一個不錯的結局。在我擔任校長的第二年年底，一次親師懇談之後好久的日子裡，華倫已經變成支持我的家長了。他對我所遭遇到的挑戰有越多的瞭解，也和我們分享相同的目標時，他對於我辦學的動機有越多的瞭解，就會越來越信任我。在我擔任校長的第三年年底時，透過他的協助和一些有天分還肯認眞工作的老師的努力，我們學校的學生在標準化測驗的表現有了大幅度的改善。我們一年級到五年級的學生所獲得的成績，在閱讀、語文和數學方面，十五項測驗的項目中，有十四項都高過標準值。華倫和我也就因此成了莫逆之交，我也開始對於他願意針對每個人的孩子都抱持高標準的期望和承諾而產生尊重的態度，不單是對於他個人的尊重而已，我也從別人身上聽到他對於我的辦學給予更加正向的肯定。然而，不可否認的，我剛開始擔任校長的最前面幾年非常的艱辛，偏偏我就是那些問題的一大部分呢！

到目前為止，我還相當後悔當年和華倫之間的那種互動關係。如果當他質問我們學年的平均分數時，我用了不同的方式來回答他的質問，我們的學校在轉型方面會不會更加有效率呢？我又可以避開多少失眠的夜晚，
12 還有那許許多多高難度的會議還會發生嗎？回顧往事，我終於瞭解我當時錯失一個良機，可以讓華倫在當下就變成我的盟友，當然就可以在當下看到我既然是問題的一大部分，也就是解決問題的一個關鍵點。相對的，我堅持用我的方式來解決一個他所不知道的問題，才會讓問題越滾越大。

更糟糕的，即使我換了一所學校服務，還是有各式各樣的疑難雜症陸續發生，偏偏這一類型的錯誤卻一再地發生。簡單的說，在許許多多的場合中，我都無法認清一個關鍵的事實，那就是群體的力量永遠大於孤軍奮戰的結果，這一點也讓我瞭解一位校長在沒有家長和老師的支援下，根本就無法成功的完成使命。我進步的速度總是比我所想要達到的境界落後許多，我也相當確認的就是我還沒有達到我的目標。然而，我現在已經瞭解到一個重要的關鍵事項，那就是要花費時間，努力讓每個人（或者幾乎每個人！）都同意我們所遭遇的問題，然後讓大家一起努力解決那樣的問題。我所學到的教訓

> 優秀的領導者必須是一位優秀的追隨者。
> ～杜安

就是，如果只有我自己診斷出一些問題，並且試著提出解決的策略是不夠的，即使我的診斷是正確的，我的解決策略也是大有可爲的，欠缺家長和老師的支援，就無法完成使命。畢竟當其他人並不認爲他們遭遇到問題，或者他們有必要去強調一個目標時，我們如何期許人們樂意去改變他們的行爲，或者以不同的方式來做事呢？我還學到另一個教訓，那就是最好在一開始，就讓其他人參與我們解決問題的策略，讓他們有時間和我並肩作戰，共同發展出一個有共識的目標，這樣我們才可能共同追尋那個共同的目標。那樣的過程會花費比較多的時間處理事務，通常也會比較混亂，不過卻可以提升我們達成目標的可能性。

教訓二：清楚明確

這個教訓相當簡單，不過卻是不容易達成的一個教
訓。領導者，特別是學校的校長，當他們在和同仁共同
討論到底誰應該做最後的決定時，就會深陷泥沼。校長
通常會假設，既然每一位同仁都屬於一個快樂的大家
庭，每個人對於所有的議題都提出他或她的建議，所以
學校的決定應該就是所謂的共識決。我們總是會這麼
想，既然每個人都擁有相同的觀點和價值觀，那麼每個
人都會選擇相同的決定（當然，就是我們最後選擇的決
定）。我們經常想要讓事情有些模糊不清，讓別人不瞭解
到底誰做了最後的決定，期望這樣的模糊和曖昧會讓別
人認爲這樣的目標是他們決定的。老師會誤以爲提供建 13
議的事項就等同於做了最後的決定一樣。當這樣的事情
發生時，我們就已經種下了矛盾、衝突的種子。

是的，學校確實有機會是校長需要做困難的決定，並且施展行政主管的權力，這樣的決定有時還會讓其他人，大多數是老師，感到相當不愉快。那是一位行政主管所必須扛起來的一項責任。老師們對於決定的內容和決策的過程可能不會感到滿意，不過他們通常瞭解到這是行政主管的任務。他們可能會抱怨或不太高興，不過他們還是會根據決定來執行任務。「要我一肩扛起你的工作，別夢想了！」是我在做了一個燙手的決定後經常聽到的一個評論（甚至會從那些和我抱持不同意見的人那邊聽到這樣的評語）。

真實的領導者受到尊重，而不是以智取勝的人物。

～勞瑞

不過，當我們讓老師發表意見，甚至鼓勵他們針對決定提出觀點之後，通常會讓他們認爲自己就是最後的決定者，這樣的情況就會產生後續的困擾。那些認爲他們就是最後決策者的老師，稍後會瞭解到終究他們並不是最後的決策者，就會顯得很不高興。不！我應該說那會讓他們非常不快樂。有誰可以責怪他們會有這樣的情緒反應嗎？不論老師對於決定的內容和過程是否高興，他們還是會適應最後的決定，也會妥協的。

當然，校長根本就沒有想要這麼做的。她尊重學校裡的老師們。她想要達成共識，她只是想透過會議讓老師針對最後的決定提出建言，或許會讓老師們感受到賦權增能的感受。她假設老師們和她一樣做出最後的決定，即使在她沒有施加任何階層上的權力時，他們也會做出相同的決定。

當老師們感覺他們被校長賦予權力和義務去做出決定，他們認爲校長授予他們權力做出和校長期望不相同的決定，甚或是校長不會接受的決定也會被校長接受的時候，就會產生矛盾和衝突。這時候校長會抽身，不讓老師做最後的決定；老師們發現校長在這種情況下，會在暗地裡拉扯他們的後腿。所以原先校長想要包容每個老師參與決定過程，卻因此擦槍走火了。老師會不開心，更糟的是他們從此不再信任校長了。

慢慢的，我把這樣的現象姑且稱之為「你的決定、我的決定、我們的決定」的兩難困境。在一所學校裡，
所有的決定一定在這些範圍之內。從校長的觀點來看， 14
「你的決定」指的就是那些由老師們決定的問題；「我的決定」指的則是由校長獨自一個人所做的決定；「我們的決定」就是那些透過協同合作之後所做的決定，是由老師們和校長一起合作的決定。多數時候，誰做最後的決定是非常清楚明白的事情；不過多數時候，並不是每一次。還有另外一些時候，存在一些灰色地帶，讓我們不怎麼清楚明白決定的內容。在這些個案當中，老師可做決定，不過校長也可以做決定，或許決定可以透過老師和校長協同合作來表決。再次地，當我們嘗試想要把校園裡的官僚階層做扁平化的嘗試，並且提倡所謂的「我們都是同一個團隊的伙伴」的哲學時，經常發生的事情就是校長通常無法事先清楚的瞭解到誰應該為那一些議題做最後的決定。

雖然「你的決定、我的決定、我們共同的決定」這種兩難困境相當的詭異，不過如果校長能夠清楚的界定誰應該為那一個議題作最後的決定，通常就可以避免這樣的困境了。為了提倡這樣的瞭解，我發現當我和我的教職員開會時，使用「你的決定、我的決定、我們共同的決定」這樣的術語就會讓會議有效的完成。當我這麼

處理事情時，我用這些術語來解釋一個議題，並且和學校同仁分享我將會如何避免不夠清楚明白的責任界定。有時候，我會告訴一個委員會：「這是一個『你們的決定』。不管你們最後的決定如何，我都可以接受。」或者我會說：「我想要聽聽你們的想法，不過請瞭解到，這是一個『我的決定』的議題。我必須爲這件事情一肩扛起所有的責任，所以我不得不做最後的決定。所以雖然我眞的很想要接受你們的建議，不過請你們先瞭解到這一點，你們所有的建議只供參考，最後就是我要爲這件事情做決定，並且爲事情的後果擔負責任。」

我發現當我這麼和老師進行溝通時，他們會把這類型清楚明白的溝通當作一件舒坦的溝通。它讓他們瞭解他們在會議中所扮演的角色，也降低他們可能浪費時間的可能性，或者如果最後的決定並不是他們所喜歡的決定時，不會過度的失望。就行政方面來說，這模式也幫助我很多，因爲它逼迫我事先規畫，並且在開會之前先瞭解我應該讓學校老師參與的程度。接著我就會徵詢必要的建議。我避免陷入一個不必要的陷阱，也就是當我早就知道我該做那樣的決定，卻還假裝徵詢老師們的建議（譯註：其實國內許多行政主管在開會之前通常已經對每一個議題有先入爲主的觀點，召開會議似乎已經成爲一種形式，讓多數老師對於會議有厭惡感，所以領導者更應該多看看這本書後續的發展）。

15 教訓三：對你自己和其他人都要公平公正

演講的人稍微停頓下來，整個房間都是校長，不過都很安靜的聆聽。一位叫做亞當的高中校長，深深的觸及我們每個人敏感的話題，而我們就陷入一種白日夢和反省的境界。這一次的演講主題是「我如何管理生命中的壓力」，亞當是四位受邀來擔任專家的校長之一。我也是當中的一位受邀者。我們接受邀請與二十五到三十位校長分享我們擔任校長的智慧和經驗。前三位專家所提供的大致上就是照本宣科的說明自己偉大的地方，包含我自己分享的內容。其中一位提到每個星期早起跑步來抒解壓力，另一位提到應該要爲自己的家人撥出一些家庭時間，我所提到的則是要給自己找時間來閱讀和書寫一些文章。這群聽衆，對一群教育伙伴來說，相當不尋常的客氣，相當安靜而且專注的聆聽，雖然我必須承認我們的觀點幾乎沒有提供任何管道來抒解壓力。接下來就是亞當上台分享的時刻了。

好的領導者總是在探索改善的方向，也不會擔憂別人會比他們知道的更多、更廣泛。

～娜麗

「我試著去瞭解傑出和完美之間的差異」他這麼說著。

停頓一下之後，他持續說著：「在我的學校裡，我們所面對的一個問題，就是讓學生在餐廳享用午餐之後，把餐盤放回應該放的地方。對我來說，這是一個重大的議題，而且——」他的演講被一些冷嘲熱諷和某些歧視的眼光所打斷，他用手憤怒的撞擊桌子。「這是一個事關重大的事情！」他這麼吼叫著，提高聲音來回應聽衆給予的眼光和冷言冷語，聽衆逐漸安靜下來。

「聽著，」他繼續挑戰聽衆的冷眼旁觀：「我的學生都來自於富裕的家庭，而且多數是白種人。而我們負責餐廳的工作伙伴都是黑人，多數是女性伙伴。我認爲我們的學生必須學習的一件重要事項，就是他們對於別人所應該扛起的責任和最基本的尊重，所以在享用午餐之後清理他們的餐桌，並且把餐盤放回蒐集點是很重要的一部分。每天我可以讓 90% 到 95% 的學生把他們的餐盤物歸原處，那叫做傑出的經營；不過我想要獲得完美無缺的辦學績效，我希望每一位學生，也就是 100% 的學生都把他們的餐盤物歸原處的放回蒐集點，這是正確的要求和期望。」

他猶豫了一下，然後深深的吸了一口氣，接著說道：「不過我學會的一點教訓，就是爲了要讓 100% 的學生都把他們的午餐餐盤物歸原處的放回蒐集點，我不僅把學校當作監獄來經營，更讓校園裡的每個人抓狂，
16 我爲我自己創造了一個不可思議的緊繃壓力。所以我試著回到現實面。我試著去瞭解存在於傑出和完美之間的差異。」當我們的思緒轉回到我們自己的學校經營時，他停頓了一下。他所提出來的觀點當然遠遠跳脫學校午餐餐廳的餐盤問題。他眞正告訴我們每位學員的觀點，就是要求我們每個人都必須瞭解哪些是實際可行的事情，然後設定具有野心，卻仍然可以達成的目標。或許也可以這麼說，當我們看到一個玻璃杯塡滿了十分之九的飲料時，不要去看那十分之一的空虛。

唉！每次談到這種在傑出和完美之間找到平衡時，我總是說的和寫的比做的多。我可以找出許多場合來說明我對於學校師生傑出表現還不甚滿意的情況（單純接受「好」甚至不是我辦學所能夠接受的選項），我還一直想要朝向完美的師生表現邁進。更糟糕的是，我不僅要求完美，我還希望快速達到完美的表現。當然，當我具備這種心智習性時，就不可能有完美的表現。即使當我們已經達到完美的表現，我的期望卻又快速提升。當學

我喜歡扮演領導角色的人們可以顯露出他們脆弱的一面，讓我們看到他們人性化的那一面。

～安

校完成一項重大活動時，我們就很容易把這樣的成就當作一項例行性工作。對於社會上每一個行業來說，也幾乎是針對每一項議題，這都是眞正發生的情況；經營學校的人們對於這個問題絕對不是唯一的獨裁者。不過學校卻是找尋傑出表現的溫床，不管我們的學生表現得多麼亮麗，他們總是可以做得更棒！即使我們並不是在找尋更棒的表現，我們總是可以找尋更多（譯註：更多的師生獲得傑出表現，更多的活動項目來展現學校經營的狀況）。每一年我們都添加活動項目、課程和責任與義務。我們在慶祝自己所獲得的成就時，就會爲未來設定更高和更具有野心的目標，而不是享受我們所獲得的成就所帶來的美好滋味。然後我們才好奇的想要知道，學校裡的緊繃壓力怎麼那麼讓人喘不過氣來。

「傑出相對於完美」已經變成了我的行政團隊和教職員的一個平常用語。每當我們提到這幾個字的時候，就是要提醒我們自己冷靜下來，然後質疑我們的假設和我們所設定的目標。畢竟，什麼時候我們才可以具體的說「我們已經好到」令人稱許的程度呢？

這個議題在校園裡總是隨處可見，不過在我們進入
這個高度依賴標準化測驗和要求績效的年代，更能夠凸
顯它的地位。在某些地方，我們不該滿足於「好」的表
現，不過在其他地方，「平均」應該是可以接受的程 17
度，感謝您的瞭解。我們所有人，不過特別是學校的領
導者，需要冷靜下來，確認當我們在追求完美的表現，
而不是單純接受傑出的表現情況時，我們是在一種理性
的狀況下做的決定。壓力是會擴散的。除非我們小心謹
愼，否則我們不斷提升的期望對於我們和周遭的每個人

都會有致命的影響力。

教訓四：做一個改變現況的人物

在我擔任校長的第一所學校的經歷中，我面對的一個問題就是：「你幹嘛想要當一位校長呢？」面對這樣的問題，我通常說不出話來，也可以感受到汗水從我的額頭流下來。在一個星期四下午四點半的時候，我在一個房間面對三十到四十位家長和少數幾位站著參與的教職員。你知道的，我那時候申請一個新的工作，想要擔任新城小學的校長，我是入選的最後幾人當中的一位。校長遴選的過程當中，我必須在放學後舉辦的一個家長會裡回答問題。在我面前的是二十多位不認識的臉孔，這些人想要更進一步的認識我，這些人就是學校學生的家長，他們即將決定我是否是他們認爲可以帶領他們子弟的一位領導者。我感覺這樣的家長會眞的很像是一場記者會，欠缺的只是相機的閃光燈吧！我就這麼明顯的站在聚光燈的焦點。

> 好的領導者瞭解到哪些決定應該是由上而下的決定，哪些必須從團體中以草根性的模式決定。
>
> ～露西

我這麼回應這個問題：「我想要當校長，因爲我想要給孩子的生命帶來一些改變。」我稍微停頓一下，爲這個問題作準備，然後充滿活力的回覆這個問題。

「我是一位老師，我喜歡教學的工作」我這麼說。「我不是一個完美的老師，不過每次當我看到學生的笑臉，並且看到他們學習一些他們不認爲可能學會的知識和技能時，都會讓我心滿意足。每個晚上，當我回家時，都累垮了，不過卻可以感受到我所付出的努力是值得的」。聽衆當中有些人展現了笑臉，學校出席的教職員也相當肯定我的回覆而點頭表示他們欣賞我的觀點。

「不過在幾年教學之後，雖然我離一位完美的教師境界仍有非常大的成長空間，我卻變得越來越焦慮不安。公平的說，我感覺越來越挫折。我和四位校長共事過，
他們都很棒，也都非常關心校園裡的每個人，不過他們 18
似乎不瞭解學校的運作，也不太熟悉學校組織的運作」。講到這裡，我注意到聽眾席當中有幾個人有種滑稽的表情。

我繼續說著：「我這麼說是認爲這些校長都是嚴格執行紀律的人，每天的行事曆上面也都排滿行程。學校運作的很好，不過校長並沒有關注到我這個人，或是我的教學表現。課程和教學基本上並不是他們最優先關注的焦點。只要我沒有在校園裡有任何紕漏出現，只要沒有出現任何學生的行爲問題，或是來自家長的抱怨，只要我的學生在標準化測驗中表現優秀，他們就不會來打攪我的教學生活。學校裡從來沒有任何新的嘗試，想要協助我從資深、有更多經驗、更棒的老師身上學習教學的專業；我也發現學校不會安排任何機會讓我可以和新來的老師一起合作，或者協助那些初任教師。這種不沾鍋的態度也在其他老師身上看得到，我認爲那是一種羞恥。」

全體職員需要把領導者的身分看成直接指導工作者，更需要把領導者看成是一位可以分享責任的人。

～瑞琪

我繼續講下去，講到一個讓我充滿熱情的議題。我轉身朝向站在聽眾當中的老師。「不管他們有多好，」我說：「他們可以變得更棒，而一位校長的工作就是讓那樣的事情發生。」聽眾當中的一位老師吸引我的注意，他露出笑臉，翹起拇指表示讚賞我的觀點。我還依稀記得當我看到那個肢體語言時感到非常高興。

就在這當下，聽眾當中的一個男人舉起手來問問

題。當我點到他的時候，他問著：「你想要當一位學校學區教育局長嗎？」

「不！」我這樣回答。「雖然學校學區教育局長可以影響的學生人數更多，不過他或她對於任何一位學生的影響力相對的降低不少。相反的，老師對學生最有影響力，不過影響的學生人數卻相對減少。一位校長剛好可以獲得這兩邊的最佳地位。在我成為一位校長之前，我是這麼想的，現在的我，在經營一所學校三年之後，我更加相信這個角色正是最適合我的角色，也是我最能夠改變現況的工作。至少那是對我最有利的一個角色」。

這個綜合討論的階段持續進行了將近九十分鐘。我不記得還有哪些問題浮現過，不過我應該相當貼切的回答每一個問題，因為我最後獲得這項工作的頭銜（我接受這個工作，並且一直做到現在）。我對於這個問題的回答一直沒有改變過，過去這麼多年來，我也反覆思考過
19 這個問題。當一位校長絕對不是一件簡單容易的工作，不過它是一個可以改變許多學童生命的工作，當然如果把這想法往外延伸，就是改變學生在未來世界的發展。現在我回家的時候，仍然累垮了，我仍然會因為一些無法掌握的事情，和我可以掌握卻失控的事情而感到懊惱。還好，我每天去上班時，對於我那天要扮演的角色都抱持愉悅的心情。

這個故事和我在這一章所提到的其他教訓不太相同。在其他的範例裡，我從自己的錯誤學到教訓（好吧，這麼說好了，我嘗試從自己的錯誤學到教訓）。我在這個例子裡面沒有提到任何犯錯的地方，不過對我來說，這是一個重要的故事，因為它提醒我這麼多年來我

爲何還在經營這所學校。就像其他的學校領導者一樣，我有那些讓我度日如年的日子，也有我成功的日子。我也在高等教育擔任教職，教導學校行政的課程，以及爲非營利的觀點提供個別的指導和教學。我享受這一切，不過領導一所學校就是那麼的特別，那是改變學校全體師生的一個工作。當我感到疲倦、挫折和心灰意冷的時候——請相信我，我眞的會感到疲倦、挫折和心灰意冷——我就會回想起很早以前家長舉辦「記者會」的情況。那個回憶提醒我爲何會來擔任這所學校的校長，以及我爲何會享受當校長的挑戰和喜悅。這個教訓或許是所有教訓當中最強而有力的一個呢！

CHAPTER 02

提倡共同領導

我個人對於視導與領導統御的許多想法都源自於羅 20
蘭．巴斯（Roland Barth）。在他所寫的那本《從體內改善學校》（*Improving Schools from Within*, 1990），巴斯堅持教職員的共同領導是決定一所學校是否成功的最重要因素。共同領導的前提相當簡單，不過卻相當強而有力：如果我們期望學生學習成長，那麼學校裡的大人也必須學習成長。這樣的理解對我有一個深遠的影響。當一所學校充滿著共同領導的氛圍，那麼創造力和熱忱就會興旺，接著發生的就是每一位老師每一年都會不斷改善。那是一個崇高的要求，不過絕對不是一個不合理的要求。共同領導就是有那樣的魅力！

在目前這個面臨高度壓力的教育世界，絕對比以往任何時候都更需要一個提升成長的環境。當期望提高，而且對於績效的要求也不斷增加時，教職員的共同領導是發展教師專業，以及創造一個支持他們成長的環境所不可或缺的一項工具。雖然教育的使命與教學方式的種類因應不同的學校而有戲劇化的差異性——例如從遵循赫胥（E. D. Hirsch；譯註：《新文化通識辭典》的作者，強調通識教育的重要，主要是發現美國學生欠缺核心知識，所以提出核心知識的重要性）的想法，到迦納

（Howard Gardner；譯註：多元智慧的提倡人，主張智慧不是天生的，也不是傳統所提到的智商測驗所能夠檢驗出來的）的想法——老師的教學品質是每一個學校情境當中學生成功的關鍵因素。因此，不管學校的使命或辦學的焦點爲何，我無法想像一所優質的學校裡沒有共同領導的文化。共同領導（collegiality）與和睦相處（congeniality）、協同合作（collaboration）是有差異的，雖然這些詞彙確實有許多重疊之處，也經常被混淆使用。

和睦相處是當一群人們在一起相當良好的相處，也喜歡彼此的時候，就會浮現這個現象。和睦相處通常可
21 以從校園浮現的笑臉、笑聲與關懷其他人生活看得到這樣的證據。因爲他們眞實的關懷，所以人們會彼此詢問對方：「你的週末過得好嗎？」因爲我們每個人都想要享受工作，並且知道我們的同事也關懷我們，所以這類型的互動關係是相當有意義的。因爲和睦相處是建立共同領導的基石，所以我們絕對不可以忽視和睦相處的重要性。實際上，我們很難想像一所學校裡沒有出現和睦相處的情境，卻可以讓共同領導發揚光大。不過單獨出現和睦相處的現象是不夠的。人們不會因爲他們享受和關懷彼此就可以當作同事，共同把事情做好。

協同合作和共同領導確實有許多相同之處。兩個詞彙都指出一個人們以同事的方式一起工作的環境，他們還因爲彼此的關係而獲益良多。不過協同合作意味著和別人一起工作，成爲團隊的一員，或許還會分享一些觀點，但它並沒有把重點集中在從彼此身上學習對方的優點，而那就是區分協同合作與共同領導的重要差異。

這項任務太艱難，所以不是一個人可以單獨完成的。

～塔瑪拉

巴斯所倡導的共同領導包含了四個和學校有關聯的

元素：老師之間討論學生的事情、老師之間討論課程的議題、老師之間彼此觀摩對方的教學，以及老師彼此教導對方。雖然這樣的論點包含的範圍和權力都相當廣，不過巴斯提出來的模型沒有清楚明白的強調行政人員與老師之間那種必要的共同領導關係。因此，我在共同領導方面增添了第五個元素：老師與行政人員一起學習。

這些共同領導的互動關係促進反思和對話，所以學校的常模就會變成一個人們樂意與他們的同儕一起學習、從彼此身上學習，和教導他們的同儕的一種校園文化。共同領導該如何表達出來會因為學校的教育環境和情境而有所變化，不過他們之間還是有些不變的特質。表 2-1 說明共同領導的每一個元素。

找到達成共同領導的方式

就誠如老子所言：「千里之行，始於足下。」老師和行政人員以同事般的方式一起工作的環境——一個每
一位老師都會成長的環境——不可能就那樣輕鬆、快速 22
的帶領出來。創造這種環境需要學校領導者的願景、能量和堅忍不拔的態度。有些方式可以提升一所學校在創造共同領導的環境時的可能性和步調。底下的策略將可協助領導者在他們的學校鼓勵共同領導的趨勢。

表 2-1　共同領導的五項元素

1. **老師之間討論學生的事情**
   - 討論學生的優點
   - 討論學生的需求
   - 討論學生在過去這段時間如何改變
   - 比較和對照學生在不同情境下的表現情況
   - 討論如何與家庭合作來協助學生成長
2. **老師之間討論課程的議題**
   - 發展課程
   - 審查課程
   - 修訂課程
   - 把課程與標準作修正動作
   - 運用多元智慧理論到課程規畫
   - 透過主題教學進行統整教學
   - 設計評量工具來進行教學與評量
   - 討論各種教學方法
3. **老師之間彼此觀摩對方的教學**
   - 對於同校老師的教學抱持鑑賞的心態
   - 針對進行教學觀摩的老師提供可以讓他們反思的問題
   - 給予被觀摩的老師正向回饋讓他或她有成長機會
   - 給予被觀摩的老師負向回饋讓他或她有成長機會
   - 透過觀摩彼此的教學而分享構想
4. **老師彼此教導對方**
   - 分享對於課程、教學和兒童發展方面的專業
   - 分享課程方面的相關知識
   - 分享從閱讀所獲得的體認和知識
   - 分享對於學生家庭的洞見
   - 分享自己從演講或參與研討會的所見所聞
5. **教師和行政人員一起學習**
   - 討論教育哲學和學校願景
   - 檢視共同的觀點和目標
   - 以一種共同領導的方式處理議題和問題
   - 討論個人會因為角色的差異而對於議題有不同的觀點
   - 在教職員委員會和特別任務小組一起合作來反省過去的作為，並且規畫未來的工作

1.到 4.的元素摘錄自 Barth (1990)。

成立一個讀書會 23

發展共同領導最容易的方式就是先成立一個讀書會。這小組應該是義務性質的聚會，不管是在早上還沒有上課之前或者是放學或傍晚的時刻。校長啓動這個小組的聚會，並且在第一次會議時擔任協調工作；在這之後，協調的任務就可以讓參與者輪流擔任。不管是閱讀一本《情緒智商》（*Emotional Intelligence*）、或是《教育領導》（*Educational Leadership*）或《教育週刊》（*Education Week*）最新的一篇文章，在一個教育討論的氛圍下，坐在一個沙發上或是圍繞著一張桌子坐下來，都可以讓我們獲益良多。當然越多參與者越好，不過一個讀書會甚至可以先從四或五位成員開始即可。當小組開始討論之後，當成員分享他們從讀書會所學到的知識和技能，以及這樣的討論對他們是多麼愉悅的經驗之後，成員的數量就會成長。因爲讀書會是義務性質的，校園裡將會有許多人無法或者選擇不參與讀書會的運作，那是可以接受的。如果你想要等到每個人都參與小組才啓動這個讀書會，那麼你永遠都無法開始這個有意義的讀書會。少數幾位核心的老師可以散播他們參與這個讀書會的正向經驗，也就會吸引其他老師參與讀書會了。

當我們在一起合作時，我們是知識和經驗的累積，可以達成我們任何一個人無法單獨完成的使命。

～班

不過，校長的參與就不是一個可以自由選擇的項目了。她需要在舉辦讀書會分享時出現，並且參與讀書會的分享與回饋，她需要擔任的是一位正在學習的同事，而不是一位正在觀察的行政人員，這樣將爲未來的討論和辯論定調。實際上，讀書會成員之間的互動所發展出來的關係，讓小組的參與者在一整年當中更容易討論有爭議性的議題和主題，不管這是在教師休息室或是在一次教職員會議裡。

我們在新城小學提供讀書會的運作已經有多年的經驗，幾乎在每個暑假都會舉辦，不過通常是在學期當中舉辦這樣的讀書會。底下的書籍是我們曾經在教職員讀書會閱讀、討論過的書單：《心智架構》（*Frames of Mind*）、《超越教化的心靈》（*The Unschooled Mind*）、《情緒智商》、《鬥士不要哭泣》（*Warriors Don't Cry*）、《我知道籠中小鳥為何唱歌》（*I Know Why the Caged Bird Sings*）、《白人老師》（*White Teacher*）、《為何所有黑人小孩在學校餐廳都坐在一起呢？》（*Why Are All the Black Kids Sitting Together in the Cafeteria?*）、《女兒》（*Daughters*）、《男生女生不一樣的學習》（*Boys and Girls Learn Differently*）、《一次一個心智》（*A Mind at a Time*）與《第一名淑女偵探社》（*The No. 1 Ladies' Detective Agency*；譯註：這本書描繪一個非洲的女生開設偵探社，進行許多意想不到的偵探行為，顛覆傳統認為男人才適合擔任偵探的觀點，國內由野人出版社出
24 版）。有些老師幾乎就是會參與讀書會的固定成員，不過其他老師則是根據討論的書籍選擇性的參與，或是根據他們生命過程當中正在發生的事情，決定是否參與某一次讀書會的運作。當然提供食物會讓每一本書更加令人賞心悅目。

讓共同領導成為一個辦學的目標

根據老師的技能和經驗，追求和支持教職員的共同

領導應該是一項學校辦學的目標。實際上，當我們瞭解成人像是學生般的學習對於學生的學習有多麼重要，我們會懷疑爲何有人不這麼認爲呢？例如，一位學校領導者可以協助一位老師把努力的重點集中在設定一個目標，目標就是要和其他人一起合作，並且從合作的過程學習；也就是說針對這個目標所發展出來的特定策略，就會爲這位老師未來的努力目標設定一個架構。也許老師同意帶領一個教職員委員會，或者協助成立一個讀書會，或是協助某個學年或學科進行課程的發展。也或許一位老師可能想要扮演一位剛來學校服務的老師或初任教師的輔導老師的角色。或許某位老師決定擔任學年或學科的領導角色。除非共同領導變成了某個特定目標的一部分，否則它還只是一個書面資料，無法提供實質意義，也就是大家會經常討論，卻不會想要去執行的任務。

除非教師之間有機會一起協同合作、同情彼此的遭遇，並和其他老師共同思考教學的策略，否則一間教室很像是一個洞穴。教學是一個和人們密切互動的行業，所以「其他類型」的互動關係，也就是成人與成人之間的互動關係，對於老師整體的感受是非常重要的。

～凱西

學校同事共同發展課程

就像我們常說的，學習某件事情的最佳方式就是去教導那件事情，所以認識和理解課程的最佳方式就是去發展課程。畢竟多數老師會選擇教育這個行業並不是因爲他們想要變成一個只會大聲朗讀別人幫他們寫好的劇本而已，因爲他們喜歡學習和教學，他們享受和孩童在一起的情境，他們想要運用自己的創意和能量來改變孩童的未來，所以他們變成老師。即使是最佳的課程也會因爲教育伙伴採用這樣的課程，並且把課程作適度的調整來適應他們教室裡獨特的學生需求而變得更棒。

25 見個面來分享構想

教職員會議（在第 8 章討論）應該是每個人都可以學習的時間，不是一個每個人都在聆聽的時間。這些會議是我們讓老師分享一個新的技巧或方式，或是把他們在一個工作坊的學習運用到自己的教室，或討論一個評量學生成長的新方法的最佳時機。不幸的，因爲公開分享一個成功的經驗看起來有點臭屁，所以多數老師通常不太願意這樣做。不過如果分享幾乎成了每次教職員會議的一部分，老師就會瞭解到那是每個人都會做的一件事，而不是在老王賣瓜，自賣自誇。當這樣的現象成眞時，教職員會議就變成了一個產出型的學習經驗。

一旦常模已經變成了成功經驗的分享，那麼分享失敗的經驗就變得容易多了。不願意分享錯誤和失敗只是人之常情，不過這樣做對於老師的成長是有利的。分享錯誤和討論這些錯誤創造一個環境讓人們可以從彼此的錯誤當中學習教訓。此外，如果失敗經驗的分享經營得體的話，例如加入一點幽默和支持，還可以把教職員的情感拉得更親近些。

在教師評量方面強調共同領導

如果我們重視我們所評量的項目，那麼一個老師扮演同事的角色就應該在年終的評量程序上加以強調它的重要性。實際上，如果老師們知道共同領導將會是他們被評量是否稱職的擔任教師一職時——從他們所參與的委員會的名單，到關注到他們所給予的口頭報告，來計算他們在協助他人成長上所扮演的角色——那麼我們就可以大幅改變他們的態度和行爲舉止。這並不是說因爲他們的年度評量將會關注到他們是否以同事的方式在學校認眞工作，所以才不得不將就的以同事的方式合作。不過在年度評量上包含共同領導的項目，將會提醒每個人這項任務是非常重要的，也正式向全體教職員宣布他們應該在這方面努力發展他們的潛能。

即使一所學校沒有彈性，或想要運用表現是否稱職，而給予老師不同的薪資來連結共同領導到薪資方面的增減，不過仔細考慮底下的敘述說明在艾琳・瓊絲接 26
獲她的年度評量報告時，會有哪樣的影響：「艾琳在帶領這個團隊的一個新成員的表現值得我們讚賞。例如，她邀請新的團隊成員觀摩和批評她的教學，她也在放學以後使用腦力激盪的方式，定期和新成員討論校園裡各種大大小小的議題。她的團隊成員在第一年來到我們學校服務的過程當中有一個不錯的經驗，而且我知道艾琳的技巧和經歷對於這位新成員的成功是功不可沒的。」當然，共同領導不應該是我們在評量艾琳一整年表現的唯一項目，因爲共同領導只反應了她擔任教職這個角色的一小部分罷了。不過共同領導是老師專業生命當中一個非常重要的部分，是我們不可忽略的部分。

讓老師參與聘用新人的過程

讓老師參與聘用新人的過程是發展和強化共同領導的一個極佳方式。首先，讓老師在決定他們即將和哪樣的人們一起工作，還有一些貢獻是相當貼切的作爲。其次參與聘用新人的經驗是一個進行反思和成長的良好討論空間。除了考慮應徵者珠安的經驗是否超越應徵者珍妮的熱忱以外，聘僱過程的對話強迫老師去討論哪些項目是教育方面重要的選擇；他們的學校、年級或學科的情境到底需要哪些伙伴的加入；還有哪樣的能力才叫做優質的教學等等。最後，因爲應徵者和他們未來即將合作的伙伴和校長在聘用的過程當中見面，所以面談的機會就變成了新聘用人員建立同儕和輔導支持的切入點。

在新城小學，老師都參與所有的聘用決策。我通常會先刪除一些人選，最後剩下兩到三位很棒的應徵者。在那個時刻，潛在的團隊伙伴（通常是從相近的兩個年級來的一位或兩位老師）加入小組的面談過程。我開頭第一個問題通常是：「假想我們都還沒有看您的履歷表，請告訴我們一些關於您自己的事情吧！」接下來我主要的工作就是觀察，並且允許老師質問候選人一些問
27 題。在面談之後，老師和我以同事的方式來討論，決定哪位應徵者最適合我們所開出來的缺額。不變的是，這些討論都強調我們在找尋來搭配或支援我們目前這個教學團隊的教學品質和技能。我們也會考慮應徵者所擁有的人生歷練對於他們擔任有效能的老師和團隊伙伴可能有哪樣的貢獻。這樣的討論眞的是鼓舞老師進行反思的超級工具。

在小組面談之前，我清楚的讓參與面談的老師瞭解到，即使他們可能是未來的教學伙伴，也認爲某個應徵者可能是很好的老師，不過我擁有否決權可以否決他們的決定。同時我也注意到除非他們眞的想要和那個人一起工作，否則我還是無法聘用某個人；這意味著聘用的過程眞的是一個共同領導的決定。偶爾，在面談之後，參與面談的老師在做決定的時候會有困難，或許是因爲

猶豫不決，或者欠缺某些關鍵的資訊。他們可能會說：「不太確定我真的瞭解她這個人了。」或者「我想要多聽聽他想要如何進行語文科的教學計畫」。當這類情況發生的時候，我提供機會讓這些老師邀請應徵者到學校再次進行一次對話，或者共進午餐，最好是不要有任何一位行政人員出席。畢竟還有什麼會比雙方進行一趟愉快而享受的午餐討論，或者在一間教室裡面討論教育的事情，更能夠讓他們決定他們到底想要和哪樣的新伙伴一起合作呢？在這項會議發生之前，我也會讓老師清楚瞭解到最後挑選哪位應徵者的決定是他們的決定，我也會樂意聘僱他們最後決定的應徵者（很明顯的，也只有我對於聘僱哪位應徵者對我來說都很棒的情況下，我才會提供他們在面談之後繼續進行這樣的會議）。

孩子們觀察團隊成員在協同合作的情況下，學習如何當個團隊的一員。

～黛比

每一次我的老師和一位應徵者在面談之後的會談都是一個豐富的經驗。通常他們離開會議場所時，對於應徵者有更進一步的認識，也很興奮把應徵者當作一位新來的伙伴。在這之後我會採取進一步行動，提供這位應徵者這個工作的機會。有時我的老師回到學校以後瞭解到應徵者不是一個適合聘用的人選，不過他們也很感謝我提供他們第一手的機會來認識應徵者。可以這麼說，他們總是高興的回到學校來，感謝我給他們這個機會來 28
認識一位未來的團隊伙伴，並且在聘僱過程提供很重要的建議和貢獻。在聘僱新人的時候分享責任可以提升一個可能性，有可能是在老師之間找到合適的搭配伙伴，這是在一個共同領導的情況下特別重要的事情。分享聘僱的過程也是一個很棒的方式，可以讓老師親眼看到我非常信任他們。未來的老師也獲得一個強烈的訊息，那就是這所學校同事之間的信任感，以及他們希望在哪一種類型的學校服務。

底下的事件發生在去年的暑假。一個教學團隊和我一起面談一位應徵者，我們很清楚的瞭解她具備豐富的經驗和許多才能，不過對於她未來可能合作的團隊伙伴比較沒有那麼把握的——對於她也一樣——就是所謂「相稱」的品質了。在一個四人一組的團隊裡，她是否能夠稱職的擔任小組的一個成員呢？在團隊的面談之後，我們學校的老師好奇想要瞭解這位應徵者對於他們的想法有多大的包容量以及對於他們原先辛苦經營起來的一點一滴，她將會有怎樣的態度反應。當我和這位應徵者在會議後討論的時候，她也有許多類似的問題，也好奇的想要瞭解這個原先的團隊對於她的想法是否抱持足夠的開放程度。每個人都同意一件事情，那就是要在短促的面談時間瞭解一個很難捉摸的團隊能力的結合是很困難的，所以當我建議他們可以進行第二次，時間比較長，也更輕鬆的拜訪時，我們學校的老師和應徵者都很高興我做了這樣的決定。在我沒有出現的情況下，他們在一間教室裡見面。這個故事有一個很好的結局：應徵者和老師同意他們雙方會是最佳搭檔。當然如果他們不同意雙方是最佳搭檔的情況下，最後的結局也可以是很棒的。不管哪一種情況，這個故事的主角都會獲得珍貴的訊息，每個人在這個聘僱的過程中都扮演一個很重要的角色。

不過我在這裡提出一個警告，那就是當我們鼓勵老師在聘用新人這麼私密的過程時，我們都傾向於看到彼此的優點，也被對方那些和我們所擁有的優點相類似的

情況所吸引著。當我們在考慮誰即將成為我們的工作伙
伴和團隊一員時，這樣的傾向更加眞實。因此，對老師
來說，很自然的一點就是想要和那些與他們擁有相同態
度和價值觀的伙伴一起工作。那樣的相似程度確實可以
降低衝突的可能性，並且提升邁向共同領導的和睦相處 29
的可能。不過我們需要注意的一點，就是在聘用新人的
過程時，並不單純只是要複製它原本團隊成員的特質。
想要挑選那些和我們擁有相似特質的人的傾向，會讓我
們想要在教職員當中提高多樣化差異的努力更形困難；
同時它也會讓我們努力想要找尋一位具有獨特眼光的伙
伴越來越困難。我發現強調這個傾向最佳的方式就是在
聘用程序還沒有展開之前和老師好好的討論一番。這個
議題當我們在找尋一個新的團隊伙伴時，變成了團隊新
成員特質上的討論重點之一。

> 校園裡沒有哪樣專業發展的活動，會超越共同領導的重要性，至少在影響學生的學習方面確實如此。在沒有共同領導的情況下，我們是在一個真空的情況下工作，而我們的思考也會變得相當孤單。
>
> ～凱薩琳

建立可以揭露應徵者相關訊息的申請應徵機會

從一位應徵者的教學應徵可以認識這位應徵者的許多事情。因為學校文化會因為不同的學校而有所差異，所以在一位應徵者和一所學校之間確認良好的搭檔關係——更正確的說法，是在一個應徵者和一所學校的教職員之間——是非常重要的。一位應徵者擁有合宜的學位和經歷，雖然是必要的條件，卻不構成足夠的條件。應該使用應徵者申請的程序當作這位應徵者可以揭露她的教育哲學觀和價值觀的第一個步驟。一所學校應該有權力可以在學校學區所要求的履歷表以外，創造一份它獨特的教師工作申請表，這樣的表格應該反應學校的使命和需求。為了在一所特定的學校獲得面談的機會，應徵

者應該在學校學區所要求的一般履歷表之外，再繳交一份個別學校要求的履歷表格式。

在新城小學，我們要求申請者繳交一份申請信函、履歷表和推薦信；我們要求他們繳交相關訊息讓我們可以確認他或她沒有犯罪的經歷；並且塡寫我們學校獨特的申請表格。因應我們學校的使命和教育哲學觀，我們同時也會問一些和多元智能有關的問題、個人智慧所扮
30 演的角色（也稱爲情緒智商，或EQ），與多樣性差異的問題。因此，我們的申請表格就像在附錄一所呈現的一樣，申請者回應底下三個問題：

1. 就您的觀點來看，學校的學業成功是否與學生在未來的生活中獲得成功經驗有所差別呢？
2. 請以發展合適的方式說明您最想要教導的學生年齡，哪些人類多樣化的議題是重要的，在課堂上您將會如何帶領這些議題呢？
3. 哪一本書或藝術作品對您的影響最深遠呢？

如果我們真的想要改變教育的文化，老師走進他或她的教室，然後把教室的門關閉起來的習性都要停掉。

～麥可

就像您可以想像的一樣，閱讀這些回應協助我們進一步認識應徵者，也讓我們開始判斷這樣的一個人是否和我們學校能夠彼此搭配，讓我們可以進一步完成我們的使命，也讓我們的教學團隊更加紮實。許多時候一個應徵者的回應變成了我們學校在進行小組成員面談應徵者時的問題和討論的一個主題。

雖然這些問題提供我們一個豐富的洞見，讓我們可以深入瞭解一個人的信念，不過一個應徵者如何回應我們的申請表格前面一個很小的空白框框可以提供更多的訊息（請參閱附錄一）。這個表格的說明要求應徵者「以

您自己想要的方式來使用這個空白的空間，當作您可以告訴我們，或秀給我們瞭解，您到底是怎樣的一個人。讓您自己隨意發揮吧！」填寫這個空白框框的可能性沒有任何限制。

應徵者使用這個空間來寫詩、提供一些引述別人的話語，或者寫些個人的主張（都以很小的字體來書寫）；有時候他們包含了相片集或他們所畫的圖在上面；偶爾他們會把三度空間的作品張貼在這個空間。此外，我們也會把學校提倡共同領導的宣傳單隨同申請函寄給每一位應徵者。宣傳單上面說明爲何共同領導對我們學校是那麼重要，也說明在新城小學我們期望老師一起學習的各種機會。很關鍵的就是要讓未來的老師看到我們對於共同領導的重視，並且讓他們瞭解我們確實想要朝這樣的情境邁進。

重視情緒智商 31

我已經說明共同領導的概念是建築在和睦相處的基石上，這意味著領導者必須努力創造一個學校的氛圍讓每個人都可以和睦相處的很愉快。可以運用的策略有千百種——簡單的可以從定期的在教職員休息室提供一些餐點來吸引老師到那裡聊天——到錯綜複雜的方式——有意識的激勵老師們在他們的情緒智商（EQ）方面下功夫。因爲一個共同領導的情境要求老師更貼近的一起分工合作，所以發展情緒智商（或稱爲個人智慧）是很重要的事情。老師需要在提供回饋和接受其他同仁的回饋方面都具備相當的技巧才容易讓這樣的情境發揮。這一

> 透過協同合作和對話，我們可以教導彼此非常多的知識和技能。我們每個人都是擁有許多資訊、經驗和一些小秘訣的豐富圖書館。
>
> ～瑞秋

點可能相當不容易做得到；實際上，那些和學生溝通的時候超級有耐性的老師，在與其他成年人溝通時，發現這樣的溝通比和學生的溝通困難多了。就像我在第 7 和第 8 章討論的一樣，學校領導者需要強調如何改善大人與大人之間的溝通。

行政人員應該在他們個人與成年人的溝通方面當作重點般的多下點功夫。簡單的說，一個領導者必須建立關係來形成一個團隊。在任何情境下這都是眞實的，特別是在一個倡導共同領導的情境下更顯得貼切。在《哈佛商業評論》（*Harvard Business Review*）上，Nohria、Joyce 與 Robinson（2003）清楚的說明這一點的重要性。這些作者觀察到在一群總裁當中，個性的特質並不顯得特別重要，包含這個人是否被視爲「具有遠見的人，或者是鉅細靡遺的人物，或者是安全或不安全的人，耐心或不夠耐心，具有魅力或沉默寡言的類型」。

不過有一項品質確實事關重大：「在組織各階層建立良好關係的能力，也能夠激勵管理團隊做到相同程度的能力。總裁如果以一種和公司同仁相同的身分地位出現，而不是公司主人的身分出現，將能夠培養正向的態度，也就能夠把這樣的正向態度轉化爲公司表現的能力。」（p.51）除非校長相當仔細，否則他們可能要花費太多時間去做些讓他們得以存活下去的事情，以至於他
32 們會忽略了建立良好關係的重要性，也就無法邁向成功的境界。關於這個主題的一些構想將在第 7 章做些介紹。

同樣的，在《多元智慧與領導統御》（*Multiple Intelligences and Leadership*, 2002）一書當中，蘇珊・墨菲（Susan Murphy）提到願景與溝通的重要性。

> 多數成功的領導者有能力以說服性的方式進行溝通，他們可能使用創意的文字為組織的未來增添彩繪世界，讓組織裡的同仁有一種感同身受的感覺而認同他們的理念；他們也可能相當有把握的介紹組織的使命和策略性計畫，以便達成他們所提出來的使命。影響力的第二個潛在可能性來自於一位領導者能夠精準的考量並且呼應公司同仁的需求。那些感覺他們真的被公司的領導者理解的人比較有可能會聆聽領導者的想法，並且執行他或她的計畫。
> （p. 174）

再度的，學校領導者需要找尋時間來聆聽校園內其他人的聲音，即使這是一件痛苦又沒有效率的工作（譯註：考量到學校領導者工作通常滿檔，抽出時間來聆聽同仁不同的聲音眞的耗時耗力）。他們必須記得單向的溝通，根據定義，並不是一個好的溝通模式。單向溝通可以傳遞一個訊息，不過它很少完成一項任務。

這些議題就是我仍在掙扎的議題，即便我已經有二十五年的校長經歷。在智力上，我知道我需要花點時間來尋求同仁的建議，並且確認每個人都有機會提供建議。我也瞭解到單就讓我在教員休息室「閒晃」都是很重要的，不管我辦公桌上的檔案堆積得多高，有多少電話要我立刻回電，還有許多電子郵件需要處理，這些都讓我不得不留在我的辦公室處理公文。不過要在繁忙的工作時兼顧這些事情還眞的很難（說的比做的容易多了）。這一點就誠如羅蘭・巴斯有一次這麼註解工作的定義：「工作上的阻礙就是工作本身。」我們都需要記得成功必須要從建立關係開始。不過絕對不能夠在那裡停滯不動，關係並不是唯一重要的事物。不管工作是否難以完成，除非關係這個拼圖的圖片固定在某個位置上，否則成功的完成使命就會變得相當艱辛、困難。

33 創造一個共同領導的文化

校長的工作就是要創造一個超越個性、甚至是她自己個性的學校文化。一個強勢的文化爲每個人提供一個清晰的期望，讓大家都知道什麼事情才是重要的。這包含教導學生的方法，以及如何與其他大人互動的方式。在提到文化時， Deal 和 Peterson（2003）提到「被社會高度尊重的組織已經逐漸演化到一個分享的體系，在工作當中分享非正式的習俗和傳統，並且賦予意義、熱忱和目標」(p. 1)。他們同時也觀察到「文化的形態是非常持久的，對於工作的表現具有很強的影響力，也塑造了人們思考、行動和感受的方式」(p. 4)。對於學校來說這一點特別眞實：「在教育的世界，面對多元的挑戰和錯綜複雜的目標，例行的儀式可能遠比那些具有有形產品或服務的企業還更加重要。」(p. 32)

> 團結在一起我們理解了；分化的結果我們站在原地不動——如果我們還算幸運的話。
>
> ～布萊恩

所有的學校都有他們自己的文化，雖然許多時候我們並沒有察覺到它的存在。一個沒有公開的文化可以促進誤解，也將確定無法帶領一個機構往前邁進的步伐。巴斯是這樣定義文化的：「常模、態度、信念、行爲、價值、慶典儀式、傳統和神話等聚在一起的錯綜複雜的模式，是一種根深蒂固存在組織最核心的那樣東西」（與巴斯的個別電話通訊，2004 年 10 月 16 日）。巴斯（2002）建議一個學校的文化可以透過回答底下的問題明確說明：

- 那些獲得成功經驗的學生有哪些特色？
- 那些獲得成功經驗的老師有哪些特色？
- 校長重視哪些項目呢？
- 校長與老師的溝通模式是怎樣進行的呢？
- 老師與校長的溝通模式又是怎樣進行的呢？
- 一所學校慶祝哪些事情呢？ 34
- 在教職員會議發生哪些事情呢？
- 在教職員會議沒有發生哪樣的事情呢？
- 那些新來到學校的教師需要知道哪些建言呢？

我相信底下這些額外的問題也相當切題：

- 我們現在的所作所為有哪些是應該拋棄的項目？
- 批評我們的人怎麼看我們，為何他們抱持那樣的觀點？
- 哪些機構舊有的錯誤是我們還持續犯的錯誤呢？
- 在哪種情況下犯錯是可以被接受的行為呢？
- 我們應該追求哪些新的領域或方向呢？
- 我們應該要慶祝哪些項目呢？

在一系列的教職員會議時，使用這些問題來當作「討論的火種」，將帶領教職員邁向豐碩的對話，讓大家更瞭解彼此價值、教育哲學以及我們在校園內該進行哪

因為我們行政團隊的經營，才會產生教職員的共同領導。

～朱麗

些改造才能夠讓學校成爲更理想的學習環境。

在一個共同領導的情境下成長

教學可以是一個非常孤立的活動。在太多的情況底下，老師整天都耗費時間與學生互動，所以就沒有時間從其他成年人身上獲得回饋。我們好奇的想要瞭解爲何讓老師持續成長與學習是一件困難的事情，不過我們應該不會驚訝這就是每一所學校都會發生的事情。學校的情境通常和成人學習是相互衝突的。

對比之下，一個共同領導的情境是每一位老師都會成長的一個環境，這樣的情境吸引那些想要改變學生未來的老師。這些老師不見得領比較多的薪資，他們也不見得擁有比較高的學位，他們也不見得對最新的科技有所瞭解。不過他們是持續成長與學習的老師，他們找尋創新的方式和學生互動，他們找尋創新的方式來挑戰他們自己。吸引並且留住這群老師的最佳方式，就是提供一個情境，讓共同領導成爲學校的常模。在一個共同領導的學校，每個人都可以發揮所長。

CHAPTER 03

探索視導的歷史沿革

我將會以一種互動過程的模式來介紹、說明領導統 35
御，這是根據關係和專業所發展出來的模式。在我的模式當中，學校的領導者努力創造情境，讓每個人都可以成長，包含大人和學童在內。這個模式是從我對於人們和組織有三個基本的假設所衍生出來的。

第一個假設認爲多數人都渴望把工作做好，也想要成長。多數員工想要能夠以他們的工作爲傲。對於教育的伙伴來說，這一點顯得特別的眞確，因爲他們選擇這個行業，就是想要讓孩童的生活變得更棒。

第二個假設認爲組織應該是一個特殊的情境，在這裡我們提供支持和挑戰給我們的員工雇員。領導者需要和他們的員工一起工作，並且給予他們支持；不過領導者也必須對員工抱持高度的標準，並且期望不斷的精進會變成常模。不管今天的員工多麼優秀，他們明天、下個星期、下個月，乃至於明年可以表現得更棒。

第三個假設認爲一個團體總會比任何個人的努力還要聰明。聰明的領導者從那些圍繞在他們身邊的人們學習和成長。

領導統御的模式看起來可能相當合乎邏輯、值得尊重、貼切，不過領導統御並不是從一開始就是這樣的觀點和作法。簡短的回顧組織領導統御的歷史和發展的沿革，可以讓我們對於今日的領導統御模式有更深入的理解，也更能夠欣賞它的運作。

36

等級制度的起源

組織、等級制度和不同模式的視導，在人類千年以來的發展情形曾經扮演核心的角色。在《槍砲、細菌和鋼鐵》（*Guns, Germs, and Steel*, 1999；譯註：時報出版社翻譯、出版）這本書當中，賈德·戴蒙（Jared Diamond）指出在社會的演化過程當中有一個不可或缺的步驟，那就是在好幾千年的歷史中，人類從狩獵社會轉型到農業社會的過程。狩獵者和採集者群居在一個小範圍內，像是游牧民族一樣到處找尋獵物，從來都不會在一處長住久居下來，所以也不會想要建立一個永久性的家園或者創造一個村落。因此他們從來都沒有發展出群居在一起所需要的結構和組織。

老師通常過度的負荷和焦慮，特別像我在這種小型學校工作的老師，有些時候，老師並不擅長於拒絕的藝術。

～邦尼

另一方面，農夫絕對有必要在一個地方長住久居。因此，不同的社區角色也就開始衍生出來，也讓我們瞭解到需要區分每個人的勞力去執行不同的工作，就可能獲得比較好的效率。不同的組織團體形式也就衍生出來，以便掌握每個人不同的技能。從此以後，村落裡的每個男人就不必在醒著的時候整天在狩獵獵物。有些人仍然會去狩獵他們的食物，不過其他人發展出手工藝品，並且在市場販賣他們的天分所雕塑出來的作品（例如，處理獸皮或者製作陶瓷器或鞋子），以便和別人換取食物。

當勞力越來越集中的時候，從事某一個特定手工藝品的人集結成一個團體，就會想要和從事類似工作的其他人比較近距離的一起工作。過了一段時間，進一步區分職責就發生了，多數人只要負責一項完整任務或產品的一部分就夠了。一個人在一個物品的某一個部分認眞工作，另一個人認眞的處理另一個部分。也因此，某種程度的協調和組織變成必要的手段；不僅要協調勞工的付出，並且在小組當中保持和諧的氛圍，還要協助個人和群體盡可能達到高效能的產出。

組織的出現使得一系列角色和關係的發展成爲可能，在這種新的關係下，有些人在有限的範圍內可以指導其他人的行動，而這也是最原始的等級制度。早期的等級制度是透過繼承所建立起來的制度，必須透過武力才能夠持續維持這樣的等級制度。然而，有些卓越的成
就（像是埃及金字塔的建立）就是在這種組織等級制度 37
的情況下發生。實際上，西元後的一千年左右，大型組織的常模，通常就是軍隊的模式，是採用高壓政治的手段來達成等級制度的確立。

組織的這種形式還算有效，雖然建立和維持這個等級制度的方法耗損了它的許多成員。從這裡我們看到一群人以等級制度的模式運作，確實會帶來相當的優勢，所以等級制度發展到這階段已經不會被質疑它們的功能了。

一個人只需要看看歷史的優勝劣敗就一目了然了：每當一個具有等級制度的社會和一個欠缺等級制度的社會遭遇在一起的時刻，具有等級制度的社會總是贏家，通常都是透過暴力的模式獲得最後的勝利。當然，等級

制度本身並不會決定最後的結果；相對的，因爲等級制度所帶來的效率和效能才能夠確保最後的成功。在一個等級制度下，每個人都負責一個特定的技能或任務，那些他們能夠精熟的技能或任務。在一個等級制度下，上面的人給予指令，底下的人遵循命令，就那麼簡單。

組織和等級制度的出現在人們遭遇到衝突時，幾乎都有一個正向的影響：制訂計畫策略、訓練、資源的分配、戰爭的進行等等。在這種情況之外，就像戴蒙（1999）指出，群居在一個聚落，並且在一個組織情況下工作，也同樣爲人類創造許多疾病方面的免疫力（這是當人們主要還是以狩獵和採集者的方式生活時所沒有的現象）。組織的效能以及對於疾病的免疫力的結合，讓極少數的歐洲人在十五世紀早期可以打敗成千上萬的中南美洲的原住民。

貫穿許多世紀，雖然頭銜或名稱可能有所變化——國王、皇后、帝王、女皇、法老——許多社會圍繞可以提供它們優勢的結構而持續發展。眞相是，並不是一個社會的所有部分都可以從這些組織獲得好處，通常一個下層階級的社會會被征服和剝削。我在這裡的目的不是要爭論組織的等級制度是否合乎道德標準或是否公平；通常它們兩者都不是，以往如此，現在還是如此。相對的，如果我使用達爾文的詞彙，觀點是認爲當人們群居在一起，並且形成一個等級制度的組織，那個社會可以生存下去的可能性會改善的。

38 當社會繼續演化，有些老闆生存在一個商業的世界裡，學徒的體制就依賴著一個老闆和下屬的關係。然而，幾百年來，我們所曾看過唯一的大型組織，具備有正規的、錯綜複雜的等級制度的組織就是軍隊的組織了。一個老闆和工人可以在一個農場、一個工廠或一個商店共同生存著，不過這些農場、工廠和商店的規模還相當小，幾乎沒有什麼等級制度的結構，一直到現代化的商業讓大規模生產的生產線成為事實之前，都還可以存活。

具有真實等級制度的大規模組織在十九世紀末期異軍突起。當任務的領域強制要求（例如建立貫穿美國東西兩岸的鐵路），在軍隊成功運作的模式就被引用到商業世界來。一旦這樣的情況發生之後，我們就再也沒有機會走回頭路了（譯註：就像便利商店連鎖店越開越多之後，傳統的雜貨店面臨生存的危機；也像是一般的社區書店在面臨網路書店廉價快速的服務時，也面臨倒閉的危機）。在過去這一百多年的多數時間，我們假設一個傳統的等級制度在一個工作的情境當中是最有效率的方式來組織運作人們的技能與專業。這樣的思考在許多領導者的工作情境裡具體實現著。想像一下，在二十世紀初期大力鼓吹科學化管理觀點的佛雷德里克・泰勒（Frederick Taylor）鉅細靡遺的規定一隻鏟子應該以哪一種角度挖進土裡面，才能夠確保一個工人的效能達到最高的水準。或者您還記得最後的官僚主義倡導者，羅伯特・麥克納瑪拉（Robert McNamara），第一位不是來自於福特家族，卻擔任福特汽車公司總裁的人，也是美國在越戰期間的國防部部長。不管怎樣，高效率和有效的管理不見得能夠滿足每個人的需求。表 3-1 整理了管理理論的這些趨勢。

39 表 3-1　經營管理實務的趨勢

時代	主流的實踐	領導的倡導者	工作的情況
古代到二十世紀	透過神話和武力來管理	馬基維利，阿提拉	勞工通常是被徵召的，而且勞動的場所相當不人性化。
1900 到 1960	科學管理、生產線和美國的企業	佛雷德里克・泰勒，亨利・福特	勞工對於他們的工作沒有多少發言權；決策來自於高高在上的「老闆」。
1960 到 1990	人性化的管理、全品質管理	愛德華・戴明，彼得・杜拉克，湯姆・畢德士	雇主聆聽勞工的聲音，並且尋求他們的建議；領導者瞭解到勞工如果對於自己的工作感到驕傲就會表現良好。
1990 到現在	學習型組織、共同領導	彼得・聖吉，羅蘭・巴斯	勞工與同事一起、彼此學習；領導者創造可以培養成長的環境。

他們是誰：馬基維利（Niccolo Machiavelli），《王子》一書的作者；阿提拉（Attila the Hun），第五世紀統治許多歐洲地區的君王；佛雷德里克・泰勒（Frederick Taylor），科學管理之父；亨利・福特（Henry Ford），汽車生產線的發展者；愛德華・戴明（W. Edwards Deming），全面品質管理（Total Quality Management）之父；彼得・杜拉克（Peter Drucker），「知識勞工」一詞的原創者，以及十幾本書的作者；湯姆・畢德士（Tom Peters），《追求卓越》的作者；彼得・聖吉（Peter Senge），《第五項修練》的作者，學習型組織的創造者；羅蘭・巴斯（Roland S. Barth），《從體內改善學校》的作者。

等級制度的假設 38

等級制度是經營管理一個工作團隊的最佳方式，基本上是根據底下三個主要的原理原則：

1. 工作的本質是固定不變的，所以是可以預測的，而且這些工作可以進一步切割爲分離的任務。
2. 管理者比他們的員工擁有更豐富的知識。
3. 管理者有權力可以糾正他們的員工；員工必須毫無懷 39
疑的接受管理者的糾正。

許多年來，這些原理原則都被我們所接受，沒有誰會去挑戰這樣的觀點。實際上，這樣的宣言是有幾分眞
實性。工作確實是可以預測的，也都是固定不變的工 40
作，工作還可以進一步切割爲更細的分離任務。管理者也比他們的員工具備更多的知識，幾乎每個人都覺得管理者確實擁有權力，如果不是他們的義務，可以指導和糾正員工的工作，而員工在接受管理者的糾正時，就會樂意根據管理者的要求來進行任務的執行。

時代改變了，這些等級制度的原理原則不再有用。我們可以辯論這樣的改變是否代表進步（我的偏見認爲這是一種進步的象徵，不過其他人可能會不同意這樣的觀點），不過我們無法爭辯的事實，就是在過去二十五年發生在美國境內的工作環境已經有一個戲劇化的變革。特別是雇員對於工作以及雇員與管理者的關係已經明顯的改變了。雖然在改革的路上，教育落後商業界的腳步，不過今日的學校也反應了商業世界的諸多變革。讓

我們更貼近一點來看看這些原理原則，以及為何它們已經變革的事實吧！

工作的本質

在十九世紀初期，亨利・福特開創了汽車業的生產線。勞工人員大部分都沒有正規教育或訓練，他們站在生產線的一個定點，每天所做的事情，就是反覆從事相同的功能。這個模式不僅以相當低廉的價格，創造了錯綜複雜的機械，它也是相當有效率的作業系統，所以即使在幾十年之後，美國能夠比世界其他國家以更高一階的方式製作和生產，也是第二次世界大戰盟軍獲得最後勝利的一個主要因素。馬歇爾計畫就是要在歐洲重新建立相同的工業，要使用盟軍在戰爭中獲勝的模式來重新建立工業。

在第二次世界大戰之後，愛德華・戴明為日本的工業界開創出一個風潮，把焦點集中在統計的測量項目上，後來稱之為「全面品質管理」。特別強調品質管制和測量，日本的工業界就如雨後春筍般的興盛起來。

教育界終究也採用了這個心智模式〔引自 Callahan 的《教育對於效能的膜拜》（*Education and the Cult of Efficiency*, 1962）〕。在 1960 年代末期到 1970 年代初期，
41 「老師驗證」的課程不斷的被創造出來。它們所根據的想法是如果課程能夠充分的說明並且照著唸出來，那麼任何老師都可以勝任這樣的教學任務。教學的模式，像是瑪德琳・杭特（Madeline Hunter）的模式，建議的就是我們確實可以找到一個明確的教學處方，如果一位老師願意單純的根據那套處方，成功就會到來。伴隨教科書

的教師手冊，以紅色印刷方式呈現，包含了確切的註解讓老師可以針對他們班上學生進行教學。手冊上會有提示語，提示語的範圍很寬廣，從「你為何認為他們稱呼這裡為『新世界』？」到「現在請您翻頁。」（就像幽默專欄大衛・巴瑞可能說的「我可沒有虛構這句話喔！」）

> 事關緊要的就是老師在教導他們的學生時，對於他們個人與專業方面需要抱持一種使命感，協調一種「心靈溝通」領導模式的領導者將可以誘導、分享那樣的使命感。
>
> ～瑪麗・安

當工作是可以預測的，也可以被切割開來運作，當勞動力並不複雜，因為區分任務並且設計工作而消除原先的想法和創意是有價值的作為。不過今日的工作根本就是無法預期，更不是永久不變的工作。電子革命已經改變了商業世界的經營模式。全球性的競爭意味著商業的經營必須進一步瘦身，雇用更少的員工，他們也必須比以往任何時候對於市場的變動有更多的理解。透過網際網路，幾乎每一個小販都有機會可以販售任何一項產品給每一位顧客；至於街角的油漆店或藥店不會因為地勢上的優勢可以壟斷當地社區的獨門生意。目前陪審團仍在討論到底這種 e 化的商業行為所增加的商業交易額對於顧客是不是真的有好處，不過毫無疑問的，網際網路已經改變商業世界做事情的方式了。

教育也正在進行一項非凡的變革。外在的因素方面，家長可以選擇學校以及教育界考慮消費者利益的運動逐漸浮現出來，這可以從特許學校的快速成長看得出端倪，這將會改變所有學校經營的模式。更多的特許學校將會成立，目前的公立學校也將要回應這樣的競爭，而唯一的方式就是表現得和特許學校越來越近：建構在學校共同的願景上，降低中央辦公室的官僚體制，行銷它們的「產品」，變得更有績效等等。關於學校表現的大量訊息將會公開透明化，所以學校未來將彼此競爭。越 42

來越可能發生的事情，就是社會大眾將會以各個學校的學生在標準化測驗的表現當作判斷學校績效的主要考量——不管這是否是正確的考量（而我不認為這是正確的考量）。新的教育法規，「把每一位學生帶上來」（No Child Left Behind；譯註：這是美國聯邦政府在小布希擔任總統這段時間推動的教育改革，也受到社會大眾與教育界伙伴的強烈質疑，幾乎和國內的九年一貫課程不謀而合）只會使這樣的趨勢更行惡化。當學校的教職員努力想要展示他們確實成功經營學校，以吸引和留住學生和他們的家庭，老師的工作就不再是可以預測的，更不可能是十年如一日的教學模式。

同時，內部的因素也將會讓教學的工作越來越不可預測或是恆常不變。任何一位教學年資超過十年的老師都可以證明，學生正在改變當中。許多學生走進校園時有各式各樣的特殊需求，他們這些特殊需求遠比以往任何時機都要千奇百怪。更多學童生活在貧困中，家庭的瓦解和離婚對於許多學童來說仍然是一個重要的課題。上述的每一項情況對於學童準備學習方面會有重要的影響。因為許多學生每個星期長時間在電視或電腦螢幕前面，而讓學生的注意力和個人／情緒智商的發展逐漸衰落。老師除了要教導學生閱讀、寫作和算數以外，還需要以第二語言的方式教導學生。

為了權力而使力是無效的，透過協同合作而產生的力量才有效用。

～林

老師也要擔負起毒品教育、性教育並且培育學生更高階層的思考能力。他們要準備個別化教學計畫，也要教導標示著BD、LD、ADD、ADHD、EMR、資優、主流的各類型學生。有時候，老師也必須和學生通過金屬檢測器才能夠保證人身安全（譯註：近年來美國境內多所學校發生槍殺案件，以至於社會要求學校用金屬檢測器確保安全）。在這種情況下，情境不斷的變化，當然也意味著老師的角色不再是可以預測的，更不可以數十年如一日的教學。

更多的變革也已經靜悄悄的來到角落邊。或許這麼說吧！最大的變革將會是老師該如何執行他們的角色。傳統上，學校都是所謂的課程中心導向的運作模式。老師的教學計畫是從課程衍生出來的。有一套既定的課程存在，通常是由教科書出版商發展出來的課程。老師教導那套課程，我們則期望學生學習那套課程。

那些認眞學習那套課程的學生會被師長認爲是聰明的學生；其他學生可能不錯，不過卻不夠聰明。近年來，我們在教育界看到一個大幅度的變革，是由迦納博 43
士所出版的多元智慧的書籍掀起了教育改革的風潮，那本書就是《心智架構》（*Frames of Mind*, 1983），這波改革風潮還伴隨著腦神經方面的研究，更進一步瞭解頭腦是如何學習的，當然就出現與腦相容的教室：目前有越來越多的教師創造以學生爲中心的教室呢！

在一個以學生爲中心的教室裡，教學計畫是從學生的需求和天分所衍生出來的。老師先看看每一位學生，然後他們把課程和教學根據學生的需求和天賦作些修飾。每一位學生無法有一個獨特的學習計畫，不過老師可以設計個別學習計畫，做些妥協，創造特殊學習的機會等。根據學生的需求規畫教學的概念迫使教學和可預測的工作、常數與切割分離的工作越來越遠，這個轉變對於老師的教學工作與他們是如何被視導，就有非常深遠的意涵。

我們應該給學生提供一些可以促進他們進行反思和成長的回饋。

～塔瑪拉

管理者的知識

在等級制度剛引進勞工就業市場沒多久之後，一般社會大衆的教育水準就提升許多。接受比較良好教育的勞動力意味著在某些組織裡面，員工很可能和老闆擁有相同的研究所學位。就像是明茲伯格（Mintzberg）在1998年所觀察的結果：「在專業組織裡面，領導統御很明顯的是一個狡猾的商業。」（p. 144）

近年來，網際網路已經被人們驗證爲一個傳遞知識的強勢工具。一個有學習動機的勞工可以在幾百萬個網頁裡面瀏覽，幾乎就可以找尋任何資訊。許多學院和大學也提供線上訓練、課程和學位。每一年，我們都會發現存在於管理者和他們的員工之間的教育水準和知識背景越縮越小。

這種縮小的現象在學校裡面更是明顯。任何一個在學校工作的人都確實瞭解到一個信念是荒唐可笑的，那就是認爲校園的領導者是知識的寶庫，也比他或她的校園裡的所有老師知道的更多。

對於學生是如何學習的，目前有太多相關的訊息
44 了，以及過多的學科知識的訊息，所以根本就沒有任何人可以瞭解所有領域的知識和技能。我們甚至還沒有提到校長的角色有越來越吃重的時間管理的要求和錯綜複雜的本質，這也是爲何我們不該把校長當作比他的員工知道的還要多的一個原因。或許羅蘭・巴斯（1990）在提到學校校長的時候，相當具體的指出「假想的能力」：「每個人都假設我們知道該如何做那些事情，我們就陷入一個假裝我們眞的知道該如何做那些事情的表

象。」（p. 70）

然而，就像我們即將看到的，這樣的一個眞相並不建議說校長就因此而欠缺一個教學領導統御的角色，或者說她無法協助她的員工成長；我們絕對相信她可以、也應該做得到這項要求。它只是意味著說雖然校長擁有一些專業，也可能比他們的雇員知道的更多——可能比許多雇員知道的還要多，不過他們不再可以單純根據他們在課程與教學方面的優勢來管理督導雇員。

一個聰明的管理者可以辨識出哪些人幾乎不必他們管理就會自動自發的認真工作。

～貝琪

糾正的權力

有段時間，幾乎每個人都認爲管理者有權力，如果不是他們的義務，可以糾正他們的員工，而員工就應該樂意接受管理者給他們的建言。發生在美國境內一系列的事件挑戰了這樣的想法，從約翰．甘乃迪總統被刺殺，到水門事件，到越戰，到2000年的總統選舉，都挑戰這樣的想法。這些事件讓後來的世代對於權威產生不信賴感。我們不再假設任何一個人有這樣的「權力」可以告訴別人應該做些什麼事情。那樣的轉變其實是好的，也是健康的，不過它也意味著一位領導管理者的工作遠比以往的任何時刻都要困難，在以往那段時光，員工下屬對於領導管理者的指示是毫無懷疑的。

不過還有更多後續的發展。透過網際網路所獲得的資訊普及化的現象，電子郵件的溝通是那樣的無遠弗屆，各式各樣的勞工權力，以及我們的社會越來越不拘禮節的傾向，與對於權威的不信任感相結合在一起之後，就更加否定了老闆因爲位置上所獲得的權威。一個世代之前，一位老闆可以期望一位員工做某些事情，就

45 只因為他這麼要求員工這樣做。但在今日，員工的接受度和承諾通常不是根據老闆所擁有的位置或法律上的權力。

領導統御的演化

一個溝通管道相當有限，加上一連串清楚明白、沒有彈性的指揮命令的等級制度一度被視為一個優秀組織的畫像。在今日，這樣的一個等級制度不再有效率。當領導管理者與被管理者之間的關係產生變化之後，當然組織架構也必須跟隨著改變。在討論今日的領導統御的情境時，大衛．賀伯斯坦（David Halberstam）在2004年指出「比較寬廣，等級制度沒有那麼明顯的文化，在那種情況下你無法下達命令之後就假設他們會遵守你的指示……人們所接受的教育越來越好，那些真實具有天分，那些你真的想要激發的人們，他們本身就有許多選擇權可以自由選擇。他們不太可能隨處坐下來，然後像是軍隊服從命令般的從一個訓練班長那裡接受指令，就乖乖的執行命令」（p. 62）。

管理領導者應該被視為教育過程中的工作伙伴。

～瑪麗修女

瞭解了領導統御和組織架構曾經發生過的演化過程之後，我們可以對於它們今日所扮演的角色有更深入的體會和評價。再一次的，這樣的變革在學校就像是在其他組織的改變一樣。社會傾向和變革會影響學校的運作，今日的校長也已經不像以往的校長那樣，因為擔任校長的工作而享有別人對她的尊敬和服從。如果我膽敢質問我校園裡任何一位具有天分的老師，她怎麼看待那種領導管理者有權力可以糾正員工，而員工就應該毫無懷疑並且興高采烈的接受指令時，她的反應應該是毫不遲疑的說出：「那些日子早就過去了！」同樣的，當我在一個教職員會議向同事解釋領導管理者這個詞彙起源於一個具有超能力的人，可以指導下屬的時候，頂多會爲我自己帶來冷嘲熱諷。

我們傳統上定義的那種視導——員工必須遵循老闆
的指示，因爲老闆就是老闆——已經是一個過時的概念
了。這項改變不是說領導統御不可能發生，不應該發 46
生，或者根本就不會發生。相對的，領導管理者必須擁
有的態度和技能是要協助他們在對待員工時，把員工當
作具有天分和創意知識的勞工。管理領導者必須協助校
園同仁的成長，並且既要支持、也要挑戰他們的員工。
管理領導者必須和他們的同仁一起學習，也從同仁身上
學習，因爲領導統御根本就是一門關於人際關係的藝
術。在這整本書當中，我將提供一些新的方式來看待領
導管理、心智習性以及可以使用哪些策略讓我們的目標
不只是配合學校政策，而是全面性的成長。

CHAPTER 04

設定目標

如果您不知道您要往哪裡走，那麼任何一條道路都 47
可以帶您到那裡去。這項建議是在《愛麗絲夢遊仙境》這本書中，每當愛麗絲迷路的時候，微笑的貓（Cheshire Cat）給她的建議，也說明了目標的重要性。在沒有目標的情況下，哪樣東西決定我們將怎麼使用我們的時間，或者我們將會如何使用我們的精力呢？我們是要集中焦點來發展一套特定觀點的課程，或是我們應該創造新的評量工具呢？或者我們應該重新修正我們這群老師提問的技巧，或者努力在待答時間（wait time）引導學生的回應呢？我們應該特別關注那些嚴重落後的學生，或者應該給那些表現優秀的學生更多的協助呢？或者我們應該把這些都拋諸在後，然後努力創造一個家庭與學校的伙伴關係呢？

設定專業目標，然後遵循這樣的目標是相當困難的，主要是因爲我們有許多值得遵循的方向。上面所條列的每一項活動不僅是需要的，應該說他們都是學校必須強調的項目。我們怎麼可以不去強調課程、教學法和評量工具的發展呢？我們怎麼可能不盡力去滿足所有學生的需求呢？我們又怎麼可能不多花點時間去和家長建立良好的溝通管道呢？

不過眞相會打攪這一切。我們就是沒有辦法把這些事情都做得好好的。有限的時間和精力意味著我們必須排出優先順序，並且集中我們的辦學焦點。如果我們不這麼做，我們就會像是愛麗絲一樣到處晃來晃去，遵循一些奇怪的念頭，也要回應一些毫無預警就發生的危機。在沒有辦學焦點的情況下，我們很可能會同一個時間邁向兩個截然不同的方向，彼此相互抵銷，產生不良的後果。一方面，我們可能把我們的精力用在太寬廣的領域上。當這樣的情形發生時，我們在任何一個領域都
48 無法達到足夠的進步，當然就無法改變我們學生的學習情況，也就無法讓我們自己產生一種滿足感。另一方面，我們可能只是持續推動和前幾年相同的行爲和活動，不管它們的效能。這樣做對於我們的學生和老師都會造成傷害（對我們也會造成傷害）。

目標設定的過程可以當作我們集中自己和其他人努力方向的一項工具，它可以帶領我們邁向專業成長的一個旅程。校長應該和他們的老師設定目標，他們也應該爲他們自己設定目標，並且和其他人分享這些目標（稍後會有更多這方面的討論）。目標設定的過程應該是一個協同合作的過程，也就是校長和老師一起合作。老師依據他們的目標過生活，所以合情合理的一個作法就是他們在發展自己的目標時應該參與這樣的過程。目標的設定和監控（從這裡開始，每當我提到目標設定，就代表同時兼顧目標的監控）是專業發展所不可或缺的一部分。

如果您沒有那盞在隧道裡可以指引您向前行進的燈光，您就永遠也無法離開黑暗的隧道。

～黛比

畢竟，在沒有目標的情況下，您怎麼知道您是否成功呢？經常發生的事情是，設定目標的過程太過於草

率。例如，我們通常會忽略最有天賦的老師在設定目標時給予協助，相對的，我們花費多數的時間和精力來協助那些剛來到學校或是挫折感嚴重的老師。這是一個錯誤的作法。剛來到學校不久和挫折感嚴重的老師確實需要我們的關懷，不過最優秀的老師也會因爲有反思和對話的空間而獲益良多，不管他們是多麼優秀的老師，他們還是可以變得更好。設定貼切、重要又合乎情理的目標，還可以對學習有所幫助，更是難上加難。一旦設定好目標，更困難的就是監控達成目標的過程。不過，瞭解到設定目標在專業成長的過程可以扮演多麼重要的角色之後，我們就清楚瞭解設定目標是我們必須做的任務，不只要去做，還要好好的設定目標，並且是和每一位老師都要一起設定目標的。

選擇目標的因素

目標是如何設定的，它們的焦點，以及我們監控邁向這些目標的方式會因爲許許多多的因素而有所變化。在考慮設定目標的過程時，我們需要考慮教學的情境如下：

- 學生的需求爲何？ 49
- 學校的階層爲何（國小、國中或高中）？
- 學校是否有一個特定的重點或方向？
- 是否有一個全校共同強調的特定課程或教學法的議題？
- 老師是孤軍奮戰或是團隊的一部分？

非營利相對於營利的目標

因為很難量測教育方面的進步情況（有些人可能會爭論更困難的是如何去定義何謂進步），目標設定的兩難困境在學校和其他非營利組織會遠比營利世界更加具有挑戰性。畢竟，在每一年的年終時刻，企業可以看看它們的收支平衡表來決定它們是否經營成功：它們是否創造出足夠的盈餘，是否獲得足夠的利益呢？公司是否創造出股權擁有者的價值呢？在某些工作上，像是業務或是專業服務，所得是非常個別化的事情，也幾乎完全依據每個人所生產的金錢數量加以衡量。

當然，在教育上這樣的情況就很不一樣了。對於一般人認為唯一能夠評量我們學生進步（或我們自己）的方式就是透過標準化測驗的觀點，我們感到非常的憤怒。我們清楚瞭解到，雖然標準化測驗的成績重要，不過教育學生有比學生在標準化測驗獲得優秀成績還更重要的項目。簡單的說，任何重要的事情都是無法被評量出來的。在評量成長的項目當中那些可以量測與無法量測的觀點之間尋求一個平衡點，讓學校與其他非營利組織的目標設定更加錯綜複雜。

- 學校行政主管對於目標的哲學觀爲何？誰設定目標？目標是如何設定的呢？如何測量邁向目標的進度呢？達成目標的要求在我們評量或獎賞老師時扮演哪樣的角色呢？

就像教學情境對於設定目標非常重要，同樣的情況可以看到老師的天賦和需求對於設定目標也非常重要。我們也同樣要反思底下的項目：

- 老師的知識基礎爲何？
- 老師有哪些技能呢？
- 老師的興趣和熱忱有哪些？

・老師對於新的想法和策略是否抱持開放的心胸？

教學的情境與個人天賦的結合，決定了老師或行政 50
人員應該設定哪樣的目標。一位在加州的戴維斯教導低成就和貧困學生的老師，應該和她那位已經擁有二十年教學經驗的團隊伙伴有不一樣的目標。他們的目標也應該和一位在威斯康辛州的瑞新教導一群資優生，並且被遴選為年度最佳老師的人有不同的目標。不過他們的目標和一位在佛羅里達州奧蘭多服務多年的資深老師，一位有新班級學生，或正在使用一套新數學課程的老師的目標也都不相同。也請記住，即使目標相同，不過朝向目標前進的旅程可能差異非常大。有許多美好的方式可以追求任何目標，而邁向目標的計畫應該受到老師的教學情境和個別老師的特質影響。不管他們的天賦和需求為何，當他們在設定目標上有建議權，當他們可以先從自己的優勢和熱忱著手目標的設定，當他們可以和同事彼此學習時，所有的老師都會不斷的進步成長。

目標的任務指派

目標的種類，以及設定目標的過程將會因為老師的經驗和技能而有所變化。一般來說，提供老師機會去創造他們的目標，以及量測他們邁向目標的進步情形都是好的。然而，有些時候，特別是針對年輕（或表現比較差）的老師，行政人員需要指派一些目標讓他們可以遵循。

例如，多年前，我和一位具有多方面天賦的老師一起工作，不過她對於學生的態度非常負面，簡直到了無法忍受的程度。我們深度的討論了這件事情，不過她就是不肯接受我對於她的教學評量結果。「這些都是大孩子了，」她這麼回答我，「而且外面的世界是一個人吃人的世界」。雖然我無法改變她的態度，不過我指派給她的目標是在給予學生回饋時，盡可能朝向正面的回饋意見（這個故事的好消息是我後來監控學生的作業，發現
51 她確實做到了，實際上，遠比我所要求的還要正向的給予學生作業的回饋意見）。

不管是誰指派目標，目標設定的過程應該是一個協同合作的歷程。到底誰應該擔任協同合作者——應該是一位老師和校長、兩位老師、許多老師、或者一群老師和校長——將依據學校的情境、個別教師和目標而有所變化。在所有的個案當中，目標設定的歷程至少應該包含兩個人同意某些設定的目標，並且在目標設定之後，定期的溝通來監控邁向目標的進步情況。分享目標和監控邁向目標的進步情形會提升績效，沒有和別人分享的目標其實只是個人的希望罷了！

達成目標，協助人們更容易設定更多的目標，也協助他們為更多的目標和使命的達成做好準備。

～謝容

目標的特質

讓目標不一樣的因素千奇百怪，包含所有不同類型的教學情境，以及老師之間存在著知識、技能與態度上的差別。不過即使拋開這些差異性，底下的元素應該是所有老師目標的一部分。

目標應該有意義

您或許會懷疑怎麼還有必要把這項目標的特質條列出來。當然，目標就應該有意義，不過它們應該帶領我們提升學生的學習。雖然學習可以用許多方式來定義和評量——傳統或標準化測驗所得到的分數，到評分指標的評量，到降低午餐餐廳的爭吵情況——提升學習應該是所有目標的最核心目標。不過「有意義」這樣的形容詞還有更多的意義存在。

當目標達成時，只要對師生都有幫助就是最有意義的目標了。絕對的概念之一就是目標設定應該要對學生有幫助；這是毫無疑問的概念。不過目標設定的過程也應該對老師有所幫助。除非老師針對他們的專業成長來 52
設定目標，並且努力達成目標——除非老師也同時成長——否則他們的學生只會做短期、非常有限的成長。日標設定的歷程應該反應出學生的成長，主要是導因於師生之間的互動關係有所改變。一個有意義的目標設定歷程強調師生共同成長的目標。

存在學生學習與老師之間的關係是很明顯的，不過當我們考慮老師的成長時，很少有人會考慮到這樣的關係。Brooks 與 Brooks（1999）相當漂亮的說明這樣的學習關係：「當學生和一群把自己持續看成是終身學習者的大人相處，也就是那些對於他們自己仍在努力解決的問題還會提出問題的大人，那些願意也能夠更改上課的內容和教學實務，以便和學生共同追尋意義，那些對待學生和他們的努力當作一個不斷進步，而不是完美的成品的老師時，學生就比較有可能在他們自己身上展現這

如果您不知道您想要到哪裡去，那麼不管您是搭乘飛機或者騎腳踏車，就沒有差別了。

～默翰墨德

樣的特質出來。」(p. 10)

有意義的一個重要觀念就是確保目標對於老師的經驗要合宜。例如，當一位老師到新城小學任教的第一年，我指派的目標常是「熟悉新城小學的教育哲學、教職員工和課程」。這樣的目標讓我們在這所學校都可以期望每一位新來的老師都必須有這樣的覺醒和學習。這項目標允許我定期瞭解這樣的學習進行的狀況，以及他們的學習情形。對於一個在全新的工作情況下工作的人來說，確實有必要學習認識那個新環境——不管是明文規定或是不成文規定，以及這個新環境的許多人格特質，把這樣的要求當作一個正式的目標，讓這項知識的追求變成了高度有意義的一件事情（有時候，有經驗的老師剛剛來到我們學校，就會傾向於把這樣的學習降低到最低的程度，也讓他們很難接受這樣的目標。不過這樣的目標對於所有剛來到這所學校的老師都是有效的，不管他們的經驗如何都一樣)。

有意義的目標反應的不只是一位老師的目的地，也說明了他的起始點。有經驗的老師應該反應他們的知識和技能，也應該具有挑戰性。所以即使不去觀察或甚至
53 根本不認識一位教職員的情況下，我們單就從閱讀他們的專業目標，就可以瞭解他們相對的技能和教學的專業能力。

目標應該是可以測量的

如果您無法測量一個目標，您怎麼決定您是否成功了呢？所以一個合情合理的說法就是目標應該是可以被測量的。不過如果您的目標是「提升學生學習的動機」

或是「對於學習產生興奮感」，那該怎麼測量呢？這些目標雖然真的很重要，也很貼切，不過它們並無法立刻透過一些數字來測量。它們是可以被測量的，不過無法以定量的方式來量測。因此我們如何測量目標是一個相當關鍵的議題。

在測量目標時，一個合宜的作法就是看看平均分數，平均提升多少分，以及標準差等等。傳統的測驗在記錄學生的進步方面可以扮演一個角色，不過並不是所有的目標都需要——也不應該——是那些可以被數量化的測量出來的。當我們檢視學生所學習的學科領域的知識和技能，以及他們的學習方式時，很明顯的，某些目標是無法用數量測量出來的。與其避開這些目標，我們需要找出新的方式來監控這些目標，看看學生是如何朝向這些目標邁進的。

我們只有一個目標：引爆所有教職員和學生的學習火苗。

～陳佩正

實際上，我們通常需要創意來追蹤這些最重要的目標。考慮看看如何監控下面的目標：「提升學生學習動機」或者是「對於學習產生興奮感」。雖然追蹤學生的出席率可以提供一些量化的資料，不過應該有其他更豐富的方式來說明這些態度（譯註：在國內的環境教育界，我們也經常看到研究者根據問卷調查，說明國內民眾的環境素養提升了，不過卻只採用紙筆的問卷模式，而不是採用創新的模式。所以我認爲民眾已經患了問卷倦怠症，而研究者也該好好構思除了問卷調查，還有哪些可以更眞實貼近態度的評量，才是未來研究的方向）。學生問卷與師生個別寫的日誌就成爲下一個考量的對象了。我們承認，調查通常提供數字化的資料，不過這樣的資料和測驗的成績相當不同。同樣的，注意到學生挑選錯綜複雜或困難的專題進行研究的程度，或是他們渴望參與教室討論的氛圍，都可以提供我們重要的訊息，進一步瞭解學生上課的動機和熱忱。

評分指標的評量和檢核清單可以用來評量這類型的態度和行爲。再度的，即使測驗所得到的成績有它們的地位，不過並不是每一項目標都需要依靠這樣的方式來
54 評量。最重要的目標當中有些——特別是那些強調學生的學習態度和價值觀的目標——最好使用有效、但不是可以立即數量化的資料來測量。最後，在考量到那些可以測量，卻無法數量化的目標時，也應該擁抱一個構想，那就是老師以創意的方式來決定他們到底是如何接近目標，並且用創意的方式來量測和紀錄這些目標的進展情況。

目標應該是可以達成的

老師應該覺得他們的目標是可以達成的，只要努力認眞，並且集中火力，他們就可以達成目標。我們必須設定實際可行的目標，不會太簡單，也不會太難以達成。設定一個多元的目標有一個優勢，就是有些目標可能、也應該具有挑戰性，另外一些目標應該不要那麼艱難。多樣化的目標是很重要的。

隱含在這裡的一種信念，就是認爲老師每一年應該設定一個以上的目標。行政人員可以協助的就是宣傳一個期望，期望的是老師不會達成他們所設定的每一個目標。如果一位老師實現了他所設定的每一個目標，那麼他所設定的目標就沒有那麼野心勃勃了。另一方面，如果有位老師連一個目標都沒有實現，那麼他所設定的目

標應該太艱鉅，而且不切實際了。老師和校長在對話時，討論哪樣的目標是一個困難的目標，哪樣的目標「幾乎就是天上掉下來的禮物」，這樣的對話本身是一個具有生產力的練習（請參考頁75的「延伸的目標」，就會看到這項主題更多的討論）。

雖然設定一個以上的目標是一件好事，不過我們必須要盡量防範的一個可能性，特別是對於那些經驗豐富、教學技能好的老師，不要讓他們設定太多目標。好多年前，我有一位比較有天賦，也能自動自發的老師在年中檢視她來年所要設定的目標時——赫然發現總共有十六個目標！我倒吸一口氣，然後回應她說我對於她的學習動機感到佩服，她對於我們學校全面性的認識也足夠，不過十六個目標太多了，沒有人能夠在神智清醒的情況下有效率的追求這麼多的目標。經過漫長的辯論後，我們把她的目標總數縮減到五個（雖然三個目標會更棒）。這位老師目前還和我一起工作，每一年輪到檢視她的目標的時間一到，我們會嘲笑她當年曾經設定十六個目標。不過，她每一年仍然會設定遠比合情合理的目 55
標數還多的目標，我們還是會一起合作協助她把目標的數量降低，集中到少數幾項，這個協商的過程目前已經變成我和這位老師兩人之間的一項儀式。

目標應該個別化

目標應該反應教學情境與一位老師的天賦之間的交互作用，而且沒有任何兩位老師或學校的情境是相同的。此外，即使兩位具有相似天賦的老師在同一所學校教導相差無幾的學生，他們的目標可能完全相同，不過達成這些目標的策略可以有所不同。實際上，通常邁向目標的策略可以有的變化遠比可以追求的目標數量來得多。就像是我們尊重每一位學生都是一位獨特的學習者一樣，我們也必須尊重每一位老師。為了要達成他們的目標而發展不同的策略，包含創造新的評量工具，是讓老師為他們的教學工作持續感到興奮，並且持續成長的一個絕佳方式。如果有老師每一年的目標相同，為了避免讓老師停滯不前，那麼實驗嘗試不同的策略來達成相同的目標是非常必要的。

> 有特定的目標是很重要的，不過它們必須經過深思熟慮。
>
> ～邦尼

有時候，對於資深且具有天賦的老師最具有吸引力的目標是一個發展課程或是擔任其他同事的領導者的機會（譯註：學年或學科主任）。某種程度來看，他們能夠在自己服務的學校擔任老師們的老師，每個人都因此而獲益良多（當然，有時候這類型的老師相當有技巧的避開與同事的交互關係，而是把他們每一天的全部精力集中到他們的學生身上。我們眞的很難抱怨這項奉獻的精神，不過我非常相信每個人都可以在一個共同領導的情境下獲益良多）。

目標的種類

目標設定過程的效能——它對於師生所帶來的好處有多少——是建立在目標本身的效能。就像前面所討論
56 的，目標需要有意義，可以被量測，可以達成，也要是個別化的目標，此外，還有許多不同類型的目標。典型的方式是由行政人員選擇哪一類型的目標來追求，雖然通常伴隨著老師的建議，這可以根據老師的經驗和天賦

來決定老師參與的程度。目標種類的選擇將會塑造一位老師對於目標的想法，以及該使用哪樣的策略來達成這樣的目標。

延伸的目標

雖然我稍早之前提到目標必須是可以量測的，延伸的目標可就稍有一些差異。延伸的目標是那麼具有挑戰性，那麼的全面性，或者太過於理想化，所以我們可能無法期望一位老師合情合理的達成這樣的目標。「那麼幹嘛要設定這樣的目標呢？」您或許會問。因爲達成他們的努力可能可以導致正向的結果，不管目標是否達成，所以延伸目標是很重要的。

偉大最可怕的敵人就是良好。

～林

由於整年傑出優秀的表現，一位老師應該有權力可以擁有一項延伸的目標。一個延伸的目標可能是「在我的教學過程不要使用教科書或學習單」或是「親自到每一位學生的家庭拜訪他們的家長」或是「讓我的每一位學生在標準化測驗都獲得超越95%的成就」。

行政人員經常提出一個延伸目標的可能性，並且提供這樣的構想給老師參考。即使我刻意強調延伸目標的重要性，也無法說明它的重要性，不過延伸目標應該是每一位老師，甚至應該是說多數老師都該設定這樣的目標。擁有機會設定一個延伸的目標對於老師來說是一項不得了的恭維，一項延伸目標意味著這位老師已經非常熟練，而且——這是一個獨立分開的議題——老師擁有智慧瞭解到能夠設定一個她可能無法達成的目標應該是有價値的。那是說，老師瞭解到在這項策略背後的原理原則，並且接受邀請來設定一項延伸目標其實是來自於行政人員的高度肯定和讚賞。

提供、機會和邀請這些字眼對於延伸目標是非常重要的，因爲一項延伸目標應該是自願的。一個潛在的問題就是那些被行政人員提供機會設定延伸目標的老師，
57 基本上就是那些任勞任怨，對他們自己抱持高標準的老師。他們享受挑戰的機會。除非設定一項延伸的目標是經過深思熟慮的過程，否則這些老師可能在達成他們所設定的延伸目標的過程，會讓他們自己抓狂。當他們並沒有成功達成這項目標時，他們就會相當失望而變得相當苦惱。

延伸目標對於行政人員也是相當貼切的。過去幾年當中，我個人的延伸目標就是「不管在聖路易斯的裡裡外外，我都要讓／維持新城小學成爲一個看得見的教育領導者的角色」。我會追求這項目標主要是透過我們教職員努力想要把多元智慧理論和共同領導的觀念帶進新城小學。因爲即使我沒有完全達成這樣的目標，不過追求這目標的過程讓我們變成更棒的學校，也協助我自己成長，所以這樣的目標是一個很好的延伸目標。

> 當我為自己設定目標，而不是別人把預設目標交給我的時候，最能夠把目標發揮的淋漓盡致。
>
> ～露西

由於我們設定了這項延伸目標，我把辦學的焦點集中在課程、教學和評量的技巧，讓我們學校在推動多元智慧的理念上可以當作全國的領導者角色。我也把辦學的焦點集中在共同領導可以如何協助我們教職員的成長。

在我到聖路易斯以外的社區，乃至於到全世界各地的演講，或參與的研討會、工作坊，以及我所寫的文章裡，我也同樣嘗試爲多元智慧和教職員共同領導擔任發言者的角色。我持續反省我們學校到底還可以如何改

善，以及我在協助每個人都可以成長，包含我自己的成長方面，應該扮演哪樣的角色。追求我這項延伸目標為新城小學和我自己帶來許多好處。

團隊的目標

除了個人的目標以外，當老師一起努力設定團隊的目標時，還是有許多值得學習的地方。團隊的目標是透過一個團隊的老師協同合作發展出來的，所以所有的團隊成員對於這樣的團隊目標都應該擔負起績效責任來。在一所高中服務的社會科老師可能發展一個團隊的目標，重新修訂課程或者使用學生的檔案進行評量。一個四年級的老師團隊可能決定讓學生參與社區服務當作他
們的團隊目標。或許一個團隊的老師想要改善他們與家 58
長之間的溝通，並且把這當作他們優先處理的目標，或者甚至一個團隊的老師想要更像是同事般的一起協同合作在一起當作團隊目標也說不定。考量一個團隊成員在對話當中分享他們想要設定哪樣的目標，以及他們想要如何測量和監控目標達成的程度將會帶來哪樣的威力！讓團隊成員碰面分享他們的目標，以及他們將會使用哪樣的方式來測量這些目標，以及定期性的聚會來討論是否已經達成目標，這樣的畫面就已經帶給一個學校的同仁共同領導的價值了。團隊目標是我們提供資深教師領導統御的良好時機，並且讓他們有機會可以協助年輕的老師持續發展專業。

在新城小學，我們要求每一個教學團隊每一年設定一個團隊的目標。行政人員為每一個團隊挑選目標的領域，然後每個團隊必須決定它的目標，以及他們將會使

用哪種方式來測量邁向目標的進度。在過去許多年當中，團隊目標集中在學校老師如何妥善運用我們剛剛創造的新城小學百年紀念花園，如何與學生的家長進行更棒的溝通，發展數學評量的工具來呼應我們學校新的成績單。另一個團隊目標是要去區分消費者（學生）與顧客（他們的家長）之間的差異（譯註：原文爲 consumers and customers，這也是譯者這幾年在思考的問題之一。教師應該是一個服務業，但是和一般服務業不相同的是我們要能夠妥善的協助學生成長。在面對消費者有不良行爲時，教師該如何反應？當顧客不滿意時，我們是否有權力和他們分享我們的觀點，特別是教育哲學觀呢？通常出現親師生摩擦時，教師幾乎已經毫無反抗的餘地，這是教師專業受到社會大眾否定的一個蛛絲馬跡，我們不得不多考量這現象背後的原因；這也是譯者近期內專心寫一本教育問題探討書籍的原因）。

全校共同努力的焦點目標

全校共同努力的焦點目標通常是一種從上往下要求的目標，如果不是直接和一個學校的主題切合〔（例如在一所磁石學校（magnet school）〕，或是想要回應一個全校性的問題（像是低成就或是行爲的議題）。不管學校的目標是要改善學生在某個特定測驗的成績到某種水準以上，或是想要在藝術或運動的表現方面達到一個傑出的水準，這樣的焦點目標可以是相當嚴密的目標，所以老師幾乎沒有彈性空間可以在他們所發展的目標上有所偏差，或在他們想要使用的策略上有所差異。如果這是學校的個案，那麼非常重要的概念之一，就是我們也要讓老師發展他們自己額外的專業目標（一個和這項嚴密訴求不一樣的全校共同努力的焦點目標可以是爲了一個校務評鑑，或執行推動一項新的課程時所發展出來的全校性焦點目標）。

使命本位的目標 59

使命本位的目標看起來和全校共同努力的焦點目標有點雷同，不過它們是非常不一樣的目標。使命本位的目標是來自於一個學校的使命或哲學觀，雖然一個學校的哲學觀點和使命也會定期修訂或重新檢視，不過它們不太可能經歷重大的改變；這類型的使命文件通常比較偏向巨觀的觀點，而不是短暫的目標。這樣的後果是那些從學校的哲學或使命文件找尋構想來當作使命目標的老師通常在塑造這些目標時抱持比較大的彈性空間。

考慮新城小學的使命文件說明文字：

> 新城小學是一所都會型學校，學生的年齡從三歲到六年級，我們期望學生參與我們提供給他們的愉快且有挑戰性的教育。在我們創意的環境中，學童對於他們自己和別人都變得比較有信心，也比較有知識。我們期望透過學業、周遭環境的氛圍和多樣化差異的環境培養學生成為成功、熱情和有品德的學習者。

我的目標相當簡單：我要每一天都活下去，並且盡可能享受我應該享受的部分。

～阿德里恩

從這樣的使命說明文件看來，老師可能從許多領域挑選他們的目標。他們可以發展教學材料或教學法來提供一個愉悅的教育經驗，或者提供一個挑戰的教育，或是讓學生變成有信心的人，對於他人也能有所瞭解，或者讓學生成爲成功、熱情和有品德的學習者。同樣的，有些時候我們會要求老師根據我們三個主要的元素：學業、周遭環境的氛圍和多樣性差異，來發展一個目標。

單年和多年的目標

重要和持續的進展不會在短短的一年內發生。此外，即使在一年內確實獲得某些進展，下個年度的教學也要用來凝聚和重新檢視這樣的進展是否眞實。那代表著說多數的目標將會需要一年以上的時間來達成目標。達成一個目標需要耗費一年以上的時間這個事實並不是
60 說我們就可以不必監控進步的程度，或者說不必在每一年年底的時候檢視目標。對於新來的，或是比較沒有天賦的老師，一個比較短暫的時間範圍可能比較妥當。

當一位老師逐漸累積教學的專業知識，對他來說，有意義的目標就是對於他的學生和他自己的專業發展採取一個比較長遠的觀點來設定目標。多元的目標具有的優勢可以協助我們採取長遠的觀點設定目標，盡量避免短線操作來解決問題。

私有的和公開的目標

在這一章的一開始，我提到分享目標以及採用協同合作的方式進行目標分享的重要性。這樣的對話不僅強化了教職員共同領導的可能性，也讓老師從彼此的互動和激勵當中獲益良多。然而，私有的目標——那些只在老師與行政人員之間分享的目標——也有一個地位，這些目標可能強調一位老師比較弱的方面，或者是需求方

沒有目標的生活就像是一個沒有終點線的賽跑一樣。

～塔瑪拉

面的改善，所以這是需要高度隱私的目標；或者說這樣的目標可能強調一些老師不願意與太多人分享的某些事情。私有的目標可能只集中在一個校園裡的一個老師團隊或領導統御的動態，一些老師或校長都不太想要公開討論的項目。

例如，在新城小學年終的專業成長研討會上（也就是老師接獲他們年終評鑑和接獲來年合約的時間），幾乎每一年都會有不同的老師來向我訴苦，說明她和其他教職員互動時有些摩擦（我的教職員有四十五位，所以這種意見不合的情況並沒有那麼嚴重）。幾乎在每一個個案當中，改善這樣的情況都會成為這些老師的一個目標。老師和我一起規畫，並且定期聚會來檢視他們進步的情形，不過這並不是一個公開的目標。有時候，這樣的關懷會轉變成老師的領導統御，所以老師和我規畫在她的教學團隊或者教職員裡應該如何強化一個領導者的角色。有時候，特別是在我的指示下，有這種焦慮的老師接著就會和那些讓她困惑的老師分享她的想法。偶爾這 61
兩位老師就有辦法討論他們之間的差異，並且對於他們兩人之間的互動關係有更貼切的認識，然後就可以解決他們之間的差異了。不過有時候這種分享的結果居然是我們三個人需要碰面開會來討論如何改善他們的工作關係。

通常當我和這樣的團隊成員見面時，我會先要求他們個別寫下三件他們覺得和對方在一起是快樂的工作情境，以及三件讓他們抓狂的事情。在他們分享各自的條列清單之前，我要求他們試著去想想看對方可能寫了哪些項目，並且把那些項目寫出來；這樣的要求強迫他們退一步去思考對方如何看待他們。我強調「觀點」這兩個字，並且提醒他們一個重點，那就是別人的觀點對他們來說就是眞相；不管是否屬實，我們就是會根據自己的所見所聞來回應其他人對我們的態度。

那樣的理解協助他們從否定他們同事的感受抽身出來，並且也避免他們陷入「到底眞正發生什麼事情」的觀點上（那根本就是他們自己的觀點所衍生出來的見識）。相對的，當我們分享他們所寫的內容時，我們努力去瞭解自己到底是做了哪些事情才會和對方產生衝突，我們也想辦法來改變印象和觀點。這些會議沒有一次是輕鬆過關的；要從別人的鏡片看我們自己眞的很困難。不過這樣誠實的互動關係幾乎都可以產生很棒的結果。

兼顧個人與專業的目標

個人目標（學習如何打網球或者每個星期去體育館運動三次）和專業方面的目標（學習一套新的課程或者瞭解如何使用一個新的科技產品）有所差異，兼顧個人與專業的目標是那些把努力的焦點集中在個人的個性、領導風格、生活上的平衡與這樣的努力對工作的影響。設定兼顧個人與專業的目標協助老師瞭解他們在一個學習型的社群中扮演一個成員的角色。當每一個教職員，包含行政人員，檢視這樣的互動對於其他人會有哪樣的影響時，每個人都會獲益良多。

雖然多數老師的目標應該是專業方面的目標，不過有時候比較妥當的作法就是設定一個專業的目標，卻把
62 努力的重點集中在一個與學校課業無關，比較個人的議
題上。爲了要讓這樣的情況發生，老師與行政人員相處

兼顧個人與專業的目標的另類說法

在 2004 年的 9 月份，我開始在《教育領導》期刊上面的雙月專欄——「聯繫校長」上撰文。我的第一篇文章強調的就是這一章所提到的兼顧個人與專業的目標，不過稍微不同的地方在於如何產生這樣的目標，以及如何監控它們的進度。

今年你的目標為何？我並不是在問你別人指派給你的目標，或是「把每一位學生帶上來」的法規所強制要求的目標。我所問的是你為你自己所精挑細選的目標。

雖然你無法從我很少到體育館去運動來判斷我的身體狀況，不過我相信我們每個人都需要設定目標，並且努力達成這些目標。目標讓我們有工作的重點，而且我們在達成目標的進展過程提供我們立即回饋的功能。如果我們的工作沒有努力的重點，我們不太有可能會成功。實際上，在沒有目標的情況下，我們如何知道我們是否已經成功呢？

教師的目標通常和學生成功連結在一起。我們期望比較多的學生人數可以通過考試的考驗；我們希望改善學生的出席率；我們希望學生在 X，Y 或 Z 方面表現得越來越好（或者說我們期望他們在這些方面比較有可能有好一點的表現）。有時候我們的目標是專業導向的：我們希望改善這種教學方法，我們希望發展那套課程，或者我們希望創造一個全新的專業發展計畫。我們很難去辯解說這些目標不重要。

專業的目標雖然重要，不過它們沒有提到我們到底是怎樣的一個人。集中在學生學習進展、教學法和課程的那些目標忽略了我們當作一個不斷成長的人的事情，以及我們與其他人一起合作或者領導他人時的功能。不過這些因素對於我們的成功，以及與我們一起合作的那些人的成功都是非常重要的。

我們需要設定兼顧個人與專業的目標，這些目標和純粹的個人目標（減肥或者學習如何彈奏鋼琴），也和純粹的專業目標（例如寫課程或提升學生測驗的成績）都不相同。兼顧個人與專業的目標重點在探討類似個性、領導風格和平衡家庭生活與學校工作等項目，對於我們工作表現的影響。

不過你要如何決定一個目標呢？我做了一趟360度的評估，一個完全根據三十多位和我工作的人所提供的觀點而成的實作評量。評量的結果既肯定，也讓我覺得謙卑。這樣的歷程強迫我去
63 瞭解自己到底是怎樣的一個人，以及那會如何影響我這個專業人士的表現。例如，我學到有些時候我看起來太過於目標導向，也太專注了，所以我必須學習如何去聆聽其他的聲音。（什麼？）因此，我設定了我自己兼顧個人與專業的目標來強化這些領域。

並不是每個人都以這樣的方式來設定目標。今年的8月，在一次教師在職進修的研習活動上，我和教職員提到設定他們自己的目標這件事。我解釋說雖然這些目標將會屬於私有的目標，不過他們必須和老師在工作上的效能有所有關聯。在接下來的那次教職員會議，每一位老師都在一張紙上寫了他或她的目標，並且把這張紙放進一張貼上他或她姓名的信封，然後我們個別把信封黏好。接著我們把每個人的信封都放進一個盒子裡（包含我的信封），然後以慶典的方式把這個盒子密封起來。在我們完成這些工作之後，我接著宣布我們將在5月份——就在老師年度終了的專業成長會議之前——會把他們的信封還給每一位老師，原封不動的還給他們。在每一位老師年度終了的會議上，我將會詢問老師是否成功的達成他或她的目標，以及我可以如何協助他或她用什麼樣的方式來達成那些目標。我同時也強調是否願意分享任何和目標有關聯的訊息的主動權力完全在各個老師身上。

設定目標只是第一個步驟，當然，監控老師完成他們私有的目標將不會是一件輕鬆的工作。不過，在一整年的時間裡，我計畫定期的提醒教職員一些關於他們兼顧個人與專業的目標，我會這麼問他們：「對於你的目標，你認為目前進行的怎樣啦？」以及「如果有人知道你的目標，他或她將會如何界定你目前的進展情況呢？」支持老師邁向他們兼顧個人與專業的目標可以培養出一個協同合作與共同領導的氛圍，校園裡的每個人都因此而獲益良多。

我知道並不是每一個目標都可以達成，不過我知道單就目標設定的歷程本身就會帶來好處。當我們停頓忙碌的腳步，反思我們與別人的互動關係，並且考慮那些互動關係對於我們工作表現的影響，就會讓我們有所獲益。在未來的專欄裡，我將會分享我的老師們反思他們自己的進展時所告訴我的一些訊息，我也將會分享在我自己兼顧個人與專業的目標方面所達成的程度。現在該是你為自己設定目標的時刻了——信封在哪裡呢？（Hoerr, 2004, pp. 86-87）

的舒適感和信賴程度就要很強。在多數的個案當中，這類型目標的起源來自於老師這一方。議題可能是降低個人的壓力，或是處理一個和健康有關的事情，或者是平衡家庭與學校工作之間的關係，或是適應一位新的配偶或孩子所帶來的新關係。或許老師的目標是想要變成一位學校的行政人員也說不定。

在一些個人、比較私密的成長情境裡，目標這個詞比個案還要更正式些。在我的經驗裡，把這些議題放到檯面上來公開討論是一個健康的步驟。不過不像專業目 64

標，達成個人目標的策略通常比較模糊，也比較無法量測得到。那是說，因為這些議題重要，所以成長仍是一個優先順序。一個提升成功機會的方式就是要勤奮的定期開會來監控這些目標的進展情形。

當然影響我們專業角色的個別議題也相當常見，幾乎是非常普遍的現象。不管一位老師的經歷、知識或技能的水準在哪裡，這都是千真萬確的事實。我們不可以因為一位老師每天的教學表現都非常傑出，就假設個人的議題對於他的表現不會是一個影響的因素。實際上，要達成這樣的境界所需要的投入、驅動力和承諾有時是有個人代價的。一位行政人員如果不瞭解一位老師的個人生活會影響他的專業生活，那不是愚蠢無知，就是天真浪漫。

目標的問題是它們有時候讓老師覺得他們就是別人攻擊的靶心。
～布萊恩

我們在新城小學嘗試提到個人與專業生活之間的關係的一個方式就是透過我們的教師輔導歷程。所有第一年和第二年的老師都有教師輔導員，一些他們經常會碰面的老師，同樣的他們也會和行政人員每個月會面一次。在瞭解到個人議題的重要性之後，每個月定期開會討論的會議當中有一半就由我們學校的輔導室來擔任。在這些會議當中，我和另外一位行政人員都不會出現，我們新來的老師都可以自由自在的說出他們從家裡帶到學校工作場合的一些議題。我們學校的輔導室人員會聽聽他們所關懷的項目，然後提供他們協助，或者把他們轉介到其他地方接受輔導。因為輔導室人員都接受過專業的訓練，所以新來的老師在與他分享個人的議題時不會感受到壓力（當然，有時候他們會一對一，以私底下的方式分享這些個人的議題）。

行政人員的目標

行政人員也應該要有目標。我們確實不願意和愛麗絲一樣在工作上漫遊！這裡針對老師的目標種類和特質 65 也同樣可以運用到行政人員身上。然而，除了設定目標，並且和他們的上司分享外，行政人員應該與教職員分享他們的某些目標，不見得要分享每一項目標，這樣做可以示範目標設定的過程；那是說，它清楚明白的展示給老師看到目標應該是有意義的，可以量測的，可達成的和個別的。同時它也是一個機會讓行政人員親身體驗到邁向一個目標的過程絕對不是一條平穩的直線，而是需要集中焦點與不屈不撓的精神。

有時候提醒老師讓他們瞭解他們和行政人員都是在相同的壓力和約束的情況下工作。當一位行政人員與她的教職員分享一項目標，並且尋求他們的建議時，它清晰明白的讓大家瞭解到每個人都在同一個團隊裡；這可以啓動一個精彩的協同合作的對話，也應該可以提升達成目標的可能性。

形成目標的過程當中有個誘人的傾向，就是只要形成能夠反應我們學校和我們教職員的目標就夠了。那是很難辯倒的一個論點；畢竟我們的學校就是我們的工作。不過對於行政人員來說，如果能夠設定專業目標來強調他們的技能或知識也是很棒的構想。不管是學習一項新的科技產品，更瞭解學校預算的運作，或者找尋一個教師評鑑的新模式，行政人員需要在有意識的情況下努力學習，並且讓他們隨時與日更新。

我們今年設定的兼顧個人與專業的目標當中，有一個目標是我們可以保有隱私的目標，我喜歡這一點。有時候有一種受到強迫的感受，像是把每一個目標放進符合某一種標準的框架裡，特別是當你真的想要在別的事情上努力時。

～愛波

例如，去年我的目標當中有一項就是學習 PPT 簡報的使用。我想，這不可能太難。我的學校四年級學生都會這個技能了！好吧，老狗還是可以學習新把戲，我還是學會了 PPT 簡報（好啦，不怎麼熟練）。雖然我眞的沒有足夠的時間來學習，它也不是那麼容易駕輕就熟。如果我沒有公開宣布這項目標，很可能我會把它丟到火爐去，也就永遠都無法學會這個技能。今天，我很高興我花了時間，並且強迫我自己來學習 PPT 簡報的製作。我已經相當習慣在會議時使用它，並且好奇想要瞭解爲何我要等那麼久的時間才強迫自己學會簡報的製作。

66 目標的威力

目標的監控和目標的設定需要同樣的關注。經常發生的情況是，我們花費許多精力來建立目標，卻沒有多花一點時間來瞭解該如何監控這些目標的進展過程。一旦目標設定的工作完成之後，學校年度的步調就會讓我們喘不過氣來，我們就不會給予足夠的關注來瞭解進展到哪樣的情況，以及我們所使用的策略可以如何修正等等。當目標在秋季設定好之後，就被忽略，一直要等到春季檢視目標的進展情況時，我們想要給師生學習的機會就因此而喪失了。避免這種陷阱的最佳方式，就是在整個學年當中規畫好見面的時間，讓個別的老師有機會可以回頭檢視並且分享他們的進展情況。當這些目標發展出來時，請記得在秋季就做好規畫，這些互動關係可以是正規的，一位老師與一位行政人員一對一的會議，或者它們可以是在教職員會議時老師們以小組的方式進

老師覺得許多目標根本就是不斷反覆出現，而且那些目標都是根據別人的視野所寫出來的。

～塔仁

行對話，或透過電子郵件的溝通。

在我的學校裡，我們有時候會設定教職員會議來隨時更新與瞭解目標進展的狀況。我們也會依據老師相似的目標，鼓勵他們以小組的方式討論他們那組的目標情形，接著那些小組的老師在那一年剩餘的時間將會以小組的方式見面、討論目標的進展。這種小組的環境和相同的目標焦點讓老師可以分享他們的進展，並且從彼此間學習對方是如何實踐這些相似的議題的。每一年至少需要安排一個老師與行政人員之間面對面的會議來討論老師的目標。畢竟，如果行政人員根本沒有花時間和老師討論目標，那麼我們傳遞給老師的訊息是否會讓他們認爲這些目標根本就不重要呢？

老師的目標應該是他們專業發展和把學校往前推動的一個重要工具。目標可以凝聚我們努力的方向，並且協助老師平衡他們的生活；我們可以用目標來改善老師的缺失，並且強化老師的優點；我們也可以用它們來協助團隊工作，並且達成全校性的目標。不過，爲了要讓這樣的情境發生，目標設定的過程必須是校長的一項施
政重點。她的參與程度可以變化，根據學校的需求、老 67
師的特質、目標的種類等等；然而，我們必須清楚的讓每個人都瞭解到設定和達成目標是很重要的，這樣的重要性可以透過我們非常關注目標的形成和監控它們的進展情況，來讓全校教職員都明白我們是認眞的。

CHAPTER 05

行使權力

當人們在一個組織的情境下提到權力這個詞的時 68
候，非常容易看到的就是背部變硬，眉毛挑起來。當作一個文化，我們通常相當小心謹慎的處理權力；當作一個專業，對於權力我們經常感到不安，這眞正代表的是當別人有權力管理我們的時候，會讓我們感到不安。不管如何（實際上，這是好處和壞處都有），教育通常吸引那些不想要尋求大量權勢的人們，那些比較可能抱持一個平等主意的世界觀點的人們。因此，權勢本身並沒有任何負面的意義，我們也很難挑剔權力這樣東西，要緊的是人們怎麼使用權力啦。

權力是產生一個效力的能力；它是一種控制、影響力和對於他人的權威。簡單的說，權力就是你可以讓別人去做一些你要他們做事的能力。不過獲得和使用權力絕對不是一件輕鬆容易的事情。就像在第三章提到的，對於權力的態度已經改變了，在今日，行政人員需要的權力不再是別人會給予他們的；相對的，他們必須想辦法去掙得他們的權力。

如果行政人員欠缺權力，或者無法運用他們所擁有的權力（基本上和沒有這樣的權力是相同的道理），亂象就會接踵而來。有時候，亂象的勢力相當龐大，伴隨著不一樣的意見、破壞性的鬥爭、欠缺清楚的組織方向，或是徹底的造反等等。在其他時間，亂象是相當安靜無聲的，伴隨的是高度的冷漠無情，每個人都有他或她自己的方向，邁向和到達許多不同的方向。在兩種個案裡，如果管理學校的人欠缺權力，它對每個人都亮出語
69 焉不詳的預兆，包含學生在內。當然，負面的使用權力也會給大家帶來不詳的預兆。如何使用權力其實是一個學校文化的一項重要因素，也決定了那所學校是否能夠吸引和支持優秀的老師。

在討論權力的形式，以及學校的領導者可以如何耕耘這些權力，請花點時間反思您目前所擁有的專業權力的類別。請完成表 5-1 的權力清單，您在這份清單所填寫的答案所表達的內容將在本章稍後討論。

五種不同的權力

社會權力的經典模式，由 French 與 Raven（1959）兩人所開啓的分類方式，區分出五個不同來源的權力模式：獎賞型、強制高壓的懲罰型、法規型、指示型和專家型等五大類。這些權力的每一個都源自於一個不同的權力基礎。每當人們默許或者根據我們的要求去做些事情，他們會這麼做是要回應我們擁有一個以上的這類權力基礎。

領導者盡可能提供正向的支持。

～貝瑞

典型的情況是領導者擁有一個以上的權力，並且在工作時混雜著使用這些權力。我們沒有任何人在任何情況下或與其他人在一起時，可以同時擁有這五種類型的權力，不過瞭解這些權力基礎在我們考慮如何視導老

70

表 5-1　一項權力的清單

請辨識出三位跟隨您的專業領導伙伴，不管您是否正式視導他們的工作，使用他們的姓名縮寫來指出他們的身分：

第一人 ________ 第二人 ________ 第三人 ________

請在底下的說明項目圈選為何這個人需要回應您的指示。

第一人會遵循我的領導因為他或她……

1. 認定我就是老闆……☐
2. 高度尊敬我這個人……☐
3. 瞭解我學識非常淵博……☐
4. 會做任何事情來逃避負面的回饋……☐
5. 確認我有能力可以獎勵他或她……☐
6. 不想被我批評……☐
7. 因為我的身分地位比較高……☐
8. 知道我有技能和知識……☐
9. 接受這就是他或她的角色……☐
10. 想要從我這裡獲得正向的回饋……☐
11. 想要像我一樣……☐
12. 把我視為一個角色楷模……☐
13. 為了稱讚而活……☐
14. 擔憂工作上的保障……☐
15. 聽從我的專業領導……☐

第二人會遵循我的領導因為他或她……

1. 認定我就是老闆……☐
2. 高度尊敬我這個人……☐
3. 瞭解我學識非常淵博……☐
4. 會做任何事情來逃避負面的回饋……☐
5. 確認我有能力可以獎勵他或她……☐
6. 不想被我批評……☐
7. 因為我的身分地位比較高……☐
8. 知道我有技能和知識……☐
9. 接受這就是他或她的角色……☐
10. 想要從我這裡獲得正向的回饋……☐
11. 想要像我一樣……☐
12. 把我視為一個角色楷模……☐
13. 為了稱讚而活……☐
14. 擔憂工作上的保障……☐
15. 聽從我的專業領導……☐

第三人會遵循我的領導因為他或她……

1. 認定我就是老闆……☐
2. 高度尊敬我這個人……☐
3. 瞭解我學識非常淵博……☐
4. 會做任何事情來逃避負面的回饋……☐
5. 確認我有能力可以獎勵他或她……☐
6. 不想被我批評……☐
7. 因為我的身分地位比較高……☐
8. 知道我有技能和知識……☐
9. 接受這就是他或她的角色……☐
10. 想要從我這裡獲得正向的回饋……☐
11. 想要像我一樣……☐
12. 把我視為一個角色楷模……☐
13. 為了稱讚而活……☐
14. 擔憂工作上的保障……☐
15. 聽從我的專業領導……☐

師，或帶領學校邁向願景時，是有幫助的。

獎賞型的權力

獎賞型的權力是根據一個人有能力給其他人獎賞的事實。獎勵可以是有形的，或無形的。雖然我們可能傾向於認為獎賞就是有形的，不過無形的獎賞通常是最重要的獎勵。當你親口告訴一位老師她的單元是一流的（並且確實詳細的說明哪些地方讓她的單元是一流的），那麼你就不是單純的在恭維她而已。你在使用獎賞型的權力，這會增強她過去的行動力，並且影響她未來的行為舉止。詢問一位老師她是否願意帶領一個委員會，或
71 是在一個家長會的聚會進行口頭報告，或是帶領一位實習老師，也都是在使用您的獎賞型權力。這些角色的每一項都代表您給對方的信任票，也代表您對於他們的表現的一種獎勵（然而，這些範例只有當老師把它們視為獎勵時才會以獎勵型的方式呈現，有些老師可能認為這些責任是一項負擔。一位優秀的行政人員對於她的老師有深入的認識，所以可以正確的期望那些老師怎麼解讀獎勵）。

獎勵可以相當世俗、或不怎麼重大，卻仍然很有效用。多年前，我們給學校的每一位老師一台手提電腦，和學校的電子信箱帳號。我想要帶領我們學校從一個紙張的溝通，轉向電子化的溝通，所以我開始寫電子郵件的訊息給老師們，而不再用手寫的方式或打字的方式寫好信件，然後放在老師的信箱裡。讓我氣餒的是，邁向電子化的聯繫遠比我所預期的還要困難多多。讓老師養成習慣，定期檢視他們的電子信箱是否有訊息絕對不是

> 當我聽到一位督學要來評鑑我的時候，我感到害怕，我希望找個地洞藏身起來。
> ～默翰墨德

一件簡單的任務。我要求老師檢視電子郵件信箱換來的是瞪眼睛、翹鬍子和呻吟。很清楚的，「激烈的」手段是必要的。

教員休息室的糖果一下就會被吃光光，所以我買了三十元的糖果，把它們放在一個很大的袋子裡，然後把它們帶去一個教職員會議的場合。當我把這個袋子拿起來搖晃時，每個人的眼睛都注視著我這裡。「我要提供糖果當作獎品。在上班的日子裡，我將會寄送電子信件給教職員的每一個人，那麼第五個回我信件的人就可以獲得一隻棒棒糖」（我故意挑選第五個回信而不是第一個回信的人，以避免全校教職員整天坐在電腦前面不做其他事情，只想要第一個回信給我）。不到幾天，整個情況有了戲劇化的變化。例如，有一天我寄出這封電子郵件：「誰想要一隻有核桃的巧克力棒？第五個回信的人就是優勝者。順便說一下，因為今天的氣溫低於華氏 20 度，所以今天戶外休息時間就免了。」（譯註：美國國小通常一天會安排每一班輪流到戶外去享受跑跳的下課時間，和國內的下課都一成不變有所不同）我才把這封信件寄出去沒有多久，就不斷的接獲我們學校老師的回應，就是想要獲得糖果的獎勵。最棒的一點，沒有老師在他們的班級整理隊伍等待到戶外去進行戶外的休息時間。在差不多一個星期之後——和許多的棒棒糖！——我再也不需要提供一項獎勵來要求老師使用電子信箱了，因為老師已經養成習慣每天都會檢視他們的電子信 72
箱好多次。

在一個比較嚴肅的層級，我最近瞭解在夏威夷將會舉辦一場關於多樣化差異的研討會。我告訴我們學校多樣性差異委員會的老師，如果他們當中有兩到三位繳交一份計畫書給研討會，並且被大會接受，我們將會擔負他們參與研討會的所有經費。想當然耳，三位老師形成一個小組，並且繳交了一份計畫書，還被大會接受。雖然從聖路易斯到夏威夷的旅費絕不便宜，不過這個機會對於他們的努力絕對是一個清楚明白的獎勵（而且，這項開銷也公開對我們學校的老師說明我們學校對於多樣性差異的尊重，以及多樣性差異在他們專業成長上的重要性）。同樣的，一位熟悉科技的老師，一位想盡辦法找尋各種方式把科技使用在教室裡，協助學生學習的老師，所得到的獎勵是讓他的班級被挑選爲 SMART 板的領航員（一個 SMART 板是一個觸碰式電腦化白板，您可以在上面以數位化的方式保留寫作的作品，操作投射的影像，上網遨遊，也可以在電腦上操作其他指令控制）。這位老師表達濃厚的興趣，想要獲得這項工具，我也授權給他去採購這樣的科技產品來強化他的熱忱，讓他可以盡情的找尋方式在教室使用科技產品融入他的教學。

> 一位好的領導者知道何時要參與投入，何時要讓專家去做他們該做的事情。
>
> ～蘇

並不是所有的獎勵都要花錢；實際上多數獎勵根本不必花錢。或許最棒的獎勵——再度的，還是根據老師怎麼看待這樣的獎勵——是提供一個機會讓他們可以在其他人面前有出眾的表現。邀請一位老師在教職員或委員會會上進行報告可以是一個提高聲望的時機。有一年春天，我相當擔心我們學生之間許多負面的互動關係，因爲他們並沒有生活在我們學校的哲學觀所特別強調的理念：尊重別人的要求。一個教職員委員會因此而形成，並且檢視這個議題，還要給學校提出建議事項。我

要求一位剛來到這所學校的新老師擔任這個小組的主
席，這個邀請對於她來說是一個非常突出的獎勵方式，
因爲我在獎勵她的技能和充沛的能量。同樣的，我也讓
一些特別具有創意把多元智慧理論成功運用在教學的老
師，在教職員會議上分享他們成功的經驗。這樣做不僅
協助別人使用多元智慧；它也是一個獎勵那些採取主動 73
態度推動教育改革的老師的絕佳方式。我們也可以提供
一位老師在家長會的會議或董事會的場合進行報告的機
會。老師從這類型的報告所獲得的正向回饋，就已經是
強而有力的獎賞。

偶爾，老師也會有機會向校外人士做報告。例如在新城小學，每一年有好幾百位教師蒞臨本校參觀，他們想要學習我們到底是如何推動多元智慧理論的，所以有時候我們在他們參觀學校、進行校園導覽和參觀每一間教室之前提供一個正式的報告。通常我們會安排比較資深的老師和這些參訪的團體會面，不過在幾次機會裡，我會尋問剛來到新城小學兩年到三年的老師是否樂意擔任這項正式報告的人。他們通常把這個機會看成是一項獎勵。

所有權力的形式，特別是獎賞型的權力，都是主觀判斷的。只有在接受獎勵的人把這樣的獎勵看成是一項獎勵才是獎勵的行爲。有些老師擔心我這裡所描繪的報告的機會（所以對他們來說，進行報告的機會將會是一項強制高壓懲罰的權力囉）。一位校長在發展獎賞型的權力之前有必要先瞭解她的老師，並且理解哪樣事情可以激發他們的動力。這樣的知識有許多優點，就像是 Murphy（2002）所觀察到的現象：「那些感受到他們被

別人眞實理解的人，比較有可能聆聽一位領導者的構想，並且執行他或她的計畫。」(p. 174)

強制高壓的懲罰型權力

強制高壓的懲罰型權力和獎賞型的權力正好相反。它是因爲我們有處罰別人的能力而獲得的權力（或者拿走一項獎勵，基本上具有相同的效用）。強制高壓的懲罰型權力通常不會以一種客氣的迂迴方式來處理。承認我們擁有強制高壓的懲罰型權力，通常會讓我們有一點點的不舒服感受，我們也不太想要把自己看成是一位扮演強制高壓的懲罰者的角色。不過一位好的領導者必須有
74 能力同時使用紅蘿蔔和鞭子來獎勵和處罰。很明顯的，絕對的，也毫無疑問的，紅蘿蔔比鞭子好用多了，不過在有些情況之下我們還是必須使用強制高壓的懲罰型權力。不過請永遠記得一個概念，處理這件事情必須相當周到，也要本著尊重的心態。

就像權力會讓人感到不舒服，雖然很少行政人員會用到，不過單就想到他們擁有強制高壓的懲罰型權力就會讓許多人的血壓升高。但眞相告訴我們好的行政人員會使用強制高壓的懲罰型權力，他們恰當的使用它，雖然很少使用這項權力，不過他們確實會使用這項權力。

我擔任校長的職位已經有二十八年的歷史了。當我必須和教職員工進行一些難以啓口的討論——那些我必須使用我的強制高壓的懲罰型權力的討論——即使對於現在的我來說，也不會比當年的我來得輕鬆容易。

不過具備能力來啓動一個難以啓口的對話，並且讓一位老師知道你對於他的表現感到失望，是優秀的行政

人員脫穎而出的一項品質。當一位老師持續不斷的犯相同的錯誤時，一位校長有義務要和他或她好好的談談。一個因果關係需要建立起來。當事者的老師，即使他是一位明星老師（特別是如果他是一位明星老師），有必要瞭解他的行爲舉止所造成的後果。當校長與當事者的這位老師的關係是建立在信任和尊重方面，校長的痛苦或失望就已經是一種處罰的方式了。不過目標是要協助老師反省，並且改變他的行爲舉止，而不是單就懲罰而已。因爲老師重視校長的意見，批評和失望就像是帶著刺的棒子。老師需要知道他們的表現是重要的，而且他們的行爲舉止會帶來合宜的獎勵和處罰。

這裡最關鍵的就是要做得相當合宜、妥當。校長必須確信他們的行動，不管是正向的或負面的（不過特別是當他們在使用負面的懲罰權力時），和當時的情境是可以相互呼應的。我們必須確保我們是回應一個事件，而且只根據這個事件，不是過去一個小時、兩天、三個星期，或四個月前所發生的事件來做判斷。當我心煩的時候，我學會一件事情，那就是深呼吸，然後把這個議題擱置幾個小時或者一整個晚上。通常我會相當驚訝在經過一天之後，許多原本天大的事情已經不再那麼重要了 75
（如果某些事情在經過一天之後還是相同的重要，那麼或許它眞的很重要啦）。

有一個權力是每個人都知道的，就是在不良的表現時所得到的處罰。最優秀的老師瞭解到獎勵和強制高壓的懲罰手段都存在著，即使他們對於這些手段的熟練程度有多高，甚至於他們根本就不會經歷強制高壓的懲罰型權力。不過，當一位老師看到別人因爲一項不良的表現而受到責罰時，那麼她所獲得的正向獎勵就更形重要了（雖然批評應該都是在私底下進行的，不過這些批評的話總會散播出去的）。

> 最棒的領導者就是那些會做到己所不欲、勿施於人，或者不會給你過多負擔的人。
>
> ～雪洛

例如，多年前，在新城小學有一位老師偶爾會讓她的學生感到相當沉悶。雖然我很少看到這樣的證據，另一位老師也會對我表達對她的不滿。有時候我會從她的學生家長那裡聽到她的情緒反應。我和這位老師討論這件事幾次，不過她總是否認她就是問題的癥結所在。不管如何，我覺得有必要在她的年終專業成長的會議強調這個主題。

我們的合約過程規定每一位老師和我個別見面，並且從我這裡拿到一份年度的評鑑，以及第二年的合約書（我們學校到目前爲止仍採用這套措施）。這些會議都會在學校的會議室召開，就在教員休息室正對面。我這裡所提到的這位老師和我在午餐的時候見面，檢視她的評鑑，那是她在會議前一天就收到的資料。在這份文件當中說明我的關懷，也就是她對於學生的性情相當乖戾，也經常粗魯的對待學生。我才剛剛歡迎她來到會議室開會時，她就把她的評鑑資料用力的甩在桌上。她的表情變得臉紅脖子粗，她的眼睛更是瞪得像牛眼一樣大。在我可以說任何事情之前，她幾乎用盡吃奶力氣的吼叫著：「對學生太過於負面？你認爲我對於學生太過負面嗎？你認爲我太過於吹毛求疵嗎？很好，你錯得一塌糊塗，我對於這樣的批評已經感到厭倦了！」

就那樣，她打開會議室的門，用力跺著腳離開會議室，並且大聲的把門關起來。她經過教員休息室原本就
76 打開的門，直接走回她的教室。這時候，教員休息室靜

悄悄的就像是墳墓一樣的安靜無聲，只因爲每一位在那裡吃午餐的老師都聽到她的聲音，也聽到甩門的聲音，也看到她離開會議室。接下來就是我目瞪口呆的坐在那裡愣住了。

幾天之後，在一個後續的會議裡，她在那天早晨的會議與我們分享，那天早晨，當她和她的先生共進早餐時發生了不愉快的衝突。她外表上那種溫柔的氣質並沒有因爲那樣的分享而獲得別人的憐憫。這裡重要的是，她前幾天大吼大叫、甩門、像狂風暴雨般，衝出會議室的情況都被教員休息室的每個人聽得一清二楚的。此外，根本不必花多久的時間，原本不在教員休息室吃午餐的老師也會從別的老師那裡聽到當天發生的事情。

雖然我們沒有任何人喜歡看到某些人不開心，或者處在一種痛苦的情境裡（對於老師來說這一點特別眞實），多數親眼目睹、或者瞭解到這個事件的教職員都會瞭解到我在他們的評鑑上寫著一些正面的評價就顯得更有意義了。因爲他們瞭解到不良的表現會有負面的獎勵，在他們的評鑑所呈現的正面描述就有更多的意涵了。因此，獎賞型的權力就會提升它的效果（這個故事的結尾是這位老師繼續在新城小學擔任一年的教職工作，然後就「選擇」到其他地方找另外一份工作謀生。她選擇離開這所學校部分是因爲她瞭解到如果她想要繼續和我們共事，她就需要改善她容易發脾氣的性格。在接下來的那個秋季，我在目標設定的會議要求她以最高的優先順序改善她易怒的脾氣，然後在接下來的每一次會議我都會提到這個議題）。

我會追尋的領導者要表明誠實清廉、真心誠意、具有憐憫心、也能夠尊重他人；這樣的領導者需要有遠見和抱持樂觀的態度；也需要是一位在狂風暴雨中的停靠點。我想要的一位領導者需要設法找到全體員工的利益，而不是去找尋缺點，也要能夠找到一些人的興趣。

～貝琪

這樣的互動從來都不可能是容易處理的事情，校長需要確認他們的這些負面反應和使用強制高壓的懲罰型權力適合當事的這位老師與情境。我們期望我們的老師知道和理解他們的學生之間的差異性，所以我們也必須知道和理解老師之間的差異性。哪位老師對於溫柔的責備會有最佳的回應呢？哪位老師需要我們反覆的告訴他們某些事情才能夠把那些事情聽進去呢？誰需要書面的回饋或建議呢？哪些老師需要公開的讚賞，還有誰是那種不願意在任何情況下被個別挑出來的老師？瞭解個別差異，並且還能夠始終如一的對待每一個人則是一個持
77 續進行的挑戰。「公平並不代表均等」這個教訓對於任何成年人（與孩童）都可以是一個很難學會的課程。就像許多其他重要的課程一樣，最容易學習的方式就是把事情搬上檯面，並且直接了當的討論這些問題。

我的經驗是多數老師親眼看到我與他們之間的互動，就會樂意理解到並不是每一位成年人都獲得我相同的待遇，也會把他們特殊的需求帶進我們的討論事項。

法規型的權力

法規型的權力是透過一個人的頭銜和位階而決定的權力形式。一個人單獨憑著他或她的等級制度上的身分地位就可以擁有法規型的權力。當我們談到某些人擁有權力可以執行一項任務時，通常代表的意思是說因爲他們在等級制度上擁有一個正式的角色，所以他們有那樣的權力。本質上，這種權力的形式會透過「因爲我是你的老闆，所以就按照我講的話去做就對了」的態度來表達它的權力。巴斯（2004）提到這類型的影響爲一種「身分地位的權力」（p. 106）。

法規型的權力在今日這種懷疑的時代是最弱的一項權力。在許多情況下，我們已經不再假設那些負責的人知道的比我們多，或者我們就應該自動自發的跟隨他們的命令。法規型的權力單獨存在時，並不會讓你達成太多事情。Bolman 與 Deal（1997）注意到這個眞相：

> 當別人要求我們去做某些事情時，我們已經不太會盡到最大的本分來工作，也不會充分配合我們要求他們去執行某項工作。他們需要感受到這個權威的人士是可靠的，具有競爭力的，也想要追求合情合理的方向。（p. 184）

法規型的權力逐漸沒落不見得一定是壞事。在以往的時間，法規型的權力有比較寬廣的定義，有些人會因爲某些人的性別、年齡或種族而賦予他們那些法規型的權力。例如，假設一位叫做羅莎・帕克的黑人女生，就因爲她是一位黑人，所以在黑人還沒有享有人權的時候，即使她已經很疲憊，在公車上還是要讓位給白種人坐，就只因爲白種人相對於黑人有法規型的權力。幸運的，我們在這一方面已經有所進步。雖然我們的文化還沒有達到完美的境界，不過越來越多人是因爲別人所擁有的技能和天分來判斷他們，不是因爲他們的種族、性別或他們所擁有的身分地位（當取得一個身分地位完全 78
是根據技能或天賦，像是一位醫生或律師的工作時，薪資的差異主要不是單獨因爲他們的身分地位，而是他們擁有怎樣的專業能力而增減）。

指示型的權力

指示型的權力是因為尊敬她，並且認同她的觀點伴隨而來的權力，因為這樣的欽佩，他們就會執行她所要求的事情。指示型的權力是由一個人非凡的領導力所衍生出來的。單純因為他們喜歡她，並且想要模仿她，所以這個具有魅力的人通常要別人跟隨她，並且根據她的命令行事。這類型的權力大多數是來自於這個人的人品所帶來的。指示型的權力與獎賞型的權力密切相關，也是最難獲得的一種權力。

一位頭目，不管是帶領一群年輕的混混去參與破壞性的行為，或是在放學之後擔任義工，可能會透過她的指示型的權力來影響同儕。美國先後兩任總統，雷根總統和柯林頓總統代表政治光譜的兩個相對的極端，不過根據各種流傳的說法，他們兩人都擁有充分的指示型權力；相對的，卡特總統和老布希總統很明顯的欠缺指示型的權力。指示型的權力在這本書當中比較沒有份量，主要是因為這項權力是所有社會權力的形式當中最不太可能可以發展出來的一種權力。起源於非凡的領導力和個性，指示型的權力是最不可能可以透過修正個性來獲得的權力項目（譯註：國內學生目前對於偶像的崇拜，幾乎已經授權給他們的偶像這類型的權力。所以偶像如果受邀到某個班級臨時擔任教職，也會因為他們是偶像的關係，所以學生會認真學習）。

專業型的權力

專業型的權力是根據一個人的知識或專業。當我們的醫師說：「每天服用兩次，即使它會讓你的胃不怎麼舒服也要按時服用。」即使我們眞的感覺胃不舒服，我們也會樂意遵從醫師指示，這是因爲我們眞的信任她。同樣的，當汽車技工告訴我修理我的車子要花費美金一百八十八元，因爲某樣東西已經損壞了，我也會因爲他就是汽車修理的專家而不會想要去瞭解到底哪樣東西損壞了，他清楚瞭解汽車是怎樣運作的，而我不知道。同
樣的道理，當我們的學生家長根據我們提供給他們子女 79
的建議時，他們也是在回應我們的專業型的權力。

這樣的權力超越等級制度和角色。當一位老師根據別人的建議而樂意改變她的行爲時，她會這麼做是因爲他尊重那位同事的智慧——專業的知識。實際上，這樣的一位老師就是在回應她同事的專業型權力（即使那位同事根本就不知道她擁有這樣的專業型權力）。當一群老師追隨一位校長的領導，是因爲他們尊重她的知識，並且瞭解到她已經分析過當時的情況，所以也是在回應她的專業型權力的一種表現。專業型的權力並不會自動轉移到她的角色上，那是根據她的技能、知識和專業素養，所以別人才會賦予她這種專業型的權力。

> 如果我知道有人關心我，並且尊重我，還對我抱持開放的心胸與信賴的態度，那麼我也會信任他，並且永遠效忠他。
>
> ～露西

專業型的權力的發展

專業型的權力是學校領導者最重要的權力，也是他們最容易發展出來的一項權力形式。如果我們樂意展示我們所知道的事情來說明我們確實有豐富的知識，而不是因爲我們宣布某些事情時，我們可以獲得老師們的信任，他們也將會給予我們專業型的權力。我們不會因爲

我們的學位、經驗或頭銜，就可以獲得專業型的權力，而是因爲我們的老師們瞭解到我們有足夠的訊息、洞見和專業知識可以協助他們做得更好。我們展示專業型權力的機會來自於我們的教室觀察，不管是正規或非正規的教室觀察；也來自於我們參與委員會和特殊編組的會議；或者來自於我們與老師之間的會議；還有來自於我們帶領會議的風格等等。我們可以透過觀察老師，並且與他們互動來掙得我們的專業型權力：我們可以和他們討論、質問、強化、支持、推動和帶領的方式進行教師與我們之間的互動關係。

校長的專業知識可以透過她親自到一個班級的訪視，並且提供一些超越單純恭維的話語來給任課老師一些特定的回饋和建議而清楚明白的表達出來。當她提出
80 關於待答時間和提問的技巧，或是當她詢問老師一個單元課程如何進行個別化教學來呼應不同能力學生的需求時，老師就會給予專業型的權力了。當一位校長選擇與老師討論教學的問題時，就可以有力的說明她確實具備專業的知識。

如果一位校長訪視教室，卻從來都沒有講到教學法，基本上就是說她對於教學沒有太多知識，或者沒有多少興趣。一位校長如果只討論學校紀律訓導的事情，或是書面資料的截止日期，也眞的就說明課程與教學根本就是她的專業知識以外的領域。當這樣的情況發生時，我們不能夠期望老師能夠把任何專業型的權力賦予我們，或者根據我們的知識所提供的建議而跟隨我們的腳步。

專業型的權力不見得從校長在一個學科領域或教學

法有比較豐富的知識或專業素養才能夠獲得。在國中、高中階段，許多教職員在學科領域方面的知識遠遠超越他們的校長所能夠瞭解的範圍；在小學階段，許多老師在教學法和課程方面的知識也遠遠超越他們的校長所瞭解的範圍（當一位校長能夠擁有訓練精良、才高八斗的老師在她的教職員陣容時，眞的就是一位幸運的校長了）。

> 我會追隨一位知道他自己在講什麼，也會劍及履及的領導者。
>
> ～黛比

相對的，當一位校長知道應該問哪些問題，並且有能力、也願意與一位老師進行對話，以便協助這位當事的老師釐清他的思考，並且往前邁進，就會獲得專業型的權力。

有時候，問「對的問題」可以展現的專業知識和提供正確的答案具有相同的功用。在我所擁有的專業型權力當中，這確實就是發生在我身上的事情。我以前是一位好老師，不過在新城小學，我身邊的老師都比我所能夠期望他們的還要出色。不過那樣的瞭解並不會限制我在我們的校園情境下的能力，也可以帶領出專業型的權力，並且協助他們成長。考慮底下的討論，這是一位叫做海倫的明星老師與她的校長之間的討論：

校長：妳對於那堂課有什麼感受沒有？

海倫：我很高興學生似乎瞭解我提出的主要觀點，也就是南方和北方的地理和歷史發展如何帶領居
住在那些地方的民眾對於奴隸發展出不同的觀 81
點。

校長：妳認爲所有學生都理解這個主要的觀點了嗎？我看到荷西、瑞尼和阿麗西亞點頭回應你的課

堂，也表現的相當不錯，不過坐在教室後頭的凱西和莫里斯呢？

海倫：那確實是一個很棒的問題。我想在星期五批改他們的考卷時，就可以找出答案了。

校長：妳是否有任何其他方式可以架構妳的課堂單元，或者以不同的方式提出問題，可以讓妳在課堂進行時就知道他們是否都瞭解課程的主要觀點呢？

在這一點上面，校長只在提出問題，還沒有提供任何知識或提出任何一個解決的方案。不過校長的問題不只說明了她的興趣，也說明了她的專業知識。具備學科知識或教學法專業的校長可以在提出問題之後，更進一步提供建議來協助老師的成長。這樣的支持在校長繼續講下去時，更加顯現校長的專業知識：

校長：如果妳在教到一半的時候停頓下來，要求學生在一張紙上面，用超大型的字體寫著南方和北方兩個詞，並且在兩邊各書寫每個地區獨特的地理和歷史發展情況呢？妳可以在學生書寫的時候巡視學生的桌椅，這樣就可以很快的發現誰瞭解妳提出來的主要觀點，誰沒有瞭解了。或許妳可以要求他們以三到四人形成一個小組的方式，並且指定某些組別專門針對地理情況來分析，其他組則專門寫些歷史發展的情況。然後他們可以用幾分鐘的時間說明南方和北方的差異。再次的，妳就可以在巡視課堂的時候偷聽他們的討論，當然也就可以瞭解到凱西和莫里斯那一組的討論情況了。

一位校長可以在一個比較普級的階層來詢問底下的問題，這些問題幾乎可以運用到任何單元課程，來帶領一位老師邁向一個有益的反思和規畫。這些問題也讓校長在接下來的對話有機會展示她的專業知識。

- 這個單元和上一次你教導的單元有哪樣的差異呢？ 82
- 下次妳教導這個單元時會使用哪種不同的方式來教導呢？
- 妳要如何做才能夠同時兼顧班上最頂尖的學生和正在奮鬥的學生呢？
- 那些成績中等的學生妳要如何做才能夠提高他們的學習效率呢？就是那些成績不高不低的學生啦！
- 如果妳改變評量學生的方式，將會如何影響妳的教學呢？
- 如果妳改變評量學生的方式，將會影響誰會學得比較好嗎？
- 從學生的種族、性別或社經地位來看，妳學到什麼呢？

> 一位領導者最重要的品質就是憐憫之心。
>
> ～瑪麗．安

上面這些問題中的每一個問題都是開放式的問題，有可能在老師和校長之間引起豐富的經驗與知識的交換。透過參與這類型的討論，校長展現了她的興趣和專業知識，同時校長和老師也會從這樣的對話獲得許多學習。不變的是，校長的專業型權力會從她透過這類互動關係所學到的知識和技能而提升。

學校領導者可以做些別的事情來展現讓教職員理解他們不單純只是那種要求書面資料或強調紀律的人，實際上，也可以擁有他們的專業型權力。以個人的經驗來說，大量的閱讀，並且經常把一些相關的文章或章節與我的教職員分享，當然伴隨這些文章和章節的就是一張邀請函，邀請他們一起閱讀這些文章和章節。以這樣的方式進行分享，讓我們更容易進入一個特定主題的討論。分享書籍和文章也讓我的老師知道我對於知識抱持好奇的心，更想要追求知識。當作一個主動積極的教職員委員會的成員是另一個校長可以獲得和展現專業知識的方式。老師，特別是優秀的老師，不會期待他們的校長比他們知道的還要多（如果他們發現校長比他們知道的還要多，就會非常驚訝），不過他們期望，也要求他們
83 的校長對於他們的班級學生、他們的教學法和他們的課程要保持高度的興趣。與老師共同學習是獲得和展現專業型權力的一個有力方式。

權力清單的意涵

在這一章的一開始，我要你塡寫一個清單來思考爲何其他人要追隨你的領導（表 5-1）。清單上面的選項代表 French 和 Raven（1959）所提出來的模式當中不同的權力類別：

- 第 5 、 10 、 13 項選項說明別人跟隨你是因爲你擁有獎賞型的權力。
- 第 4 、 6 、 14 項選項與你擁有的強制高壓懲罰型的權力有關聯。
- 第 1 、 7 、 9 項選項從你的法規型權力衍生出來。

在力量與溫柔之間完美的平衡是有必要的。

～莎拉

- 第 2 、 11 、 12 項選項強調你擁有指示型的權力。
- 第 3 、 8 、 15 項選項說明你擁有專業型的權力帶來領導權力。

請你使用表 5-2 來找出每一個權力基礎的分數，把第一人、第二人和第三人的分數加總起來獲得一個分數。這五項權力基礎方面，你可能會獲得九分的高分（不過不太可能就是了）。在一個權力基礎上獲得六分以上的分數代表那是你的強勢權力基礎；如果在一個權力基礎上所獲得的分數低於三分，代表你的弱勢。你也可以考慮每一項權力項目所獲得分數的差異而對你的權力基礎有一個洞見——哪一項權力比較強或弱——這也反應你的權力將會受到影響或被領導的人的差異而有所變化。在分析你的分數時，請考慮底下的問題：

- 哪一項權力基礎看起來是你最強勢的權力基礎呢？
- 除了指示型的權力以外，因為它和每個人的個性有強烈的關聯性，哪一項權力是你很少使用的呢？
- 這三人基本上都填寫相同的權力基礎，或是有哪樣權 84
力基礎比較有效呢？
- 考量這三個人以外的人，你所使用的權力是否會因為與你工作的人的身分和角色而有所不同呢？
- 你目前所擁有的權力基礎和十年前相比是否有比例上的差異呢？

因為我們的權力是根據別人的觀點而來的，所以它 85
從來都不是靜態的。權力不斷的變來變去，不是提高就是往下掉。有效的學校領導者清楚認識他們的權力輪廓，並且確認他們有權力可以領導他們的學校。

84

表 5-2　權力目錄的得分表

獎賞型的權力

第一人的第 5 + 10 + 13 項 = ________________

第二人的第 5 + 10 + 13 項 = ________________

第三人的第 5 + 10 + 13 項 = ________________

獎賞型的總和 = ________________

強制高壓的懲罰型權力

第一人的第 4 + 6 + 14 項 = ________________

第二人的第 4 + 6 + 14 項 = ________________

第三人的第 4 + 6 + 14 項 = ________________

強制高壓的懲罰型總和 = ________________

法規型的權力

第一人的第 1 + 7 + 9 項 = ________________

第二人的第 1 + 7 + 9 項 = ________________

第三人的第 1 + 7 + 9 項 = ________________

法規型的總和 = ________________

指示型的權力

第一人的第 2 + 11 + 12 項 = ________________

第二人的第 2 + 11 + 12 項 = ________________

第三人的第 2 + 11 + 12 項 = ________________

指示型的總和 = ________________

專業型的權力

第一人的第 3 + 8 + 15 項 = ________________

第二人的第 3 + 8 + 15 項 = ________________

第三人的第 3 + 8 + 15 項 = ________________

專業型的總和 = ________________

觀點的影響力

當老師跟隨一位校長的領導統御時，他們的行動是要回應她的各種權力的結合：獎賞型、強制高壓的懲罰型、法規型、指示型，以及最重要的專業型權力。當然，權力的結合和他們的效能有所變化，主要是因為校長的特質和態度，以及她所視導的老師的特質與態度等等。

我們需要承認所有的權力都是根據別人的觀點而來的，在這個個案當中，就是那些我們視導的對象。巴斯（1980）以底下的方式表達這概念：「領導者的地位只存在於被領導者的眼中。」（p. 184）那是說，某些人可以有權力管理我們，或者我們有權可以管理別人，都是因為我們同意，不管是有意識或潛意識的情況下，進入那樣的關係。例如，如果金錢和讚賞對我們來說並不重要，那麼別人就不太可能對我們使用獎賞型的權力。如果我們並不尊重某人，對我們來說他就沒有指示型的權力。如果某人不是我們的老闆，她就不會有法規型的權力來管理我們。如果無法辨識我們的知識或技能，我們就不會有專業型的權力來管理他們了。

把上面的警告謹記在心，我們需要瞭解學校的領導者可以如何努力來提升他們的權力基礎。提升您的權力基礎就需要先瞭解權力的感知的本質，並且進一步瞭解我們所視導的人們。成功的行政人員理解他們所視導的人，也能夠瞭解他們的觀感。具備那樣的知識時，校長可以發展一系列的獎賞來激發或者懲罰手段來傳遞適當

85

如果有一位領導者和我一樣認真或比我認真工作，我就會欣賞這樣的領導者，那可以從他或她的組織技巧很明顯的看得出來。

～塔仁

的訊息。最重要的，校長可以主動的先將他們自己放在
86 一個他們可以學習，他們的老師也可以把他們看成是學
習者的情境。在學校裡，專業型的權力最強，每一位校
長都需要義不容辭的努力發展這一領域的專長。對校長
來說，權力是用來影響其他人可以提升學生學習的項
目。發展和行使專業的權力在帶領教職員和員工的成長
方面具有最大的潛在優勢。

CHAPTER 06

評鑑教師的成長

評鑑老師是校長需要執行的所有任務當中最重要的 87
一項。實際上，教師評鑑可能是最關鍵的一項任務。畢竟，還有哪樣事情對於一個學校的品質會比它所雇用的老師的品質還要重要呢？即使是學校建築的美麗或功能，或者是學校所採用的課程，怎麼能夠和一位可以激發學生、有技能的老師對於學生的影響相提並論的。

當大人討論他們的教育經驗，並且反思哪些事情對於他們成功的經驗有所貢獻時，他們很少提到他們求學時學校建築的物理環境，或是他們到底學了哪些課程內容。相對的，他們毫無例外的回想起改變他們一生的老師。有時候他們會提到一位嚴格管教的老師；其他時候，他們會提到某些支持和撫育他們的老師無怨無悔的栽培他們。博學多聞和有見識的老師會被他們的學生深情的回想起求學時愉悅的經驗。因爲老師的品質是這麼重要，所以合情合理的推測，就認爲評鑑老師並且協助他們成長就成了每一位校長最優先要處理的一項任務了。

教師評鑑的障礙

在校長所該執行的所有任務當中，教師評鑑通常是
校長做得最不好的一項。我們很少聽到老師提到一位校
長在他們的專業成長中所扮演的正面角色，我們更少聽
88 到校長因爲協助他們的老師成長而獲得成就感的。校長
很少扮演守門員，決定哪樣的人適合擔任教師的職務。
例如在 1997 到 1998 年的學年度當中，大波士頓地區總
計 46,000 名老師當中只有十位老師被解聘。在 1998 到
2000 年之間，爲紐約市教育委員會工作的 79,156 位老師
當中，只有三位因爲他們蹩腳的教學而被開除（Ouchi,
2003）。當然，有可能那些在大波士頓地區和紐約市工作
的老師都很優秀，所以只有極少老師的教學令人不滿而
被解雇。不過我相當懷疑這樣的類推。

> 我們必須不害怕評鑑我們自己的工作。我們每個人都會犯錯，也需要修正錯誤、讚揚和鼓勵。
>
> ～艾斯特拉

儘管面對教師評鑑固有的重要性，不過有兩個主要的原因讓校長很少會關注教師評鑑的工作。第一項障礙應該是每一位帶領任何一所學校過的人所經歷過的經驗，就是我們有太多事情要做，卻沒有足夠的時間來做每一件事情。第二項障礙是教師評鑑的定義太狹隘了，因此，教師評鑑與教師成長之間的關係通常被忽略掉。

沒有足夠的時間

在每一個星期的每一天，我們沒有足夠的小時來運作。雖然學校學區教育局長和教授都提到校長有必要擔任起教學的領導者，眞相是一位校長的角色和理想相去太遠了。校長需要建立行事曆、訂購補充的文具、確認

學校保持乾淨、給家長忠告、指導學生、帶領教職員，還要完成許多書面資料等等。校園裡有太多責任、太多任務，卻沒有足夠的時間來執行每一項任務。大家都期望校長能夠事必躬親的在所有可能的時間內照顧所有人的需求。因此，即使是最棒的校長也會發現要集中精神、認眞做好任何一件事情都相當困難，特別像是評鑑教師這種錯綜複雜又具有十足挑戰性的任務。

你可以從表 6-1 的內容看得到一位校長必須在許多不同的工作項目中不斷的忙碌著。當我向一群校長進行口頭報告時，我通常會使用這個問卷。我的目的是協助他們瞭解他們如何使用時間，並且決定他們對於優先工 90
作的順序是否感到舒適愉悅。當我們忙碌著回覆許多方面的請求，並且也要消滅組織裡面的火苗時，就很容易遺忘我們的優先順序。

因爲一位校長在每天有限的時間確實有許多不同的工作項目，所以雖然教師評鑑非常重要，卻很少獲得該有的關注。在校長許多的職責當中，有許多是有截止日期的限制，有些則有既定的急迫性是校長無法透過溝通去協調的。所以一位校長總是可以延後一項教室觀察，或者重新與一位老師安排會議的時間。當這樣的情況反覆發生，一次又一次的發生後，因循苟且的心態就會成爲學校的常模，從此再也沒有人會眞的期望學校裡的事情會有所不同了（包含校長在內）。

> 老師需要評量他們自己的教學，也要評量他們學生的學習。
>
> ～謝容

當我第一次變成一位校長時，我很清楚瞭解到這項過度負荷所帶來的態度和行爲舉止。我在一個中型的學校學區工作，那個學校學區總共有八所小學和一所國中、一所初中（譯註：middle schools 和 junior high

89

表 6-1　校長到底如何真實使用他們的時間

指示

- 請條列四項你花費最多時間的活動項目：____，____，____，____。
- 請條列四項你花費最少時間的活動項目：____，____，____，____。
- 針對底下每一個項目，請檢視你花費在每一項上的相對時間多寡。
- 請圈選四項你應該花費最多時間的活動項目號碼：____，____，____，____。

活動	高	中	低
1. 與學生家長的溝通	☐	☐	☐
2. 與學生有負面的互動	☐	☐	☐
3. 與學生有正面的互動	☐	☐	☐
4. 填寫表格和書面資料			
5. 視導遊樂場或午餐餐廳，或監控其他場所	☐	☐	☐
6. 發展課程	☐	☐	☐
7. 處理維修或邏輯方面的議題（清潔、食物和通勤等方面）	☐	☐	☐
8. 觀察教師並給予回饋	☐	☐	☐
9. 提升學校或學區在社區的印象、募款	☐	☐	☐
10. 與學校裡的其他行政人員開會	☐	☐	☐
11. 與其他學校的行政主管，不是高級長官，開會	☐	☐	☐
12. 與教育局人員和高級長官開會	☐	☐	☐
13. 拜訪教室	☐	☐	☐
14. 與教育委員會的成員或一個家長團體開會	☐	☐	☐
15. 與老師開會討論校規或程序	☐	☐	☐
16. 與老師開會討論教學法或課程	☐	☐	☐
17. 處理體育相關的議題	☐	☐	☐
18. 其他（請說明）：__________	☐	☐	☐

討論

1. 在你真正使用時間的項目與你應該使用時間的項目之間是否有所差異？如果有，為何會出現這樣的差異呢？
2. 最近幾年你使用時間的項目是否有所改變呢？如果有，有哪些差異，以及為何會出現這些差異呢？
3. 你應該如何做才能夠改變你使用時間的項目呢？

schools。美國每個學校學區決定自己要採用前者或後 90
者）和一所高中。每個月有兩次，在教育委員會的會議之後的那個早晨，我們這些校長隨後召開一個整個學區的校長會議。堂（在這裡我使用匿名來稱呼）是一位經驗豐富的校長，而且是一位深受許多人愛戴的校長，他服務的學校就在我的學校附近。在我們的校長會議之後，回到我們學校之前，我們都會閒聊。我依稀記得問過堂他是如何進行他的教師評鑑的，他牛眼般的盯著我看。「教師評鑑？」他笑著說道：「誰有時間去作教師評鑑啊？我有一群優秀的教職員。」

他與我分享每年的春天，他會走進每間教室，然後對每位老師說類似底下的話：「我知道在這一整年當中你做了一些極為優秀的工作，不過我沒有時間——也沒有感受到這樣的需求——來到你的教室訪視或觀察你的教學。偏偏又到了年度評鑑的時刻了，我是否可以給你一份我需要填寫的評鑑表格，你就大方的在評鑑表格上書寫你認為合宜的等第呢？你瞭解你自己的優點和缺點。當我要填寫這些表格的時候，我會使用你的想法的。」

堂指出他的老師就會露出笑臉，然後大方的把表格拿走，稍後他們會把填寫好的評鑑表格送回來給他，當
然表格上面應該填寫的等第也都完成了。「基本上，當 91
我要進行教師評鑑的工作時，我會使用他們給我的表格上的所有資料」他說。我表達我的訝異，我很確定我有些許的幻滅。「沒什麼大不了的事情！」他回應著。「這些老師都非常優秀，他們都盡最大的努力在工作著。還有，評鑑根本一點用處也沒有，終究每個人都獲得相

同的薪資提升。我需要把我有限的時間用在我需要處理的其他事務上。」

堂的行為舉止厚實的說明了他的角色有太多工作項目等待他去處理，以及校長和老師對於教師評鑑經常抱持的態度。我曾經和非常多校長討論過，瞭解到很少有校長和堂一樣把教師評鑑表格拿給老師填寫的。不過對於許多校長而言——或許多數的校長——教師評鑑的程序通常掉落到他們必須處理事項的最後幾項。

我又沒有做錯事，幹嘛沒事來觀察我的教學？

～陳佩正

焦點太狹隘

有效的教師評鑑還有第二個障礙，那是從我們如何界定任務所衍生出來的障礙。協助教師成長經常不被大家認為是教師評鑑歷程的一部分。我們在界定教師評鑑的歷程時，包含的範圍太狹隘了。教師評鑑被視為是一種是非題：這位老師是否可以被接受呢？如果可以，那麼校長的時間和精力應該投入其他的項目。

就像前面我引述波士頓和紐約的資料所注意到的一個現象，可以被接受的操作型定義相當廣泛。解聘老師發生的可能性那麼低是許多因素集結起來的結果，這些因素包羅萬象，至少包含州政府對於教師終身職與教師聯盟在內。不過一般人如何看待教師評鑑的方式絕對不可以被忽略。

典型的範例就是教師評鑑與教師觀察通常被考慮成同一件事（譯註：國內前幾年開始推動視導，主要的目的在於協助教師成長，卻經常被教育局用來當作教師評鑑的工具，就說明這一混淆現象的亂用。其實，教室觀察一方面可以當作視導的工具，也可以當作教師評鑑的

工具；不過如果由不同的人員擔任這兩項任務，就可以
區分開來，請參考譯者翻譯的《教學視導》，遠流出版
社）；討論教師評鑑時，我們是說教師的教學觀察。雖
然任何一種教師觀察總比沒有觀察來得好很多（堂所採
取的方式），單純依賴教師觀察來進行教師評鑑是一種缺
乏遠見的作法；這樣做的結果忽略了教師在一個制度所
扮演的角色，以及教師需要哪樣的環境才能夠成長。正 92
式的教師觀察在教師評鑑上確實應該扮演一個重要的角
色，不過觀察應該只構成教師評鑑的一部分。

正式的教師觀察

根據定義，教師觀察記錄了一位老師與她的學生之間（或學生與學生之間）的互動關係。有意義的觀察教師包含看看在單元課堂上到底發生哪些事情，以及單元課堂的情境脈絡。那是說，有意義的觀察需要把觀察的焦點集中在教學法與教學的設計、課程和評量。不過即使是最棒的觀察也有它們的限制。

如果眞的進行教師的教學觀察，差不多是每年進行一次到三次的觀察（在這裡，「如果」是重要的關鍵字）。從我與許多老師和校長進行多次的對談中，很明顯的，那些已經具有幾年的教學經驗，那些已經擁有終身職的老師所接收的正式觀察次數比較少。許多老師提到他們已經有許多年沒有被任何人正式的觀察他們的教學了。

正式的老師教學觀察有點像是拍立得相機的相片一樣，因爲它們只能夠掌握一個時間點（即使這樣的時間

點實際上可能是二十或五十五分鐘長的課堂)。最好的情況下，教室觀察涵蓋了一位老師專業表現的一小片段。可以理解的一個現象，就是老師通常為一個正式的教學觀察做比較多的備課，因此，被觀察的課程其實有點像是經過加工的課堂表現。幾乎所有的老師都說他們偏好一個沒有事先安排的教室訪視，他們確實提到最關鍵的一點，一個沒有事先安排的教室訪視比較有可能反應發生在每一間教室裡的眞實教與學的情況。不過從正式的觀察一位老師還是有些收穫的，也就是觀看一個計畫過的課程，並且腦海裡清楚瞭解我們走進教室就是要觀察教學的情形。也因此，正式的教師觀察與不刻意的走進教室訪視的結合是一個最佳的模式（從我個人經驗來分析，把我們善意的企圖排開，其實很難進行沒有事先安
93 排的訪視。除非有一個特定的時間和地點安插在我忙碌的行程當中，以及有某人期望我會出現在教室裡，否則我就非常容易因為其他事情而無法去訪視)。

協助老師進行反省的工作

正式的教學觀察對於老師的反思可以是一項強而有力的刺激因子。如果他們確實要有所成長，老師需要從教學觀察的前後建構出他們個人的意義來。那是說，老師需要主動積極的參與預期、假說驗證、反思和分析等工作。不管使用哪一個詞彙——反思的實踐者、或行動研究、或教師即是研究者——論點是相同的（譯註：這是最近幾年國內推動行動研究時所使用的類似詞彙，都支持老師需要研究自己的教學歷程)。好老師絕對不是從一個腳本就可以照本宣科；好老師創造學習的環境。好

老師計畫把他們對於兒童發展理論與學習過程的理解結合在一起，當然還要把他們對於課程內容的知識、學科知識和教學法都結合在一起。好老師設計機會讓學生學習，以公平的方式評量智慧，並且把這樣的評量當作教學來進行。好老師激發和啓示學生的學習；他們也會挑戰和支持學生的學習。即使是最棒的老師也不是天生就是好老師，好老師就是因爲他們會質疑、反思和分析才會加入好老師的陣容。

> 去年我們是根據一個非正式的基礎來進行教學觀察的，從來沒有接收任何書面的回饋。這反應著我們的行政人員在這方面相當弱，當然也會連帶影響我們的士氣。
>
> ～邦尼

例如，在進行一個單元的教學活動之前，一位老師可能問自己底下的問題：

- 我爲何要教導這個單元呢？
- 我的目標是什麼？
- 當我完成這個單元時，學生需要學會哪些特定的技能或理解呢？
- 爲了這個特定的單元，我需要爲我的學生做好哪樣的準備工作呢？
- 我該怎麼做才比較有可能讓每一個孩子都成功的學會呢？
- 在單元進行的時候，我要怎麼做才能夠知道所有的人都成功的學習呢？
- 如果教學不是那麼順暢，我應該做哪樣的調整呢？
- 哪一項智慧項目最適合這一個單元活動呢？
- 我可以從這個單元學到哪些教訓是我可以規畫下一個 94
  單元活動的呢？
- 怎樣的後續發展活動與家庭作業是合宜的呢？
- 我要怎麼做才能夠瞭解我的學生學到哪些知識和技能

呢？

在完成單元活動之後，一位老師可能考慮底下的問題：

· 這個單元與我原先預期的有哪樣的差異呢？
· 哪些項目進行的順利？哪些項目讓我失望呢？
· 哪些學生掌握到這個單元的知識和技能，哪些搞不清楚這個單元內容呢？在我對於這些學生的理解當中，他們在這個單元的表現是否讓我感到訝異呢？
· 這個單元活動是否過於冗長，或者時間根本就不夠呢？
· 我是否提問過比較高階層的問題，刺激思考的問題呢？
· 教室經營在這堂課是否是一個值得關心的議題呢？
· 我是否進行個別化教學的工作呢？
· 所有的種族與兩性的學生是否均勻的參與課堂活動呢？
· 這個單元活動的步調還算好嗎？
· 我的學生學到哪些知識和技能呢？
· 接下來會發生什麼事情呢？下次我教導這個單元的時候應該做哪些改變呢？

為何每一次校長走進我的教室都是我的班級一團亂的時刻呢？

～瑪麗亞

規律的思考這類問題是教師成長不可或缺的一部分。當然，這類型的反思可以，也應該發生，即使沒有進行任何教學觀察，不過老師的觀察可以協助這個歷程。實際上，一次觀察最重要的觀點就是在觀察前後發生的對話與想法。如果把一個單元是否成爲老師成長的一次機會，和老師在觀察前後的想法與反思相比，就顯得不那麼重要了。

校長可能會發現在一次教學觀察之前，與一位老師
分享上面的問題將會有助於教學的觀察。應該提問多少
問題，應該問哪些問題都需要根據該位老師的專業。如
果提問太多問題，可能連最優秀的老師都無法抵擋這種
排山倒海而來的壓力。一個可能的方式是彼此先同意哪 95
些特定的議題將會是觀察的焦點。校長是否將仔細檢視
老師如何回應「在這個單元裡，我要如何做才能夠知道
所有人都成功學習呢？如果教學不是那麼順暢，我應該
做哪樣的調整呢？」或者校長將把觀察的焦點集中在
「哪些學生掌握到這個單元的知識和技能，哪些搞不清楚
這個單元內容呢？」或「所有的種族與兩性的學生是否
均勻的參與課堂活動呢？」同意觀察的焦點可以在一次
觀察前的會議上提出來討論，或者甚至透過一封電子郵
件或便條紙，詢問當事者她想要聚集的焦點在哪裡。不
管校長和老師使用哪種方式同意觀察的焦點，這裡提出
來的問題可以協助老師和校長在觀察後的會議架構一個
精彩豐富的對話和討論。除此之外，不管是否安排一次
正式的觀察，老師都可以使用這些問題來分析他們自己
的教學活動。

一位老師和校長面對面的開會討論通常是最理想的情況，不過一位老師的想法和反思也可以使用其他方式來支持著。有許多創意的方式可以引導老師進行反思和建構式的分析，當中有些並不包含與校長之間的會議。依據校長的時間和技能、當事的老師的專業與興趣、學校的文化，可以妥當的使用以下所介紹的策略當中的一

談論教學觀察的種種是好的，不過如果沒有妥當的紀錄下來，就不見得會有所幫助了。

～塔仁

個，或者幾項策略的結合：

- 老師和校長或另一位行政人員舉行觀察前與觀察後的會議。
- 老師塡寫觀察前與觀察後的表格，透過這種方式可以誘導出他們的想法以及教學的原理原則，並且把這樣的表格繳交給校長。
- 同一學年或同一學科的老師參與同儕觀察，並且提供回饋和建議。
- 不同學年或不同學科（或者甚至來自其他學校）的老師參與同儕觀察。
- 把上課情況錄影下來，老師與同儕或行政人員一起檢視上課過程。
- 96 老師保留一份包含觀察前和觀察後表格與上課錄影帶所構成的檔案資料。

這些策略進一步可以透過誘導學生和他們的家長所提供的回饋來加強。

這些方式的每一項都可以協助老師把工作的焦點集中到他們的教學表現上，並且反思到底哪些項目進行的順暢，哪些項目相當令他們失望，哪些應該有些不同的變化，以及最重要的，爲何會變成這個樣子。從教學表現建構教學技能的知識，遠遠超越單純的觀察和推論或詮釋，是一位老師想要成長的必要手段。一位老師可能有能力可以靠她自己來進行反思、分析、綜合，不過一個建構的方式要求老師和她的同事之間有所取捨地爲對方提供回饋意見和反思（這位同事可以是行政人員，也可以是其他老師）。

自我評鑑和反思都應該是評鑑過程中的一部分。

～娜麗

評鑑老師的教學表現

因爲觀察確實有潛力可以協助老師建構教學現場的知識，所以校長可能想要針對教師的教學表現發展出一個評分指標。在觀察教師教學時，他們可以使用這個評分指標，這個評分指標可以協助校長和老師都確認哪些教學的行爲是重要的，以及這些行爲有哪些不同等級的品質是老師可以努力學習的方向。校長可以從學校學區的評鑑表所條列的品質和行爲開始發展——像是「維持優良的教室經營」或「精通學科知識」或「滿足學生的需求」等等——他們可以一起定義到底這些名詞眞實代表著哪些教學表現的各種階層是老師可以努力的方向。在塡寫一份評分指標的每一個空格（如表 6-2）時所產生的對話將會是令人不可置信的豐富。考慮看看，實際在討論「課程介紹的技能方面，優秀與傑出到底有什麼實質差異呢？」以及「那麼在一間教室裡這樣的差別看
起來又有哪樣的不同呢？」的過程中，教職員之間彼此 97
的對話和討論將遠比單純塡寫眞實的評分指標來得重要多了。

表 6-2 的等級尺度其實就是來自於我們在新城小學所使用的教師評鑑模式。低於平均，就誠如它所描述的，就是比滿意還要差的表現。平均是可以接受的，這一點也不爲過。爲了要繼續和我們在同一所學校擔任同事，一位老師在第三年年底的時候一定要改善自己的教
學表現到超越平均值以上。在第四年一開始，老師在這 98
五個向度裡都必須保持在優秀以上的水準，那是一項相當具有野心的要求，不過我們覺得我們無法勉強接受平

97 表 6-2 教師評鑑等級的樣本

標準	低於平均	平均	優秀	傑出	出色的
學科領域的知識					
學童發展與學習歷程的知識					
課程介紹的技能					
與學生和諧相處的程度與熱忱					
專業素養與共同領導					

均水準的老師。我們為何要妥協呢？我們當中沒有誰樂意去看一位普通水準（平均）的牙醫，或是讓一位普通的汽車維修工進行汽車的維修！優秀意味著老師的教學表現超越一般老師的平均值，也就是說他們確實是很棒
99 的老師。傑出建議著那樣的一位老師確實具備許多優點。出色的表現是教學表現的最高階層；它說明那位老師在那個特定的領域具有非凡的教學技能（讀者可以在附錄二找到一個新城小學到底是如何把教學表現和薪資所得做一個連結的說明）。

 花式溜冰選手與跳水選手可以：爲何老師不可以？ 98

如果我們能夠決定花式溜冰選手、跳水選手、越野機車選手與方塊舞選手的相對精熟程度，為何當我們在決定老師的品質時，會因為靦腆而退縮呢？我們需要在我們的權力範圍內盡其所能的吸引最佳的候選人進入教學的領域，並且在他們成為我們校園一份子之後，協助他們成長和學習。相信把老師的薪資與他們的實際表現作一個連結可以支持這樣的目標。

我不是建議說老師的薪資是根據他們學生在測驗所獲得的分數來決定。我建議的是，學生的進步情況，可以透過測驗分數的結果，以及其他相關的指標，應該是決定老師薪資的一個因素。我也不是建議把老師的薪資所得的某種概念與老師的價值做某種連結就可以解決教師荒的問題（譯註：美國正鬧著教師荒，國內卻是流浪教師的現象。有識者應該想辦法在這兩者之間作某種努力來協助太平洋兩岸所面臨的教師問題）；我的建議是根據他們的教學效率給予老師相對應的薪資，將會吸引有才幹的人走進教育領域，我們也要協助他們繼續在教學專業方面持續打拼下去。我並不是建議說發展一套教學表現／薪資所得的系統是簡單的事情，或者說執行這樣的政策會是簡單的事情；我的建議是說有才幹的老師和行政人員可以共同想辦法來找尋一個方式把教學品質當作教師薪資的一項因素。關於教學表現與薪資所得的連結關係有一個有用的資源，叫做《連結教師評鑑與學生學習》（*Linking Teacher Evaluation and Student Learning*, Tucker & Stronge, 2005），這本書說明許多學校學區採用學生的成就當作教師評鑑過程中的一個因素。教學表現與薪資所得的連結系統可以有許多可能的發展和執行模式。雖然優質教學就是優質教學，雖然有某些元素是所有優質老師的教學都可以找尋得到的因素，不管他們所任教的科目或學生是誰，如何界定優質教學的某些觀點將會因應不同的社區和學校文化而有所變化。例如，如果二十位學校教職員發展如表 6-2 的教師評鑑評分指標，雖然這裡有很棒的一致性，不過在老師到底如何界定高品質方面倒是有許多不同的觀點可以詮釋。那樣的變化是合宜的。當然，不管我們使用哪一套教學表現系統（不管員工評鑑系統在任何一個員工的情境下使用），必須公平、公正而且一致性的執行。創造一個教學表現薪資所得的連結系統，並且公平的執行絕對不是一件簡單的事情，那是說，如果我們有這樣的意願去推動，那麼我們就可以做得到。

99

新的錯誤

在我上一個學校裡，他們從來都沒有走進我的教室，所以我清楚瞭解他們對於我在教室裡的所作所為根本連一點基本的瞭解都沒有。我覺得他們沒有真正的重視我這個人在那所學校的存在。

～露西

我們當中有許多人有一個傾向，認為一個理想的單元應該平順的進行著。好老師確實會預期，也會規畫每一個教學單元，他們的單元應該平順的進行著。然而，老師比較難以從一個毫無缺點的單元學到教訓。最佳的學習機會不會是那些一切都依據計畫進行的單元活動，它們通常相當零散的發生著。相對的，通常當某些事情在教學的過程中不斷的出錯，或沒有足夠的時間，或是有太多時間卻沒有足夠的內容進行教學，當一位學生或三位（或甚至整班學生）都聽不懂老師的教學時，才會有最佳的學習機會產生。即使我們接受這樣的論點，不過如果在太多課堂單元的教學都出現差錯，那可不是一個好的訊息，不過如果完全沒有出現差錯也不是一件好事。

MNM（Make New Mistakes）的哲學——嘗試新的錯誤——瞭解到錯誤是學習的機會。當然，老毛病反覆不斷的發生也不是聰明人會做的事情，我們應該從我們的錯誤當中學習，這樣我們才不會老毛病不斷。不過完全沒有犯錯也不是非常聰明的事情，完全沒有犯錯代表著我們持續執行一個熟悉的模式或配方；完全沒有犯錯代表著我們欠缺創意和新的策略。相反的，嘗試新的錯誤代表著我們嘗試進行不同的活動和方向。當我們嘗試新的事情時，我們原本就應該會犯錯；如果我們沒有做到這樣的境界，那我們就沒有足夠的野心。關鍵是從我們新的錯誤學習教訓，這樣我們會因爲它們的產生而學習成長。如果我們希望我們的老師從他們的經驗學習——主動參與一種預期、假說的驗證、反思和分析等等——他們需要知道學習是混亂的，所以當他們犯錯時，還是可以不必有任何不愉快的感受。

接受新的錯誤這種態度需要清楚詳盡的讓所有的員 100
工都瞭解。如果校長想要讓他們的老師成爲建構式的學習者，他們需要清楚瞭解到在一個單元所要看到的並不是一個完美無缺的教學表現。老師必須瞭解到嘗試新錯誤的哲學觀，並且在嘗試新的策略時不會有奇怪的感受。校長爲了要讓這樣的情況發生，就需要爲此設定氛圍。在一個正式的觀察之前，我通常會這樣告訴這位老師：「請記得嘗試新的錯誤。讓我看看你嘗試一些新的教學策略，或者冒險嘗試你以往沒有做過的教學模式。」在我們的觀察後會議，我可能會先問道：「你嘗試了哪些新的錯誤，你又從這些新的錯誤學到什麼？」錯誤的類型和它們所涵蓋的意義請參考表 6-3 。

當然，口頭講講是一回事情，眞實的去執行可能就不一樣了。如果一位校長眞的想要在學校裡推動嘗試新錯誤的哲學，並且爲此設定氛圍，她就需要在她自己的行爲舉止中展示這類型的冒險行爲。如果嘗試新錯誤的哲學眞的要成爲一所學校文化不可或缺的一部分，它就必須適用於每一個人。不管哪一種角色，校園裡的每一

表 6-3　錯誤和它們的意涵

哪一類型的錯誤呢？	它代表著什麼呢？
老毛病	我們反覆犯錯，也沒有從我們的經驗學到教訓。
沒有犯錯	我們持續使用相同的方式。我們是零缺點，不過幾乎沒有產生學習。
新的錯誤	我們嘗試新構想和策略，並且從我們的經驗學習教訓。

個成人都需要不斷的嘗試，去找尋新的和更好的方式來和學生互動。每個人都該學習；每個人都該犯新的錯
101 誤。當校長分享她自己曾經犯過的新錯誤時，就可以傳遞一個極棒的訊息給所有的老師，讓他們都瞭解校長是認眞的。

非正式的教師觀察

> 偉大的觀察是正向的、滋養的，集中努力來達成某件事情——也是老師可以獲得洞見來融入教學藝術的一種協助關係。
>
> ～蘇珊

順道走進一間教室拜訪，不管是否有足夠的時間坐下來靜靜的觀察，或者只是稍微停頓忙碌的步伐，稍微看看教室的情況，都是很重要的。一般來說，在沒有預先通告的情況下，校長比較能夠看到每天發生在教室裡的眞實情況。請不要誤解我的意思；不管教室的訪視是否是預期的，每一個單元都應該很棒才對。實際上，在一次正式和一次非正式的觀察當中，應該不會看到非常大的差別。那是說，當他們知道一趟教學觀察隨時隨地都可以發生時，他們會很自然的爲每一堂課作更多的備

課。當我走進教室時，我嘗試把觀察的焦點集中在教學的兩個重要觀點：師生之間的互動關係是否密切，以及那個單元到底如何設計來滿足學生獨特的需求。

教學觀察的侷限

教學觀察提供教師教學表現的一個片段，不過他們也錯失了一位教師專業角色的重要觀點。當然，在教室裡到底眞實發生什麼事情確實是最重要的，不過在我們考量教師成長時，一位老師扮演的角色中的其他事情也需要一起考量。到底一位老師與新來的老師一起工作的能力和意願有多高呢？到底一位老師與她的學生家長和行政人員之間的關係如何呢？到底一位老師設計與發展課程與建立評量工具的能力有多強呢？老師與其他同事一起工作的意願有多高呢？老師是否願意接受回饋意見，並且根據回饋意見修正他的行爲舉止呢？這些因素集結在一起拼湊出一個完整的圖像，可以說明一位老師的專業素養（在新城小學的教學表現與薪資連結計畫裡，它們落在專業素養與共同領導的類別下，請參閱附錄二）。

校長應該參與這些工作範圍的每一項。很確定的一 102
件事，就是一位校長參與的種類和程度因爲許多不同的因素而有所不同，不過當校長考慮要評鑑老師時，他們需要考慮和那位老師有互動的每一位利害相關人，並且考慮那位老師所扮演的所有角色（這些主題將在本書其他章節有更廣泛的深度分析。瞭解它們的重要性之後，我如果沒有在教師評鑑的這一章提到它們將會是一項疏忽的行爲)。

> 每當我要進行一趟教學觀察，一些不平常的事情就會發生：一隻蜘蛛爬過某人的桌子，我在黑板上面拼錯一個字，或者是我的投影機的燈泡突然壞了！
>
> ～愛波

協助掙扎中的老師

眞實的世界和蓋瑞森・凱樂（Garrison Keillor）所寫的《烏波干湖》（*Lake Wobegone*；譯註：這是一本虛構的故事，裡面描述的故事幾乎就是烏托邦的世界）是不同的，在那裡每個人和每件事情都表現的比平均值還要好，包含學校的運作在內。有些老師在某些領域會比較弱一點、有些困難、也沒有表現出令人滿意的水準出來；校長需要與這些老師一起合作，並且提供他們適當的支持。那樣的支持範圍非常寬廣，主要是取決於老師的需求和校長可以運用的資源（包含學校學區所提供的資源）。給老師的支援可能涵蓋的項目包含連結他和一位同事或輔導老師；讓他可以參與工作坊、研討會或課程；或者集中他努力的重點，並且給予他指導的方針和他所需要的回饋意見等等。校長需要盡可能抱持支持的態度，同時也不能夠忘了他們的工作就是要協助創造一個學習的環境讓每一位學童都可以盡可能的成長；那也代表著說每一位老師也必須盡可能的成長。

即使一位校長已經盡到最大的努力，並不是每一位老師都會成長，並且找到成功的教學模式。終究，如果一位老師沒有符合學校的期望，能夠以令人滿意的水準進行教學工作，那麼不續聘他的合約（或中斷）就變成了必要的手段。沒有人喜歡做這樣的決定，不過有些時候，這是必須做的任務。校長的責任是確保學童的學習，而不是大人是否有工作。

除非一位老師的行爲眞的是令人震怒的罪大惡極，103
在決定是否要繼續聘用這位老師之前有許多步驟需要處理。一個持續進行的支持和回饋系統還是要提供給這位老師讓他有機會可以改善教學的表現。當一位老師有非常嚴重的困難時，行政人員必須清楚瞭解問題的本質，也要同樣清楚的瞭解他們需要做哪些事情才能夠讓當事的老師在下一個年度還可以收到一份合約。這樣的對話在任何情況下，因爲我們在處理的是其他人的生計問題，所以是相當難以啓口的（當然，如果當事的這位老師是一位有愛心的人，也已經盡到她最大的努力時，這樣的對話顯得更加困難）。

當我和老師討論我對於當事者的關懷和他或她的未來發展時，我發現一次面對面的會議是有必要的。不管一位校長的文筆多好，不管現代人多麼容易使用電子郵件，不過有些時候召開一次會議確實是有必要的。這個情況就是當中的一樣。因爲這樣的議題相當重要，我發現如果我能夠事先把會議的議程綱要寫出來對我是有幫助的。議程綱要——我應該講些什麼話，以及它們的先後順序——都在表 6-4 可以看得到。我使用這項清單當作議程綱要來協助我規畫這樣的會議。

我更發現檢視這樣的清單對我來說是一件痛苦的事情，因爲它提醒我曾經在過去幾年和老師之間召開過哪些難以啓口的會議。然而，一位校長的優先項目應該是他的學生，有時候那也代表著說當作一位校長，我就需要做難以決定的人事決策。當我需要做這類型的決定時，遵循表 6-4 所條列的步驟眞的可以讓老師有獲得成功的機會。

104

表 6-4　與那些還在掙扎的雇員開會時的步驟

1. **釐清開會的目的**
   - 我為何召開這個會議？
   - 我刻意想要討論的是什麼？
   - 哪個特定的事件或資訊導致我想要召開這會議？
   - 這是一個新的行為或是某個定型模式的一部分呢？
2. **界定期望中的表現**
   - 組織的標準和期許是什麼呢？
   - 我的標準和期許又是什麼呢？
   - 一位優秀的雇員應該怎麼做？哪樣的行為舉止才是可以接受的？（盡可能明確說明）
3. **具體說明引起這個會議的關注事項**
   - 當事的員工做了哪些事情，或者沒有做到哪些事情？
   - 我是如何知道這件事情的呢？
   - 這是否是我第一次與員工討論這樣的議題呢？
   - 在這之前我是否曾經與當事者因為其他關注事項或議題開過會呢？
4. **重新說明與關注事項有關聯的事情**
   - 這位員工的行為舉止與我的期望以及組織對於員工的期許，有哪些不同呢？
   - 當事的員工的行為壞到哪種程度呢？
   - 當事的員工行為是否讓他或她的工作處於危險地帶？
5. **敘述改善的策略（如果不是直接告訴員工，就是提出來討論）**
   - 這位員工可以如何改善呢？
   - 我可以如何協助這位員工呢？
   - 其他人可以如何協助這位員工呢？
   - 當事者如何知道他或她是否有所改善呢？
6. **準備結束會議**
   - 下一步是什麼？
   - 這位員工從明天或下星期要開始做哪些變化呢？
   - 有哪些查核點呢？下一次我和這位員工開會的時間是什麼時候呢？
   - 我要如何瞭解這位員工是否有在改善呢？

7. 記錄討論的內容

- 在會議之後，立刻寫下會議過程中每一個步驟所發生的事情。
- 如果妥當，給這位員工寄一份備忘錄，共同回顧在會議中討論的事項，並且開始規畫接下來應該執行的工作。
- 安排下一次會議的時間來討論到底決定的改善建議是否有在進步中。

快樂不該是目標 103

校長的工作不是要讓他的校園快樂就好了。快樂的
老師確實比較有可能會是比較好的老師；當然不快樂的
老師面對身旁周遭的人也都不會感到愉快，不管那些人 105
是同事或學生。同樣眞實的就是一個有快樂教職員的學
校確實比較有可能會是每一個人都可以享受學習的環
境。我們都想要受到別人的喜愛，所以校長很容易就會
想要有快樂的老師，並且想要讓老師們與他相處時也有
快樂的感覺。然而，把老師的快樂設定爲一個目標則是
錯誤的作爲。

校長的目標是要創造一個學生可以學習和成長的環境，校長創造這樣的環境就是要創造一個教職員可以學習和成長的環境，如果老師也在學習和成長，他們就會找到快樂。實際上，你通常可以很快的辨認出一個高水準表現的學校，在那裡每個人都充滿笑容，包含學生和校園裡的大人在內，人們因爲實現成功的學習而展開笑容。快樂是當一所學校裡的每個人都在學習，因此獲得成功和成就時一項無可避免的副產品。

CHAPTER 07

協助創造力與團隊合作

「時光，它們不斷的改變著」一個世代之前，鮑伯・ 106
迪倫這麼唱著。儘管現在這個世界與那時候有很多差異，不過那樣的歌詞仍然相當切題。當我們想到我們的世界與當年的世界是那麼的不同，科技的進步與人口變項就立刻進入我們的腦海。二十年前無法想像的科技，現在已經成爲司空見慣的產品（畢竟，電子郵件在十年前是很少被用來當做進行溝通的工具）。幾乎在每一個地方，我們都被越來越多的人種膚色和不同背景的人們所環繞著。我們當中那些在組織裡工作的人們，這些戲劇化的改變在人們對於工作、領導統御與視導方面的態度的演化當中彼此競爭著（請參考第 3 章）。回應這些變化不是一項選項；相對的，它是一項強制要求。我們學校的成功——我們的學生、我們的老師，以及我們自己在內的成功與否——都將根據我們回應這些變化的品質來決定。

同樣的，教學也比以往的任何時刻都還要具有挑戰性。太多學童來自於貧窮的家庭背景。許多學童已經花費了成千上萬個小時，在電視螢幕、電動玩具和電腦螢幕前面。老師方面，卻被不斷的要求更多的工作負擔，大家期望老師可以滿足他們的學生在學業方面的需求，可以協助學生在標準化測驗評量上做好準備，才得以表現良好，也要培養學生更高階層的思考技能等等。不過那才只是剛開始的要求罷了，大家也期望老師可以強化他們的學生在情緒方面的成長與社交方面的發展。想要成爲一位成功的老師，需要具備的知識與能力遠超過課
107 程與教學技能方面的知識。成功的教學需要針對錯綜複雜的問題找尋創意的解決方案。

就像我在這整本書想要清楚界定的一點，視導創造力十足的老師——那些可以改變學生生命的老師，也是每一位校長夢寐以求的老師——以及創造一個分工合作的教職員團隊，需要一個不同的方式來進行管理和領導統御，這一點即使是在十年前還算常模的學校運作都無法相比。相對於老舊的視導模式，那種根據等級制度的方式所進行的視導，今日的領導統御需要的是信任、合作和關係的建立。

當員工之間有摩擦時，你害怕的在角落踩腳漫步。不過當員工分工合作時，（處在）校園就像是身處在家裡一樣的溫馨。工作上的每個觀點都是滿足的。

～蘇珊

在所有組織工作的那些有天分的人需要這類型的領導統御，不是只有那些在學校工作的人才需要這樣的領導統御的模式。在《創造力教室升起的時刻》（*The Rise of the Creative Class*）一書當中，Richard Florida（2002）考量在工作場所需要創造力來激發工作的動力（以及讓都市繁榮）。雖然他的書籍並不是關於教育方面的專業書籍，不過他完美的說明創造力十足的老師特徵：「（他們的）功能是創造新的想法、新的科技與／或新的創意內容。這些人們參與錯綜複雜的問題解決，這類型的問題需要大量的獨立判斷，並且需要高階層的教育或人類資本。」（p. 8）視導創意十足的個人也必須跟著演化，就像 Florida 所觀察的：「傳統的等級制度系統進行控制的

方式，即將被新的自我管理、同儕認同和壓力，以及內在動機的形式所取代。」（p. 13）詹姆斯．歐圖爾（James O'Toole, 1995）在哲學方面也掌握了這樣的轉變：「除了少數一些不值得探討的情形例外，獨裁者、沙皇與將軍領導的年代——即使是傳統的老闆——在西方社會已經過時了。」（p. 5）

在討論今日管理者與員工之間的關係變革時，管理學一代大師彼得．杜拉克（Peter Drucker, 1999）這樣描述知識勞工，也就是那些「在他們的腦袋裡」擁有成功所需要的知識與技能的個人。當然，好老師也是知識勞工，他們的技能、知識和藝術效果來自於他們所瞭解的事情，不是來自於一本工作手冊或政策綱要。就像是杜拉克所解釋的，「知識勞工不是下屬；他們是『伙伴』。 108
一旦跳脫學徒的階段，知識勞工對於他們的工作必須比他們的老闆知道的還要多很多——要不然他們就不是優秀的知識勞工。實際上，他們對於自己的工作比組織裡的任何人都要知道的更多，就是定義知識勞工的一部分」（p. 18）。如果校長和管理的視導者想要在他們的學校吸引並且留住知識勞工，並且讓他們像一個團隊般的分工合作，那麼他們需要使用和過往那些類型的領導模式不同的模式來領導這群伙伴。願景和靈感是必要的，不過單純擁有願景和靈感還是不夠的。

建立尊重

建立一個鼓舞創意的學校，讓老師在接受挑戰性的任務下合作、成長，也是大多數學校的領導者以往都沒

領導者親身示範創意、獎賞創意，並且樂意在學習過程當中嘗試一些創新教育可能帶來的錯誤。

～凱西

有接受過的訓練。這樣的領導統御所要求的，首要之務就是每個人都分享一種尊重態度。我們通常會講到大人要尊重學生，也希望學生能夠尊重彼此，不過尊重也是成人與成人關係所必須的。所有的雇員必須以關懷和體貼的方式對待彼此，也需要尊重對方。不幸的，就像我們所熟知的，尊重並不會自然而然的發生。一位好的校長制訂一些實務工作來提升尊重的氛圍。

當尊重變成一種普及化的現象時，所有的人都被其他人以對待人們的方式對待，並且以有尊嚴的方式對待，不管他們的頭銜、角色或職責。雖然等級制度的差異仍將會是一個事實——人們確實有不同的頭銜和角色，也執行不同的職責，當然也會因此而有不同的薪資待遇——不過那些差異不應該對於人們彼此間的互動有所影響。這種平等對待的氛圍，可以從人們如何稱呼彼此，到怎樣稱呼他們才會讓他們有一種被尊重的感受。

例如，一位工友或教師助理應該被其他人以相同的頭銜稱呼。如果我們稱呼校長爲瓊斯博士，而稱呼老師爲西恩先生與皮塔女士，而稱呼工友爲佛萊得時，到底
109 傳遞了怎樣的訊息呢？如果不是改變我們對佛萊得的稱呼爲史密斯先生，就是要倒過來，把瓊斯博士、西恩先生和皮塔女士都只以他們的名字來稱呼，例如卡拉、派特和卡洛琳等等。使用頭銜來稱呼某些員工，而不使用頭銜稱呼其他人，清楚說明誰才是這所學校所重視的人，而誰不是學校在乎的人。使用合宜的頭銜看起來或許是小事一樁，不過小事通常是大事。

除了姓名和頭銜以外，我們需要捫心自問：「是不是所有的員工都感受到他們是學校的一份子呢？」當我

們不小心因為等級制度的身分地位，傳遞出不必要的差別待遇時，所傳送的訊息是多麼的強而有力呢？我們是否邀請每個人參與員工（不見得是「教職員」）的派對呢？如果員工的相片張貼在學校的走廊上，是不是把每位員工的相片都張貼上去了呢？或者只把教師的相片張貼在上面呢（或者更糟糕的，只張貼了行政人員的相片）？每一張相片的大小是否相同呢？在員工午餐享用區是否有等級制度上的差別待遇呢？或是讓所有大人都可以自由選擇他們想要吃午餐的桌子，也可以隨意挑選他們想要和誰一起共進午餐呢？學校的停車場空間是否只為了某些人而分配和保留他們的停車位呢？當然，校長在一整天的工作當中會比老師更頻繁的進出校園，不過讓她保有最靠近辦公室的停車位，每次只需要多走十呎就可以到達她的辦公室是否代價太高了呢？換句話說，如過校長每天也都需要在停車場找尋停車位，那麼這樣傳遞給每個人的訊息又是怎樣的呢？

一位真實的領導者會要求每個人離開他或她舒適的地帶，去冒險嘗試，然後允許每個人分享他們的成就，接著繼續邁開大步往前進。

～瑞琪

就像是蘇西・衛德勞佛（Suzy Wetlaufer, 2000）精簡的說：「等級制度從來都不會讓任何人有一種好感，除了那些在最高位階的人以外。」（p. 60）經常發生的情況是，「細小的」、「輕率的」決定，像是欠缺合宜的頭銜，或者一個享有特權的停車空間都會傳遞強而有力的訊息，讓同在一個組織裡的人們產生疏離感。「當領導者對於他們自己與他們的追隨者之間的關係沒有適當的態度和哲學時，就無法成大事」歐圖爾這麼解釋著（1995, p. 37）。

尊重不需要把人們想要在彼此間建立正向的交往關係排除在外。在一個優質的組織裡，人們享受彼此在一

起的時光，並且和樂融融的一起工作。戴爾・杜騰
（Dale Dauten, 2003），一位企業財團的專欄作家這麼解
110 釋這一點：「在每一個公司，人們都會取笑老闆；不過
只有在優質的公司裡，這樣的事情會在老闆面前發生。」
（我的反應：歡迎來到我的世界！如果這是眞實的，我必
然擁有一個超級無敵的好公司！譯註：其實如果把這句
話轉變爲「每個班級的學生都會取笑老師，只有在超級
棒的老師面前，學生膽敢公然取笑老師」不也貼切的說
明教師裡的權力對等關係呢？）

從信任開始做起

尊重彼此是從信賴彼此衍生出來的。行政人員是否信賴老師呢？這樣的信賴是否展現在行爲舉止當中，而不是只出現在書面文章呢？例如，老師們是否享有進出文具儲藏室的權利呢（我會提出這個問題，其實是關於學校和關係之間一個悲慘的說明）？如果老師沒有享有那樣的權利，訊息就清楚明白的說著：「我們相信你對於學生學習的判斷，不過我們不信賴你對於圖畫紙的判斷能力。」同樣的，所有的老師是否也都可以使用影印機，也可以視他們的需求影印他們所要的份數呢？預算或許相當緊，這一點我瞭解，樹木也相當珍貴；不過如果我們不允許老師做這樣的決定，我們如何能夠期望他們感受到應該享有的尊重和重視呢？接著還有學校領導者對於老師專業判斷的展示：老師在挑選教科書、發展課程和決定教學方式上扮演怎樣的角色呢？再度的，如果他們在專業決定上只有極少的建議權力，那麼我們如何期望他們能夠感受到那種被重視和尊重的感覺呢？

當然，信賴是根據雙方彼此的互動和經驗得來的。老師是否必須從他們的行政人員那裡掙得信賴呢？老師是否可以直接關懷校長，或者可以直接質問校長的政策，或者他們只能夠水平式的交談，然後散播一些冷嘲熱諷的話語呢？當他們在權力下放之後是否會遵循承諾，並且肩負起該負的責任，就像這是無可避免的現象一樣呢？

信賴不僅是雙向的互動關係而已。一位校長必須從她的老師們那裡掙得信賴。她的信念和行為舉止是否一致，所以老師們可以精確的預測她在面對衝突時，將會採取何種的反應？例如當一位憤怒的家長來學校抱怨的
時候，校長會有哪樣的反應呢？她是否瞭解何時應該擔 111
任疏導的工作，何時應該扮演緩衝的角色呢？在合宜的情況下，她是否會是老師與家長和中央辦公室的一個緩衝呢？她是否保有信心，還有當她把權力下放時，是否會遵循她的諾言，並且一肩扛起責任，就像這也是一種無可避免的事情一樣呢？

團隊合作不會意外發生

良好的分工合作並不見得永遠是容易的事情，這一點是可以確定的。一部分是因為在師資培育和發展的每一個階層，分工合作的技能在某種程度上都被忽視了。從大學部的師資培育，到研究所的選修課程，到教師專業發展的提供，成人與成人的互動都很少受到該有的關注。同樣的，團隊的建立在多數行政人員的培訓課程也很少受到應該獲得的關注。所以我們不該感到意外的，就是老師和行政人員通常會發現以同儕的方式分工合作

存在於老師腦海的創意總會在那裡，不過可能需要一點火花來點燃它。好的行政人員會讓老師看得到一件事情，那就是超越框架以外的思考不僅會受到該有的支持，更是備受期待的能力！

～雪洛

是件困難的事情。湯尼．藍哥（Tony Wagner, 2001）的建議指出爲何會出現這樣的情況：「在每一個工作天，很少有機會與其他大人分工合作，許多教師還沒有發展出團隊合作的技能。」（p. 379）我們不能夠假設一個好的教職員，即使是一個協調性良好的教職員，在沒有持續的指引和學校領導團隊的支持下，能夠良好的進行分工合作。即使一位校長有限的時間總有許多彼此競爭的請求，而且根本就像是沒完沒了似的（心煩意亂的家長、遲交的報告、空的飲料機，喔！還有那些測驗的成績爲何不會再高一點呢？）在教職員之間建立創意和團隊合作必須是一項絕對的優先。

否定論者可能會認爲一位校長沒有足夠的時間可以把工作的焦點集中在團隊的建立上，他們錯了！把焦點集中在成人和成人之間的關係，並且刻意建立一個團隊不是校長的一個選項；相對的，如果我們期望教職員能夠成長和發展，像是同儕般的一起分工合作，創造各種可以讓學生學習的環境，那麼它就是不可缺少的項目了。這趟旅程並不能夠被追求比較高的測驗成績，或者比較優秀的學生成就來取代，不管那是如何測量的。如果成人和學童眞的想要實現——實際上可以超越——他們的潛能時，這條旅程就是我們必須選擇的一條旅程。

112 儘管面對這些障礙，不過建立一個團隊仍是可以完成的任務。底下的問題是一位校長可以確保所有團隊成員都以一個團隊的方式來進行分工合作。

- 在職進修的研習是否直接強調大人可以、也必須以同儕的方式分工合作呢？

- 在聘僱的過程，以及初任教師的輔導會議當中如何強調共同領導呢？
- 和睦相處，這個與共同領導有所區隔的概念，是否受到校長的支持呢？
- 在教職員會議，或者有更妥當的方式，可以在與個別老師單獨面談時提供一個團隊成員回饋的有效方式呢？
- 我們是否要求老師團隊去產生團隊的目標，並且確認這樣的團隊目標會確保分工合作的進行呢？
- 我們是否討論和支持共同領導的概念呢？
- 共同領導是否是教師評鑑過程中的一部分呢？
- 如果一位老師對於另外一位老師與家長的關係吹毛求疵，那樣的情況是否受到該有的討論（或者說這樣的一種評論是否會被提出來討論）？
- 如果一位老師對於另外一位老師與員工之間的關係吹毛求疵，那樣的情況是否受到該有的討論（或者說這樣的一種評論是否會被提出來討論）？
- 當老師彼此間處理這類議題時，行政人員是否鼓勵和支持他們的互動呢？

一位好的領導者透過信賴、期望和賦權增能來滋潤關係。

～瑪基

聆聽彼此的聲音

聆聽彼此的聲音是尊重彼此所不可或缺的一部分。我們應該給每個人機會和時間被其他人聽到他們的觀點，特別是在一個老師對於行政人員的溝通管道上。即使是在最有創意、也最能夠分工合作的校園裡，就算是最棒的校長也很容易和老師的想法和關注的心情疏遠。

多數校長不認為這樣的描述是在說他們，不過他們怎麼這麼有把握呢？真相是校長是一間學校的負責人，那也意味著有些人會猶豫不決，不敢把他們知道的事情告訴
113 校長，他們擔心被校長看成是一個不滿現況的人，或是一個只會抱怨的人。同樣的，即使他經常不會有那樣的感受，不過人們不太願意傷害校長的感受，所以就會克制他們對於學校的批評（相信我，我知道他通常不會有那樣的感受，不過我確實知道有些人真的會克制他們原先的抱怨）。這代表著校長很容易被校園裡的其他人所蒙蔽而不瞭解他們應該瞭解的事情，也就無法稱職的帶領一所學校往前邁進。

這樣的兩難困境該如何解決才好呢？規律性的調查是一個必要的策略。協助校長往外延伸觸角，並且深入一些未知的領域。例如，每一年春天，我使用一份問卷，希望從我的老師給我的回饋中瞭解我自己的表現。我以往會分發一個許多問題的表格給我的老師們，上面的問題都針對我的某項表現而設計的。坦白說，並不是所有的回應對我都有幫助，我瞭解到還是有些人勉為其難的不想要批評我，所以要求老師辨認出我的缺點並沒有那麼有成效。相對的，我發現給予他們一個詢問他們底下問題的問卷其實是有幫助的（他們可以匿名的方式繳回這份問卷，只要他們不想讓我知道誰填寫了問卷）：

1. 湯姆應該**開始**做些什麼事情呢？
2. 湯姆應該**持續**做些什麼事情呢？
3. 湯姆應該**停止**做哪些事情呢？

這三個詞彙——開始、持續和停止——誘導出正向和負面的評語。當老師回覆這份問卷時，他們告訴我哪些事情是他們認為我給他們支持性、有用的事情，哪些是他們視為沒有多少用途的事情。在一整年當中，我也在其他時間引導老師提供回饋意見，偶爾我會針對一個特定的事件或想法徵詢意見，有時候會詢問比較普遍的回饋意見。老師總是可以在這些問卷使用匿名的方式回覆，雖然多數選擇以眞實姓名給我回饋意見（多數老師選擇以眞實姓名回饋的這件事，因為這樣做，我就可以啓動一個與他們對話的機制，進一步瞭解他們對於我的觀點，所以對我來說是相當有幫助的）。

除了分發問卷來蒐集回饋意見以外，有權力可以和我接近是關鍵點。一位老師是否有機會可以非正式的和校長聊天呢？校長是否經常在走廊或教師休息室出沒，讓老師可以隨時與校長交談？找出自由的時間不是簡單的事情；單純只是坐在那裡等候，進行非正式的聊天是 114
相當困難的。不過如果我們希望老師掌握時間和我們聊天，我們就有需要確保這樣的聊天時機就在他們身邊隨手可及。對我來說這一點顯得特別困難。我瞭解它是那麼的重要，所以我通常在老師午餐換班的時間走去教員休息室，並且停留在那裡，即使我已經吃過午餐也一樣。教室的拜訪在這裡也扮演一個重要的角色，我的老師一致的告訴我，他們非常享受我到他們的教室進行拜訪的活動，因此，你可能會認為我例行性的進行這樣的教室拜訪。太可惜了，這樣的拜訪總是在我要做的事情清單裡，不過我很少有足夠的時間和機會去進行這樣的拜訪；不過，它是我明年的新年新希望。實際上，我相當依賴正式的教室觀察有一個主要的原因（在第6章有更詳細的說明），因爲如果我安排時間走進一間教室觀摩，我就可以確認我會在那間教室。如果只是我計畫在幾間教室附近走走，那麼就很容易會分心想要去做別的事情了。

把員工視為義工般的對待

建立一所教職員以一個團隊的分工合作模式一起工作的學校有一個有用的方式，就是把員工看成是義工一樣的對待。對待義工，管理者不可以依賴等級制度上（法規方面）的權力來要求員工配合管理者的要求；相對的，管理者必須使用遊說和關係的權力（請參考第5章關於權力的討論）。當我們想要讓一項任務顯得有趣和富有挑戰，以便讓一位義工樂意奉獻她的時間在這樣的任務時，我們必須先認識和瞭解這樣的一位義工。例如，她的興趣是什麼呢？她有哪一方面的天分呢？我們可以怎麼做來鼓勵她把時間和精力投入我們想要她去做的這項任務上呢？我們必須傾聽她的觀點。與員工一起工作，也就是那些支領薪水的人，也不應該有所差異，我們也需要傾聽他們的觀點，我們也需要瞭解他們的興趣和天分，才能夠瞭解我們如何做才能夠鼓舞他們投入時間和精力到我們期望他們去執行的任務上。

115 杜拉克觀察到（1999）：「義工，我們都知道，從他們的工作所獲得的滿足感遠比支領薪水的上班族還要多，也是因爲不支領薪水這一點讓他們獲得更多的滿足感。最重要的，他們需要的是一項挑戰。他們需要知道組織的使命，並且把這項使命當成他們的信念。他們需要持續的培訓。他們需要看到成果。」（p. 21）我想要增添的項目，就是他們也需要良好的雙向溝通，他們需要被信任。豐富與開放式的溝通，並且知道和理解一個組織的使命，獲得足夠的訓練，並且受到該有的支持和挑戰，對於一位員工的重要性就像對於一位義工的重要性一樣。當我們把員工像是義工一樣的對待時，他們將會把他們的行政人員視爲團隊一員，而不僅是一位老闆。

當他們知道一位行政人員將會在背後支持他們，並且為他們辯解時，老師就比較有可能做些冒險的舉動。

～瑪麗・安

將錯誤轉化為學習的機會

因爲學習是混亂的，是沒有多少效率的，所以學校的領導者必須允許別人有犯錯的機會。沒有出現錯誤並不代表說事情進行的相當不錯，所以學習就自然而然的發生著；實際上，它可能意味著正好相反的事情正在發生著。如果人們眞的正在學習，那麼他們就應該會犯錯。不過他們應該從他們所犯的錯誤當中學習，反思到底哪裡出了差錯，然後試著改變他們的行爲。他們不應該反覆不斷的犯同樣的錯誤，他們不應該重複不成功的那些行爲舉止。他們應該犯的錯誤叫做嘗試新的錯誤（making new mistakes，譯註：這應該是國內教育改革所面臨的一個大問題。教育改革的訴求即使連師資培育者都意見紛歧，更何況現場的老師。所以如果他們根本沒有犯錯，那應該代表他們還延續以往的教學，包含教學法和課程內容，才不會犯錯。所以惟有我們體認到嘗試新的錯誤是教育改革的路程上不可避免的必經之途，並且親身示範，也鼓勵老師多多嘗試，否則教育改革都是騙人的)。

以這種方式來看待，錯誤其實是學習的機會。我們不該將獎品放在第一次嘗試某樣事情就有完美的演出(如果我們眞的那麼做過)。實際上，有時候，它可能意味著校長鼓勵他們的老師去嘗試一些新的事情，結果證明還是失敗了，這就是嘗試新的錯誤。有時候，在一個正規的觀察之前，我會這麼對老師說：「我不是在尋找一個完美的課堂單元。實際上，我想要看看你嘗試一些
116 新的作法，犯一些新的錯誤。當我們在觀察之後見面時，我們將討論你從這樣的嘗試錯誤學習到什麼。」老師會告訴我聽到我這麼說可以解除他們許多的焦慮，並且讓他們在教學時可以發揮創意。稱呼這種現象爲嘗試新錯誤的哲學〔Make New Mistakes（MNM），這一點也已經在第 6 章討論過〕。

有創意的老師將會嘗試新的策略，並且在遭遇到這些新的策略所伴隨而來的錯誤時，不會有不舒適的感覺。不管他們是否成功（實際上，或許因爲他們成功），他們還是會持續實驗，並且找尋更佳的方式來服務他們的學生。當校長鼓勵老師嘗試新的錯誤，並且在他們這樣做的時候抱著支持的態度時，就會提升老師想要實驗的意願。在教室觀察後所舉辦的會議上，一位校長與老師之間的對話應該集中在問題，而不是判斷的溝通。提問「從這裡你學到什麼？」以及「下次你將會有哪樣的改變呢？」之類的問題，鼓勵老師反省和開放的態度。因爲這類型的問題不是屬於判斷型的，他們也證明老師和校長其實是在同一個團隊，也抱持相同的目標。

校長想要創造一個創意和團隊合作茁壯成長的環境

時，最好的方式，毫無意外的，就是分享她自己的錯誤，以及她從這樣的錯誤中學到些什麼。口頭講到嘗試新的錯誤，並且從錯誤學習教訓是一回事；公開分享她自己的困難與錯誤，以及她未來將會採取哪些不同的方式，對一位想要證明這個觀點的價值，並且安全無虞的展示這項學習的校長來說，則是另一回事。分享這樣的經驗明顯的說明她和老師是在同一個團隊裡，這種開放的心胸為其他人從他們的錯誤學習教訓確定方向，並且創造一個討論的空間，讓反省和持續進行的對話有地方可以進行。因為這種程度的反思，校長的績效因此提升，也確定一件事情，那就是反省的態度和績效會蔓延到其他每個人的身上。

在鼓勵別人嘗試新的錯誤，並且公開分享這些錯誤時，合情合理的推論之一，就是我也與你分享我曾經出的大紕漏。就像我通常可以很快指出的，我希望我可以像是我所描述的校長一樣擔任一個優質的領導者。我的缺點可不少，如果我想要重新計算它們，這本書可能會
變得太厚。然而，我確實嘗試去實踐我所鼓吹的理念， 117
那就包含在我接到回饋和批評時，抱持開放的心胸，並且分享我的錯誤。

例如，幾年前，我終於瞭解到我們更新課程的步調太快，太有野心了。在一次年終的教職員研習活動，我公開向教職員道歉，我告訴他們我的目標是那麼的不切實際，對於他們的需求也沒有感同身受的敏感度，我會學著從這樣的經驗汲取教訓，不過很不幸的，我還是持續犯這樣的老毛病。最近，幾位老師對我抱怨在他們的行事曆上有太多課程發展的工作。我就和其他教職員討

好的領導者就像是馬戲團表演的指導者，他們能夠看到每一個「馬戲表演」的「狂熱」，並且把共同的想法、重要的主題和核心問題集結在一起。

～珊蒂

論，希望獲得一些想法，瞭解這樣的感受在我的學校是否相當普遍，從這裡我才發現原來這樣的關懷和意見在我們學校的教職員當中已經有許多人內心都有這樣的困惑。因此，我在一個教職員會議分發一份問卷，想要瞭解我們學校的課程發展所包含的層面是否太廣，步調是否太快。教職員給我的回應證明這一點關注正是他們所擔憂的，所以我們刪減我們的課程目標和時間線。許多老師特別親自來告訴我，他們是多麼欣賞我這麼的坦白，也願意分享我的錯誤和挫折感（當我往前看的時候，才瞭解到這是一個模式，所以我計畫依賴我們教職員的課程發展委員會提供給我的建議來確認這樣的老毛病不會再犯）。

同樣的，就像在第 4 章所介紹的，我們——我——在新城小學設定目標的過程當中並沒有做好我份內的工作。每一年我都會重新點燃熱忱，信誓旦旦的想要把目標當成那一年的重點來經營，不過每一年我的老毛病都會出現。太多事情擋在那裡，不管是我原先設定的目標，或是後續的監控都沒有獲得它們該有的關注。既然如此，那麼我就不會懷疑為何校園裡一些經驗豐富的老師在這樣的過程就不會太重視目標的設定和監控。因此，在我們學校的諍友小組（Critical Friends Group ，這是我們學校成立的一個教職員委員會，主要的任務是定期開會，並且遵循一些協議書來討論重要的相關議題）最近的一次會議上，我分享自己對於目標設定過程的不滿意，承認這樣的困難都是因為我欠缺領導的能力，並且尋求老師提供意見，看看我們可以如何改善這個目標設定的過程。這本書所提到的一些目標（特別是在第 4

章）是直接從那次會議的教職員所提供的評語得到的概念（實際上，這樣的情境是我想要寫目標的主要原動力，因爲我知道這樣做將會引導出別人的想法，也可以對這樣的過程有深入的考量。這樣的反省將會帶來改善的空間。如果你對於我們的進展感到好奇，歡迎寫電子郵件給我）。

創造一個成長的環境

吸引和留住能夠改變學生一生的老師所不可或缺的一部分，就是創造一個每個人都會成長和學習的環境。那是只有在信賴、尊重與團隊合作變成常模的時候才會發生的情況。

> 我們需要以我們的學生為了培養關係而使用的方式來培養我們之間的關係。
>
> ～塔瑪拉

我們需要的那種創意力十足和熱忱的老師不見得就一定比較昂貴。就此而言，他們也不見得擁有一個進階的學位，或是通曉科技的人。能夠將創意與熱忱的老師辨識出來的關鍵就是他們會持續的成長和學習。他們會找尋創意的方式來聯繫他們的學生，他們也找尋創意的方式來挑戰他們自己。這類型的老師通常不是不費力就可以視導的人，而且他們有時候在與團隊伙伴合作時有所困難。

他們對於自己與別人抱持高度的期望，並且奉獻他們的時間和精力給他們的學生，所以有時候他們無法看到更寬廣的情境，他們就是那些會在我們的孩童腦海深處留下深刻印象的那些人，這些就是我們極力想要吸引和留住的老師。一邊建立一個團隊，一邊促進他們的創意絕對不是一件簡單的任務，不過我們必須想辦法完成這樣的使命。當這樣的事情發生在一所學校的時候，每個人都會相得益彰，孩童和成人都會發出燦爛的笑容。

CHAPTER 08

讓會議變得有意義

上一次你聽到別人說：「那眞的是一個很棒的會 119
議！」或「我眞的好期盼去參與這次的會議！」是什麼時候呢？從這個觀點來分析，有多少次當你離開會議場合時，認爲那次的會議讓你有適當的使用時間之感呢？多數的我們頂多把教職員會議和委員會的會議看成是可以忍受的程度而已。它們是我們需要出席的某些事情，好吧！就因爲我們需要出席參與這些會議，所以我們出席了！如果給我們選擇的機會，我們會出席的會議次數應該少得可憐吧。那是因爲我們參與會議的時候幾乎不會期望我們可以從這樣的會議看得到哪些好處；我們離開會議場所時，更增強我們原先的觀點。

一個粗製濫造的會議對於每位參與會議的人都會造成傷害。粗製濫造的會議涵蓋許多罪惡，不過因爲它們看起來就是浪費時間的作法，所以我們可以公正的說多數的會議會被參與的人看成是「粗製濫造的」會議。因爲粗糙的過程，所以會議通常會被視爲粗製濫造的會議：也就是會議是怎麼運作的，而不是會議的內涵在討論什麼。太多的會議都相當草率的運作，更糟糕的是不怎麼好的帶領著，如果它們眞的有組織運作和帶領的話。不管會議要討論的主題有多麼重要、切題，草率的運作引領著會議，讓每個參與的人都獲得一個令人感到挫折的經驗（包含運作會議的人）。

許多年前，我擔任校長的學校學區的行政主管定期召開會議，討論學校改善的事項。會議並沒有好好的使用我們開會的時間，我記得我這麼說：「因爲我把這些時間用來開會，討論我到底該如何做我該做的事情，讓我的工作越來越艱辛。」不幸的，在太多人身上都共同
120 分享著這樣的經驗，行政人員和老師都一樣遭受到這樣的痛苦。教職員和委員會的會議應該是具有生產力的會議，不過那只是一開始罷了。它們也應該是鼓勵共同領導、學習和專業成長的環境。

讓會議變成每個人美好的經驗要具備的元素其實相當簡單，幾乎就像是常識一樣；然而，那不是說要運作一個良好的會議將會是一件容易的事情。太常看到的事情，就是會議的架構並沒有獲得該有的關注。有時候，領導者並沒有花點時間來考慮和規畫一趟有效率的會議；另外一些時候，我們會假設會議的內容非常的重要，所以會議的內容本質上就會帶領大家進行一趟美好的會議。這些錯誤每一項都會導致一趟粗製濫造的會議經驗。花點時間來規畫一趟會議是一項會帶來好多好處的投資。讓一趟會議成功的因素包含了目的、成員、時間、參與程度、和睦相處的氛圍、周遭環境、議程和角色等等因素。

確認是否要召開會議

有時候我們會召開會議只是因爲我們習慣於開會或

者因爲我們認爲應該召開那樣的會議。畢竟，召開一次會議代表著進步的情況；至少我們喜歡用這樣的想法來滿足我們自己，那樣的信念頂多是一種天眞浪漫的想法。除非有一個眞實的需求必須召開會議，否則就不該召開會議，不必要的會議對於參與的人與組織團體都會造成傷害，呆坐在不必要的會議裡的人們不僅沒有做些其他該做的事情；更糟糕的是召開會議的領導者清楚明白的讓他們知道他們的時間一點都不重要。在思考是否要召開會議時，我們的第一個問題應該是「這次會議是否有必要召開呢？」更具體明確的說，我們需要捫心自問：「這次會議的目標是什麼呢？我們想要獲得怎樣的成果呢？」然後我們可以決定召開一次會議是否是完成目標的最佳策略。

簡單的測試也應該可以運用到教職員會議上。經常發生的錯誤是，當我們安排教職員會議時，根本沒有去
考慮是否需要召開那樣的會議。我們有教職員會議是因 121
爲，好吧，就只是因爲。不過教職員會議如果只是用來告知，也就是宣讀領導者想要宣布的訊息，那麼那樣的會議就注定是浪費時間的會議了，它們從根本的定義上就注定是粗製濫造的會議了。我們不該單純只是要分享資訊就召開會議；資訊的分享可以用書面資料或電子數位化的方式來傳遞。如果資訊的分享會帶入一個對話的空間，那是很棒的一件事情；然而，一個對話的空間代表著朝向每一個方向的構想和想法之間的交流，不是單純從領導者傳遞給會議成員的那種方式。參與者需要瞭解他們的建議是重要的，他們在會議上的認眞參與也會帶來一些改變。就像班都拉（Bandura）在 1997 年所觀

察到的現象：「如果人們相信他們沒有權力可以產生某樣的結果，他們就不會努力嘗試想要讓那樣的事情發生。」（p. 3）

> 教室是我知道自己有最大影響力的地方，那裡是我的絕對優先地點，那也是我想要工作的地點。我通常覺得學校召開的會議和我的工作簡直就是天南地北的相差十萬里遠。
>
> ～班

選擇會議的參與者

我們老是會想要盡可能的包含所有人的邀請每個人來參與會議，不過有些人根本連一點參與會議的需求都沒有，卻也被邀請來參與會議，這是一項錯誤。比較多人參與，不見得會更好，我們需要考慮一個會議的目標和考量它最適當的群體人數。如果會議要變成分享和學習的一個交流空間，需要發生的互動關係將會限制參與會議人數的合理範圍。因爲好的會議不單純只是聆聽而已，想要有一個太多的會議人數通常是有代價的。

最佳的會議應該有四到十二位成員參與。四個成員已經大到可以產生不同的觀點，並且允許意見的交流；十二個人的大小還小到可以允許每個人都參與會議，也可以讓參與者聆聽到他們發表的觀點。有時候，會議人數必須要多，像是全體教職員都聚在一起的會議，不過這類型的會議不應該是學校會議的常模。在會議人數多寡與一個會議的效率之間存在著一個逆向的關聯性；簡單的說，會議人數越多，就比較不太可能讓任何有意義的事情從會議中浮現出來。

122 「誰應該來參與會議呢？」是一個關鍵的問題。因爲誰來參與一趟會議對於會議的品質有直接的影響力，我的哲學是當我們邀請參與會議的人士時，基本上至少要符合底下五個條件當中的一項：

1. 他們具備知識或技能可以改善產品。
2. 他們擁有領導統御的品質，也會協助對話的進行。
3. 他們將會從這次經驗中獲得學習。
4. 他們將會是執行任務的一份子，所以他們應該參與規畫的工作。
5. 他們有其他理由必須參與這趟會議。

「其他理由」可以是政治上的考量，那不見得是一件壞事。有時候，在一次會議裡因爲某個人近來比較少參與會議，所以邀請他參與會議就會變成一項明智的抉擇。或者因爲某個人對於會議的議題具有熱忱，近來也非常投入這類議題。或許因爲有些人一起分工合作對他們都有好處，所以我們邀請他們參與會議，或因爲他們沒有參與會議的代價遠遠高過增添一個位置讓他們參與會議的代價，那是可以接受的。明顯的，該邀請誰來參與會議需要考量許許多多的議題。論點是不要假設會議一定要有基本的會員，也要多加考量應該邀請誰來參與會議。

拖延和延遲是時間的小偷。

～勞瑞

有效的使用時間

時間是一個有限的珍貴商品。我們可以用更好的方式來管理我們的時間，我們可以更有效的使用它，不過終究每個人都只有相同的時間可以使用。每個人的時間需要被視爲是一項珍貴的資源，所以說花在會議上的時間必須同時兼顧高效率和愉快的參與。

爲了這一章的內容，我進行了簡單的研究，我寫電

子郵件給十幾位世界各國的好朋友，多數都在教育界，
只有幾位不是教育界的朋友。我問他們怎樣才能夠讓會
議變得有效率，以及怎樣的情形會讓他們對會議有一種
123 抓狂的感受。壓倒性的回函都提供相同的答覆：值得召
開的會議都能夠聚焦，也能夠快速的進行會議。每個人
的時間都受到該有的尊重。至於會讓人們抓狂的會議，
通常不是遲到，就是拖延太長的時間，欠缺目標以及沒
有清楚明白的結果。我從教育界的伙伴、律師、醫生、
社工人員、藝術家、建築師和非營利組織的執行總裁所
獲得的答覆都相當一致的指出這樣的結論。

準時開會

準時開會這個概念說得比做得容易多了。我會這麼說，是以一個要等候其他人的時候，會抓狂的人的身分來說，不過我也可以用一個在運作會議時，刻意等候其他人的身分來說這件事情！當我已經養成習慣，認爲會議開始的時間已經超過五分鐘，卻還沒有開始開會是正常的現象時，我眞正告訴教職員的訊息是在宣布開會的時間之後五分鐘來開會就好了，我也同時告訴那些準時來開會的老師，他們那五分鐘在我的眼裡一點重要性也沒有。

多數的會議就像是要去做一趟根管治療的旅程。

～艾倫

這裡的關鍵就是要保持一致性。準時開始開會，那麼多數人都會尊重那樣的決定，也會立刻閃身進來會議的場所。如果人們遲到了，那可是他們的損失。那些準時到達會議場所的人不該因爲那些遲到的人而受到處罰的（我用自己的方式瞭解到這樣的矛盾，未來我會做得更好）。

決定何時結束會議

除了需要準時開始開會以外，召開會議還有一個問題，就是恰當的會議時間應該多長。再度的，幾乎所有回我電子郵件問題的朋友說會議通常很冗長，沒有誰會說會議通常太短。最簡單的步驟就是在會議之前宣布會議結束的時間。會議到底會在早晨十點或下午四點四十五分結束呢？如果參與者知道會議結束的時間，他們就不會岔開主題，隨時專注會議的進行，並且讓會議的討論有所內涵。畢竟，會議結束的時間已經快要到了。

對於那件事情來說，我們不應該假設所有的會議都
應該進行一個小時，或甚至四十五分鐘。一位叫做李的
建築師在回應我的問題時，分享他所謂的「21 點」的模
式。他寫道：「你設定二十一分鐘來開會——就是那 124
樣。在二十一分鐘以後，每個人都會離開。」在某些公
司，召開會議的會議室沒有擺放椅子，因為每個人都被
強迫站著開會，所以會議的時間自然而然就會縮短。沒
有錯，有些會議必須要花費超過一小時的時間來進行，
不過那應該是偶爾發生的事件吧！當一個會議進行這麼
久了，我們有需要考慮專注的時間，並且建立一個休息
的時間，讓大家喘口氣。每一小時當中有十分鐘休息是
恰當的，我們也需要讓人們可以伸懶腰和在會議場所走
動走動。當你說「接下來的時間讓我們一邊討論，一邊
站起來伸伸懶腰」是強調這些議題，並且還繼續討論主
題的一個方式。

指派各個主題的會議時間

另外一個控制時間的方式，就是嘗試預期哪些議題需要五分鐘、十分鐘或十五分鐘的討論時間，並且爲議程上的每一個議題設定一段時間來討論。不過這個方式對我一點用處也沒有，我老是發現在一個議程上指派時間限制都是隨意指派的。相對的，我的偏見是認爲在會議剛開始的時候，帶領會議的人需要提醒大家瞭解時間管理的議題，並且和與會人士找出共識，瞭解時間管理的重要性，因此清楚明白的獲得與會人士的允許來使用時間管理的技巧。太常發生的事情是帶領會議的人單純只是想要盡快進行會議，卻沒有與其他人分享這個訊息，在欠缺訊息的情況下，可能會有災難般的後果。除非參與者瞭解爲何主持人不斷催促他們繼續往下一個議題進行討論，而沒有提供足夠的時間讓參與者盡量發言，否則他們可能把領導者的行爲看成是一種粗魯無理或高壓控制的行爲。當我們把帶領會議的原理、原則和策略公開的和與會人士分享，與會的人士比較有可能給予主持人她所需要的足夠彈性和支援。當與會人士對於會議過程的進行有所共識時，每個人對於會議成功運作就會有比較多的貢獻了。

例如，主持人可能會說：「在我們開始這項重要的討論之前，讓我提醒你們一件事，那就是我們已經工作了漫長的一整天，我們不想要在這裡開一整個晚上的會議吧！那是說我等下會像是開一艘疾駛的船隻一樣，讓
125 我們討論對話的速度加快，即使那樣的作法無法讓你有充裕的時間發表意見也一樣。」或者她可能這樣具體明

確的告訴與會的伙伴：「你所提出來的論點相當不賴，不過我必須在這裡中斷你的發言權。我現在盯著時鐘看，我看到我們還有許多議題沒有討論，所以我們需要繼續往下一個議題進行討論。如果等下有時間，我會繞回來這裡讓你繼續發言。」這樣的說明因為它禮貌性的限制發言者的時間，並且提醒其他人時間議題的重要性，所以是一個有效的策略。同樣的，與會人士瞭解主持人是希望盡可能不要偏離議題的進行會議，這樣的體認讓主持人可以說：「這是一個很棒的討論，不過我看到我們還剩下九分鐘就要結束，讓我帶領會議進入我們今天的最後一項，不得不承認的就是我們還可以用更多的時間持續討論這一個議題。」當主持人把開會的原則公布給與會的每個人清楚瞭解以後，主持人比較不會被其他人誤以為她濫用她的領導統御權力。

會議應該是一個分享的機會，讓老師以一種有意義的方式協同合作。

～謝容

讓所有參與者都參與

或許與會者對於一次會議的意見當中最重要的決定因素是他們覺得自己到底多麼投入會議的進行。他們到底是不是主動積極的參與者，讓他們感受到自己的出席對於會議是重要的，或者他們只是單純的旁觀者的身分呢？確保與會人士參與會議的最佳方式，就是誘導每一位與會人員盡可能變成主動積極的參與者。如果會議人數不多，那麼這不該變成一個問題，不過即使當會議只有八位或者十個參與者時，很可能會讓某些人只是坐在那裡聽別人發表意見（或者更糟糕的就是坐在那裡發呆，別人發表哪些觀點都不會去聽）。當然，與會人員越多，這種消極被動的參與就比較可能發生。

幾乎在我所主持的每一次會議裡，不管與會人數的多寡，我會在每一小時安排幾次時間，讓我可以提問一個問題，並且讓與會者有時間與坐在他們身旁的人討論。例如，在會議開始十到十五分鐘之後，我可能會說：「讓我在這裡稍微停頓一下，請你轉身去看看你身旁的人。」我給他們的任務可能會相當普通，像是「請討論一下看看你是否喜歡這個會議進行的方向」。或者是
126 「討論一下，看看你們是否能夠找到我們在會議中所產生的兩項構想是值得繼續討論的，以及兩個我們該拋棄的議題」。或者「到目前爲止有哪些讓你感到驚訝的事情呢？」

另外一個方針就是尋求與會者針對他們對於我在會議上的表現提供回饋意見：「讓我看看我在報告這些事情時到底有沒有效率。請轉身面向你隔壁的人，告訴他們你對於我所宣布的事情有哪樣的想法。」因爲小組人數很小，所以三到五分鐘的時間就足夠他們進行這樣的討論。原本是一個主持人與一個發表意見的與會者之間的互動關係，變成了三分之一或四分之一的人數所組成的小組同時在討論。在小組討論幾分鐘之後，我會請與會者注意到我這邊，並且詢問他們：「是否有討論出任何共同的主題呢？」或者「你聽到的觀點當中有哪些讓你感到驚訝的嗎？」我的觀點是讓每個人都可以互動，並且投入討論，所以當每個人都投入討論時，有必要詢問他們這些問題。小組的形式也讓某些人單純只想聽別人發表意見的機會被拿走了，小組的討論同時也提升小組的生產力，因爲它們誘導出更寬廣與更豐富的觀點和

會議對我來說一點意義也沒有。你知道的，會議都被一些行政議題所壟斷，和我自己的教學一點關聯性也沒有。

～陳佩正

構想。

當小組是一個新成立的小組，或是當小組已經有很長的時間沒有開會時（例如當教職員在 8 月份返回學校時），使用「破冰」的活動，協助人們認識彼此，是一個相當有用的工具。我相當喜歡的一個工具叫做「簽名單」，因爲這項活動允許伙伴分享關於他們的一些資訊，並且在小組裡找尋那些和他們有相同特點的伙伴。在表 8-1 可以找到一份簽名單的樣本。簽名單有一個很棒的特色，那就是我們可以很容易的針對某些項目作些變化，就可以個別化適用到特定的教職員，與教學的情境。

在會議一開始的時候，提出一個問題總是一個不錯的想法。以這種方式開始一個會議協助每個人投入會議的進行，即使問題只是單純的像是「誰可以告訴我今天召開會議的目標是什麼呢？」或者「誰願意分享我們上次開會所得到的結論是什麼呢？」有些問題可以協助討論的焦點，並且爲一次會議設定正向的氛圍。例如，我最近在一次會議的一開始，要求老師轉身面向他們旁邊的伙伴，並且分享一些在他們教室有用的事情。這樣的 128
對話相當活潑、豐富，也爲我們的會議設定一個不賴的氛圍。

與會者在離開一次會議時必須擁有某種成就感；那是鼓舞與會者投入參與討論的一個必要條件。提供時間在每次會議要結束時做些摘要整理（那些從小組與會者身上誘導出來的意見，而不是主持人所提供的意見）也是必要的。在會議稍早的階段，停頓個五到十分鐘的時間，以便確保每個人對於已經發生的事情和即將發生的

127

表 8-1　親筆簽名，親筆簽名！

指示

- 圈選底下適合你的所有項目。
- 找尋一些和你圈選相同項目的人。請他們在你的簽名單切合他們的項目上簽上他們的姓名，而你也要在他們的簽名單上切題的項目簽名。
- 每個人只能夠在你的簽名單上簽寫一個姓名。

1. 夜貓族 ____________
2. 喜愛蒐集東西 ____________
3. 享受栽種植栽的樂趣 ____________
4. 把巧克力看成是基本營養要素之一 ____________
5. 每星期至少做三次健身活動 ____________
6. 在目前的工作已經超過十年 ____________
7. 每天寫日記或日誌 ____________
8. 有孩子不住在家裡 ____________
9. 無法忍受孩子和他們繼續住在一起 ____________
10. 每天至少會檢視電子郵件三次 ____________
11. 想要成為專業的運動員 ____________
12. 有一個數位化的助理（PDA） ____________
13. 小時候養許多寵物，包含爬蟲類 ____________
14. 現在養許多寵物，包含爬蟲類在內 ____________
15. 喜歡閱讀小說 ____________
16. 努力嘗試平衡支票本的收支情形 ____________
17. 開一輛超過十二年的老車 ____________
18. 喜歡油漆、針線或捏陶土 ____________
19. 在一所學校或學區服務，不過委員會的會議經常超過晚上十點 ____________
20. 喜歡看老電影 ____________
21. 從亞瑪遜網路書店買書 ____________
22. 會玩一種樂器或參與合唱團 ____________
23. 在加油之前會找尋最便宜的加油站 ____________
24. 喜歡露營 ____________
25. 想要轉行到政治方面的行業 ____________

（這不是一個比賽！）

事情有相同的感覺。主持人應該檢視會議過程中提出哪些議程，又怎麼被討論的，決定與會伙伴有共識的領域，也要辨識出還有哪些不同的觀點存在著，還要分享即將發生哪些事情等等。

參與投入的情況，如果足夠強烈，會在會議結束之後持續發酵。人們離開會議場所就會具備某種程度的成就感，這是參與投入的一個必要要素。在會議結束之前，一個不賴的想法就是詢問參與者針對那次會議給予一個簡短的評價。我們可以要求他們大聲的宣讀一個他們可以用來形容那次會議的形容詞，或者寫在索引卡的一些評鑑文字，然後私底下以匿名的方式交給我們。也或許我們可以簡單的這麼問他們：「誰想要分享關於這次會議的一些想法呢？」我的偏好是眞實的問與會者一些問題，並且誘導他們以書面的方式提供我一些比較正式的回饋意見，不管是寫在索引卡或是便條紙上面都可以。誘導與會者提供回饋不僅讓與會者知道他們回饋的意見眞的有用；這樣的回應也可以給主持人很棒的回饋建議。

教職員會議是學習的邀約。

～安吉

怎樣才能夠讓這樣的評鑑步驟帶來眞實的魅力——也給與會人士賦權增能的機會——就是在下一次會議一開始提到主持人所收到的各式各樣的回饋資訊：「針對上一次會議要結束時，一些與會者所提供的建議讓我好好的想了一陣子（或者『我在上一次會議之後仔細的檢視你們給我的卡片』），很清楚明白的一點就是我帶領會議的速度太快了，並沒有讓每個人有足夠的時間發表意見。很抱歉發生這樣的事情，期望這次能做得比較好一些。不過如果我又犯了同樣的毛病，請你們一定要讓我

129 知道，好嗎？你可以稍微舉起手來讓我知道我又操之過急，或者在我看到你的時候摸摸你的鼻子，這樣我就會知道我的老毛病又犯了，我就會知道你想要告訴我的事情。」

最後，一位優秀的主持人應該總是會瞭解到在一次會議當中，她所發表的意見和與會者所發表意見之間的比例是否恰當。有時候，與會者聆聽主持人報告事項是妥當的；然而，經常看到的現象就是主持人的工作會超越單純的報告事項而已。她的任務是要擔任會議的主持人，協助與會者掌握一個共同的願景，帶領他們邁向一個共同的理解，並且讓他們能夠建構一個嶄新的意義。在這些個案當中，小組的與會者必須也是參與者，不是單純的觀察者，所以主持人必須帶領與會者，並且以一種可以誘導出活動和參與投入的方式帶領會議的進行。在一次優良的會議結束時，每個與會者希望會議可以延長時間，讓會議可以持續進行下去。

■ 從同事身上學習，並且與同事一起學習 ■

教職員共同領導（Barth, 1990）在本書其他地方（第 2 章）有深入的討論，不過因爲它是領導統御和會議不可或缺的一部分，所以在這裡也應該注意這一點。畢竟，在一所學校同儕之間的學習許多都是發生在委員會的會議，有時會發生在教職員會議裡。我們應該把委員會當作發生學習的一個地點，不只是小組的與會人士完成一件任務的地點。雖然有些委員會需要討論個別的責任（規畫一個課程的政策或安排會議的時程），最棒的委員會是那些會進行調查、搜尋、分析和解決問題的委員會。這裡所提到的領導統御的角色中有一部分——不管領導統御是由一位行政人員或教師領袖帶領——是爲這類型的委員會規畫任務，並且創造一個環境來支持學習的發生。可以適用在任何一所學校的委員會和他們相對的職責包含底下的委員會：

- 評量委員會：有哪些方法可以掌握每一位學生進步的情況，可以讓更多學生獲得成功的學習經驗呢？
- 家長溝通委員會：有哪些方式可以讓我們和更多的家 130
長有所互動，以便讓更多家長參與學校運作，並且讓更多學生獲得成功經驗呢？
- 社區委員會：有哪些方式可以在我們的社區找到資源，包含人力資源，讓學生獲得好處呢？
- 多樣性差異委員會：是否有其他方式可以在尊重我們全校師生的多樣性差異上做得更好呢？

除了委員會以外，另一個同儕學習的策略是形成一個讀書會或是期刊的閱讀俱樂部，這是一個定期見面，

處理衝突事件

有些時候，在一個會議正在討論的議題，以及參與討論成員的個性可以演變成一種暴力的結合。有了這種預期的心理，你知道某次會議可能很快就會轉變成一個沒有生產力，甚至是致命的衝突了。那該怎麼辦才好呢？

首先，這一章的原則——創造一個讓人們感到舒適愉快、傾聽別人觀點、忠於一個議程、監控時間的進行等等——對於任何會議都會有所幫

助。然而你在那些考量以外，還可以考量一個奇威的模式（the kiva format）。

「奇威」這個詞彙來自於美洲原住民，這是一個位在美國西南方的安那薩西部落（Anasazi tribe）的詞彙。它是指一個為了慶典儀式需要一間大型的房間，以及在那樣的空間所舉行的一個特定慶典儀式。在奇威這樣的版本裡，你安排一張桌子，理想上應該是一張圓桌，圍繞圓桌的椅子以不超過八張為原則，雖然參與的總人數可以大到十六人或者二十個人（與會人數應該超過繞著桌子的椅子的兩倍）。那些沒有坐在圓桌旁的椅子上的人們，則安排坐在更外圍以同心圓的方式往外安排的座位。

當會議開始的時候，桌旁的一張椅子空出來。這裡的規則和任何正常的會議相同，除了一項例外以外：只有坐在桌旁的人有權力發言。與會的其他人，那些坐在外圍的與會人士，只能夠看和傾聽。為了要爭取發言權，他們必須在房間裡遊走，以便爭取桌旁的一張椅子上坐下來，也就是要坐在內圍的椅子才有發言權。那些坐在圓桌旁椅子上的人們一旦發表過他們的觀點之後，就要離開內圍的座位，轉到外圍的椅子，讓其他人可以坐在他們的位置上爭取發言權。這樣的要求意味著發言的人會一直不斷的更換。

會議一開始，主持人宣布參與發言的基本規則。接著主持人說：「我們現在就開始吧！不過只有那些坐在圓桌旁的椅子上的人有發言的權力。如果你在外圍想要爭取發言的權力，請坐到這張沒有人坐的椅子上。如果
131 沒有空位子，你必須等候內圍的人當中有人空出一張椅子來才可以坐到內圍來發言。那些原先坐在內圍的人，當你已經發表過觀點，想要聽聽別人的觀點時，請空出你的位子讓給別人坐，然後你就可以坐到外圍去。我期望與會的伙伴能夠在改變他們角色的同時，也改變他們原來所坐的位子，這樣我們就可以讓每個人都有機會當作發言人，也都有機會當作聆聽者。」

就像你可以想像的情況一樣，當議題炒熱起來的時候，也就是人們的脾氣比較暴躁時，有時與會的伙伴不肯放棄他們在內圍的座位，然後轉移到外圍的座位上；有時外圍的伙伴沒有足夠的耐心等候一張空椅子騰出

來，就想要發表他們的觀點了。當這樣的情形發生時，主持人需要提醒與會伙伴只有在大家都能夠體諒他人，並且依據發言或傾聽的角色做適當的座位變化時，才有辦法繼續進行會議。

這樣的模式提供某些獨特的優點。首先，它允許較大族群的伙伴當作積極主動的參與者，而且不會讓對話緩慢下來。想要同時和十六人或二十個人進行對話當然就相當不方便，不過奇威的模式允許許多人參與會議，並且感覺他們是主動積極參與會議。雖然只有坐在內圍的八個人有發言權，不過因為他們可以隨時更換座位來到桌旁的椅子上，所以奇威模式讓所有的參與者都感同身受的認為他們全程參與會議。其次，特別是在有衝突潛力的情況時，這樣的模式可以避免讓任何人壟斷對話的權力，也可以提升每個人都參與會議的可能。主持人可以這樣說來確保會議順利進行：「從開始開會以來已經有段時間了，坐在桌旁的伙伴是否可以把你們在內圍的座位讓給外圍的伙伴，讓他們可以發言呢？」

艱難的議題可以在一種奇威的模式下進行。使用奇威模式並不代表我們可以避免衝突，不過這樣的環境比較可能讓對話散播開來，讓每個人都擁有足夠的發言權。

討論專業文章或書籍的小組。

共同領導有一項重要的副產品，那就是理解到每個人的努力都是事關緊要的，每個人也都很重要，以及每個人都應該有發言權，和每個人所提出來的意見都應該受到重視。我們絕對不可以過度評估這種兼容並蓄的作法。蘇珊．墨菲（Susan Murphy, 2002）提到，「那些覺
得他們眞實被理解的人比較有可能去聆聽領導者的想 132
法，並且樂意去執行他或她的計畫」（p. 174）。

■ 為了校園教職員和睦相處創造時間 ■

和睦相處和共同領導是相當不同的概念，不過和睦相處在任何一個優秀的組織或是產出型的會議裡都有它們該有的地位。實際上，和睦相處形成一個共同領導可以成型的基礎，畢竟，如果你喜歡同儕的時候，比較容易和他們以同儕的模式相處。協助和睦相處的一個方式是在一個會議裡花點時間來投入和睦相處的體驗（太多歡樂和遊戲是有害的，不過太少歡樂和遊戲也是有害的）。一個會議的最前面五分鐘可以設計來分享一些新新聞、最新的動態或者最近發生哪些事情等等，這樣的實務允許與會者分享和所有的與會者或他們旁邊的人生命中正在發生的事件。明顯的分配這樣的時間來提醒每個人分享其實就是一項投資，是一種可以協助小組成員生產力的某些事情（我通常與我的教職員討論和睦相處和共同領導的概念，區分它們之間的異同，並且解釋為何這兩者都非常重要。這樣的討論協助他們理解我的動機和策略，也提醒他們一件事情，那就是我們都同舟共濟的屬於同一個團隊，我們要共同努力邁向相同的目標）。

帶著咖啡，當你坐在校長的旁邊時，才不會睡著了。

～林

主持人可以使用的另一個方式就是提出問題來誘導出一些笑臉，並且協助別人進一步認識其他人。「如果你可以和任何一位活在人世間的人共進晚餐，你想要和誰共進晚餐呢？」或者是「你剛剛中了一千萬美金的樂透獎金。請在三十秒的時間內告訴我，你將會怎麼使用這些錢呢？」你可以在一個會議的最前面做這些事情，或者更棒的，就是在一次緊繃的會議，當每個人的情緒都已經快要崩潰時使用它。再度的，就像是主持人提供說明，讓與會者瞭解爲何要加快腳步開會一樣，重要的就是要說明這些問題的目標：「讓我們花點時間放鬆我們的心情，並且在心態上做好準備工作來處理一些課程上比較難以處理的議題吧。」或者「在我們圍繞桌子坐下來之前，我想我們需要一些轉折，所以讓我問問你一
些關於……」以這種方式分享原理原則，其實是尊重與 133
會者的身分，並且可以降低某些人認爲主持人只是在浪費時間的想法。

關心物質方面的享受

許多人在回覆我的電子郵件的問卷調查時提到食物是成功經營會議的一個重要部分。提供一些東西讓人們可以津津有味的吃著，就可以爲會議設定歡迎的氛圍。當會議是在放學後、早晨第一堂課之前、學校上課的時間內、在早晨、在傍晚，或在一個週末的時間（換句話說，食物總會是任何會議裡絕對受歡迎的一樣東西）。

會議的周遭環境也可以是決定會議是否有生產力的一個非常重要因素。人們需要感受到舒適的感覺——不過不能夠太舒服了（我可不想要在帶領一次會議的時候讓與會者都坐在躺椅上面）。經常發生的情況是，我們就是在一個可用的或被指定的空間開會，我們不會停下來想一下如果我們是在一個不同的地點，或者坐在不一樣的椅子上，或者重新安排家具，開會是否會有不一樣的收穫？當我們坐在一個很長的長方形桌子上開會，而不是坐在一個圓形的會議桌上開會，與會者的動態會有哪

當會議把教職員和行政人員都同樣看成是同等地位的學習者，會議是想要透過討論找尋到共識的目標時，就會衍生出一個加乘的作用（synergy）。

～瑞琪

樣的改變呢？如果一次會議是在一間教室裡舉行，而不是在會議室或在校長辦公室召開，會發生哪樣的事情呢？如果一次放學後的會議在一個離開學校的場地召開，或在一間咖啡屋舉辦，會有哪樣的改變呢？

有些答案是相當明顯的。例如，當與會人士都可以看到其他人的臉孔時，總是比較好的會議；除非與會人數太多，否則一張圓桌會提供比較大的優勢。其他的答案將依賴小組的大小和任務來決定，重要的是我們要考慮這類型的議題，不要把它們視為理所當然，而不肯去做任何改變。

建立議程

每一個會議應該有一個議程，議程上不只說明為何需要召開會議（開會的目的），也要說明將會發生哪些事
134 情（想要討論的活動或議題）。再度的，如果沒有和與會者分享這些訊息，就會讓與會者猜想他們來參加會議根本只是來接受指令，而不是想要獲得他們的建議。

強化協同合作的一個方式——我們都是為了這件事情才會在這裡！——是讓每位與會者有機會建立議程。幾乎在所有的會議當中，任何參與者應該可以在原有的議程上增添某些議題。事實上，主持人或負責會議的人，確實可以建立議程，不過那可不是說她就應該獨斷獨行的享有議程的決定權。議程可以是公開的（書寫在一個白板上，讓任何人都可以在白板上增添額外的項目），或者領導者可以讓與會者都知道，額外的項目可以遞交給她當作會議討論的主題。對於教職員會議來說，

這樣的協同合作顯得特別的重要。張貼議程——讓每個與會者都明顯看得到議程，或者在一張紙張上面貢獻他們的議程主題——提升一個可能性，讓討論可以不偏離議程。一個議程授予主持人權力，以確認每個人都理解會議的目標。

> 一位領導者示範深度的傾聽，並且努力找尋方式來獲得理解。
>
> ～麥可

分配角色

另一個有效的策略，特別是當一個會議具有爭議性議程或難以處理的議題時，就是主持人可以正式的指派與會者不同的角色。雖然底下所描述的許多角色通常都是由主持人來擔任，不過指派這些角色給與會的其他人並不會減損領導者的角色。相對的，與會者比較可能積極參與，他們比較會投入，希望為會議的成功而努力，也希望對領導者有所幫助。這些角色可能包含：

- 監工，一位讓會議進行時隨時聚焦的人。
- 計時者，確認會議的時間有效率的使用者。
- 牧羊人，一個與會者需要澄清、更換詞彙、並且尋求共識的人。
- 提供能量者，一個會提供正增強，也會關心與會者身心健康的人。以及 135
- 惡魔的倡導者，一個會從不同的觀點看待事情的人，並且針對一些可能被忽略的事情提出尖銳的問題。

依據與會人數的多寡，我們可以指派同一個角色給一個以上的與會者；相反的，並不是每個人都需要被指派一個角色。指派的任務可以用抽籤的方式來隨意指派，或者主持人可以指定這些任務給不同的與會者。有時候，指派與會者一個不同於他們在正常情況下會扮演的角色是很重要的。

公開宣布不同的與會者所扮演的角色是一個很好的想法。例如，給每一位與會者一張索引卡讓他們看到自己應該擔任的角色，也請他們把索引卡放在自己前面，或者放在一個名片夾裡面。一個替代的方案就是在召開會議之前，私底下指派角色，並且只宣布那一次會議會有哪些角色，不過不宣布扮演那些角色的與會者姓名。主持人可以在會議即將結束時撥出時間讓與會者辨識哪些人扮演哪些角色。這樣的任務可以讓每個人特別注意會議進行的流程，以及會議進行過程中有哪些角色出現，這點不會傷害會議的進行。另一個可以讓與會者投入會議進行，並且讓他們投入精神在會議歷程的策略是在與會者當中輪流擔任主持的重責大任。

優秀的領導者對每一個與會者抱持高度的期望，不過會提供讓每個人有個別成長的方式。

～珊蒂

提高產出率

教職員和委員會的產出率可以同時是改善一個學校的品質，以及提升與會者專業發展的關鍵因素。運作不良的會議——沒有妥當使用會議時間的會議——不只是浪費時間和與會者的精力而已。

運作不良的會議還有一個機會成本也需要考慮，因爲與會者陷入會議的不良運作而無法呈現任何進展情況，所以讓一些原本該發生的事情沒有發生的機會。我
136 所提供的建議可以讓會議進行的更有效率，也更能夠讓與會者有愉快的心情。雖然詳細的細節會因爲與會者的

人數、目標和情境而有所變化，不過有一個常數永遠不變：主持人必須尊重與會的每一個成員，畢竟他們都花費時間和技能來參與會議，想要讓會議變成一個同心協力的會議。主持人的責任就是要妥當的使用這個環境，一方面達成開會的目標，一邊協助每個人成長。

爲我們的多樣性差異而慶祝

近年來，我給一些來參訪新城小學的教育伙伴做了 137
一份口頭報告。在描述這所學校時，我這麼說著：「我們珍惜多元化、多樣性差異，也很高興我們的學生當中有 34% 是少數民族子弟，就是有膚色的學生。」在中場休息時間，參訪的一位成員，一位女性盲胞，走過來恭賀我會珍惜多元化的學生族群。她也同時提醒我一個觀點，那就是我或許在定義多樣性的時候，只著重在種族的議題上，顯得稍微狹隘了點。「像我和另外一些有肢體殘障的人該怎麼稱呼呢？」她就這麼直接的問我。「我們是否也具備少數族群的身分呢？」

當下我立刻瞭解我原先的偏差見解，所以趕緊向她致上最高的歉意，她身旁還有一位朋友伴隨著她，也提醒我宗教非常可能也是一種形式的多元化。「也請不要忘了性向方面的差異性」她繼續說著。因爲他們所提出來的觀點都振振有詞，我當然只有點頭同意的份了。

我們太常陷入一個陷阱，單純把少數民族和有色人種之間劃上等號。每當我們提到「少數人口」（minorities）時，我們講的就是那些膚色不是白色的人種。這樣的語文不但不完整，還相當不夠精確，更會讓許多人做噁。當我們只提到種族膚色的差異時，我們忽略了那些和多數族群的民衆在其他方面有所差異的人，以及從他們這樣多元化所衍生出來的其他意涵。

針對這個觀點來說，即使我們只是單純考慮膚色，有色人種也不該是少數民族。以全世界的人種膚色來分析，有深色膚色的人種遠比沒有膚色的人數來得多，而
138 且我們在這一章稍後的段落也將指出，就算是在美國境內，這樣的情況很快也會變成眞實的情況了。此外，少數民族這樣的名詞，相對的指出有一個多數民族，所以我們原則上只有兩個族群。當我們運用這概念到種族的時候，這個概念無法發揮作用，世界上的人種有許多不同的膚色和種族的類別。

不幸的，少數族群的術語忽略了那些差異，把非高加索的人種都通通歸類爲一個族群。這種大筆一揮的歸類方式，無法識別差異性，更不用說要去欣賞人們的差異，這樣的歸類方式沒有考慮我們之間與生俱來或文化方面的差異，它同時也意味著某種程度來說「少數族群」有必要融入多數族群的生活。

> 我們傾向於把我們和其他人以一種連續性的方式歸類，雖然這種毫無止境的歸類過程，有部分就是我們發展成我們今日的原因，不過我們絕對不可以遺忘，沒有誰可以被排除在外。
>
> ～班

最後，有人告訴我，當我們把少數民族只當作膚色或種族方面的差異時，我們忽略了許多其他方面的差異，使用他們的分類方式也可以把人們區分爲少數族群和多數族群的。因爲膚色方面的差異顯而易見，所以膚色上的差異是最容易注意到的差異。此外，和教育相關的法規、政策和司法判決通常也提到種族歧視，所以當我們想到多元化的時候，自然而然會想到種族方面的差異，這一點根本不令人感到意外。不過在這個社會和我們的教室裡，種族上的差異只是當中的一項，還有許多不同的多元化差異。

人們應該是因為他們自己是怎樣的人而受到肯定和尊重，是因為他們定義自己所擁有的特質而受到尊重和肯定，以及是因為他們所屬的某個族群而受到肯定和尊重的。最起碼，當我們考慮到差異性的時候，需要考慮的不單純只是種族方面的差異，還要考慮性別、宗教、外在環境的挑戰、社經地位、年齡、肢體殘障、性向和學習方面的差異。實際上，有些人在定義他們的身分時並不是使用他們的種族，而是使用上面這些關鍵詞的定義來區分他們的身分。

雖然每個人都有必要瞭解這些議題，並且以尊重的態度對待其他人，學校的領導者在這方面需要扛起更大的重責大任。因為我們的工作位階，我們設定了學校運作的氛圍，我們也是全校師生的楷模。我們要意識到我們的言行舉止影響深遠，所以我們尤其要承認，在這一方面如果我們沒有做到身教的示範，那麼我們傳遞給全校師生的訊息就像我們所採取的任何行動，都具有深遠的影響力。

美國的資料 139

我們通常說我們無法以任何精確的程度來預測未來可能發生的事情，不過當我們遭遇到的是種族方面的人口學變項與學校註冊的情況時，這樣的觀點就不算數了。畢竟，現在幼稚園的學生是五年前出生的嬰兒；所以今天出生的嬰兒就會在五年之後就讀幼稚園，這不需要高階的數學運算！就誠如我在稍早前提到的，統計資料告訴我們「種族方面的少數族群」即將失去它的重要性。根據人口普查局所公布的資料顯示，少數族群即將在2050年構成總人口數的49.5%（Armas, 2004, p. A1）。此外，到2050年，西班牙後裔也將會提升他們所佔有的比例達18.8%，將近有一億零兩百六十萬的西班牙後裔，大約佔全美國人口數的四分之一（p. A2），而黑人則將變成第二大的少數族群。

當作萬花筒的一部分，並且為漂亮的圖片一起來慶賀吧！

～勞瑞

其他方面的差異就不會那麼容易計算了，不過不方便清點並不代表說它們就不存在。一般人都瞭解的一個現象就是總人口數當中的10%到12%屬於同性戀者，因此，每一所學校都很可能會有教職員是同性戀者。我們也知道有15%到20%的學生可能有某種類型的學習差異。即使是功成名就的賢達人物都需要適應這些差異，並且想辦法克服這些差異所帶來的困擾，所以這並不是說當他們到達成年的階段時，這樣的差異就自然而然的消逝了。因此，即便當我們考慮到整體情況，老師是一群享受上學滋味的人們，也在求學過程中獲得成功的學習經驗，不過合理的推論是我們校園裡大約有10%的教職員可能有一種學習的差異。同樣的，人們的社經地位、肢體方面的不方便、宗教信仰也會有所差異，不過很少有任何一所學校在這些方面都沒有任何的差異情況。就算是一所學校的教職員和學生族群都沒有這方面的差異，理解並且欣賞這些方面的差異仍然應該是學校運作的一個優先概念。

無可避免的，這代表著明日的學校將會比今日的學校在種族和血緣、淵源方面具備更完整的人口變項。雖然其他形式的差異可能不會在數量上有所提高，或者在總人口數方面提高他們的比例，不過不可避免的就是人

們在這方面的接受度將會提高。現在有一些高中的主辦 140
者支持同性戀學生的團體，雖然不是每一所學校都這麼做，不過那倒是一個良好的範例。就算是在十年前左右，這樣的接受度和工作的認可根本就是一個匪夷所思的事件。爲了獲得應有的尊重和相同權力的努力還沒有結束，在這方面的進展通常也是逐漸往前邁進的。不過如果我們回顧這段歷史的發展，並且針對這樣的進展進行反思的工作，就會清楚瞭解這樣的改善將會持續下去（譯註：國內新移民的子女人數也正在快速提升當中，將來有可能和美國境內原先的少數民族有異曲同工之效用。如果採取預防措施，避免未來會在新移民子女和原先的「多數族群」產生衝突，也是教育界和社會各界需要優先考量的項目。另外，早期我們通常用「山地同胞」來指稱原住民同胞，也是一種睥睨的稱呼，透過人權運動，我們可以慢慢改變人們對於「少數族群」的刻板印象）。

有些時候，進展的速度緩慢的令人感受得到痛苦的滋味，不過終究還是會有進展的。進展的需求讓校長必須扮演一個領導者的角色，讓他們在校園裡和社區都扮演這個角色，才得以創造出一個超越容忍差異的環境。學校的領導者必須創造一個環境，讓大家都可以欣賞差異性。不單純只是因爲這是「必須要做的正確事情」，我們也確認它的正確性，也因爲這樣做早已不再是一個選項，所以我們就有必要去執行這項任務。在明日的世界裡，幾乎在每一個情況下，都會包含一些不同的膚色、背景、缺陷和態度。當我們考量該如何爲我們的學生迎向成功的挑戰時，我們就有必要針對那樣的多樣化世

人類的差異通常會被引述，卻很少被人們內化。在二十一世紀，我們祈求在人們和文化方面有更深入的理解。我們有必要教導學生在這方面有更多的理解，並且以一種開放的心胸，樂意接受挑戰古老的信念。

～瑞琪

界，為他們量身打造合情合理的學習環境。

校園裡的差異

新城小學因為我們推動多元智慧學校的理念而獲得社會大眾的關注。每年都有好幾百個教育伙伴來我們學校拜訪，而我們學校同仁的努力，也為我的另一本拙作《多元智慧的教學與領導》提供許多靈感。不過在 1988 年，我們發現多元智慧理論之前，我們學校受到社會大眾肯定的就是我們對於全校師生多樣性差異方面的欣賞，並且把辦學的焦點集中在這一方面。今日，在推動和慶祝多元智慧多年之後，我們這所學校還是一所擁抱多樣性差異的學校。

在人口統計變項方面，新城小學的人口多元化相當具體。例如，在 2004 到 2005 年這學年當中，全校三百六十位學生當中的 34% 是有色人種；28% 的學生，特別是有色人種，享有某種程度的經費補貼（譯註：例如免費午餐、折扣享用午餐的優待等等）。相當數量的學生
141 人口，差不多有 10% 到 15% 的學生，學習的方式很不一樣（這些學生當中有許多人因為我們的課程架構和教學都圍繞著多元智慧而獲得成功的經驗）。我們的學生族群當中也有許多不同的宗教信仰，還有不少學生的父母親公開宣稱他們是同性戀者。另外，儘管我們學校沒有提供交通服務，我們的學生來自於五十二個不同的郵遞區域範圍。

我們學校有五十六位教職員工，當中有十二個是有色人種，只有八位是男性（在小學裡男性代表一種形式

的差異)。在這二十個同仁當中,有十二個是教師。不過這些數據都只是爲了我們在多元化的努力做好準備工作。在介紹學校可以如何支持師生的差異方面,以及學校該如何營造一個氛圍,讓所有的教職員工和學生都感受到校園的溫馨,我將使用我在新城小學的經驗來做說明。

能夠成功處理多樣性差異的議題的能力,將會因爲學校的師生就具備了多樣化的特色而強化不少。一個多樣化的學生族群和教職員工的情況,會給多樣化和歧視的議題帶來許多不同的經驗和觀點,這樣一來,校園裡的每個人都會因爲這樣而獲得好處。不過,單獨考慮數量上是否具備優勢並不足以說明一切;雖然數量的多寡確實有所影響,不過單純考慮師生的多樣化還不夠。我們學校登記註冊的學生人數在許多方面具備許多差異性,並且擁有相當人數的少數種族學生——不管他們屬於哪種少數族群——那也只是多樣化拼圖當中的一片拼圖罷了〔就像上面說明的,我刻意提到種族方面少數族群是因爲我們這個國家的陪審制度和法規方面都特別強調種族方面的少數族群,「把每一位學生帶上來」(No Child Left Behind Act ;譯註:這是美國現任總統提出來的教育改革政策,有點類似國內教育改革在推動九年一貫課程時所提倡的「帶得走的能力」)就是最近的一個例子〕。數量確實重要,不過一旦這些孩童和成年人離開學校大門以後所發生的事情更重要。那就是學校領導者能夠改變校園文化的項目了。

學校領導統御和多樣性

在校園裡，我們經常看到學校對於差異性的努力只聚焦到正式的課程，也只把努力的焦點集中在學生族群
142 上。雖然一所學校的課程是擁抱多樣性差異的整體措施當中不可缺少的一部分，學生也應該是學校教育措施的焦點，不過除非全校的運作能夠通盤考量，否則學校在面對多樣性差異的努力將不會有太大的成效。學校的領導者在他們的校園裡必須在四個不同的方向強化多樣性差異的努力，才能夠營造一個更好的學習氛圍。

1. 他們必須確認多樣性差異的議題是正式課程和非正式課程整體考量的一部分，而且要在整個學年度的課程中都有內含（不僅是在 2 月份，當我們推動黑人歷史月的時候，才推動多樣性差異的課程）。
2. 他們必須關注到校園裡的硬體設施，並且盡可能想辦法讓這些硬體設施能夠提高師生對於差異性的覺醒，教育並且提供舒適的學習環境，讓校園裡的每個人，特別是那些代表多樣性差異的人有一種溫馨的感受。
3. 他們必須努力協助一個學校社群的成年人在與其他人相處時，更能夠感受到舒適的程度，並且欣賞彼此間的差異性。
4. 他們必須持續展現他們對於多樣性差異的承諾。

正式課程和非正式課程

當我們在規畫和創造一些策略時，我們通常把自己

侷限在正式課程方面。同樣具有影響力的訊息，也會從非正式的課程產生深遠的影響力。實際上，一個好的個案可以證明最強而有力的訊息來自於學校的非正式課程的運作。

非正式課程包含了學校運作的例行性事物、教學實踐、政策以及指引我們行爲的文化等等；也就是說我們的所作所爲就是非正式課程的架構。我們可能會教導學生瞭解美國的憲法精神，教導他們確認所有的人都是生而平等的，不過當我們提到男同性戀和女同性戀時，我們的行爲舉止是否也能夠證明我們確實尊重每個人呢？我們也可能教導學生認識大屠殺（Holocaust；譯註：二次世界大戰時納粹對於猶太人的大屠殺），不過我們的學校是否接受、甚至支持許多不同的宗教信仰呢？這樣的尊重在我們學校所頒佈的行事曆所重視的事件和節慶是否看得出我們對於不同宗教信仰的尊重呢（譯註：耶誕節是西方國家長久以來的假日，不過那是基督教和天主教的假日，至於佛教、回教或其他宗教，是否也有類似的宗教假期）？我們也可以說我們珍惜人們的多樣性差異，不過我們學校的文件與校園公告欄和牆壁所展現的學生作品，是否指出我們特別重視某一類型的學生和他們的特殊言行舉止呢？我們也可能說，所有的個體都應 143
該受到尊重，不過我們是否以相同的尊重程度來對待所有的教職員工呢？這樣的例子代表學校的非正式課程，它們指引學校運作的態度和言行舉止。透過非正式課程所傳遞的這些訊息都非常的明顯，不管年齡大小，我們的學生（和他們的家長）在看到我們的言論時，就會把我們的言論和我們的行爲進行比較。

擁有權力的人有責任瞭解和擁抱存在於我們之間的差異，這些差異不能被忽視。

～塔瑪拉

正式的課程是我們所說出來的課程。它就是學校的課程指引、教科書和課程願景與相關文件所呈現的文字內涵。學生的成績單反應的就是學生在正式課程的進展程度。正式課程指出在哪一個層級學生需要學習金恩博士對於人權的努力，在哪個年級他們需要學習哥倫布根本就沒有發現美洲大陸，以及在哪一個課程他們需要討論偏見歧視和二次世界大戰的大屠殺。老師和校長在學校日和親師懇談時，分享的就是學校的正式課程。正式課程非常重要，因為它決定了哪樣的課程內容是學校要教導學生學習的知識和技能，也是我們要求老師要擔負起的績效責任。

我們的課程從頭到尾都應該強調多樣化的差異，尤其是當我們想要提倡彼此間的理解和覺醒的時候。例如我們在新城小學，多樣化的差異是我們每一個年級整體課程的一部分。我們會帶領五年級的學生進行一趟戶外教學之旅，拜訪密蘇里州第一公墓，那是一個為黑奴而特別建立的公墓。到達公墓時，我們會要求學生協助公墓的清潔工作，當作他們社區服務學習的工作項目。在清理公墓的同時，他們也親身學習當時建立這個公墓的歷史背景和相關的文化。為何會在那裡建立一個獨立的黑人墓園呢？這些人們當年是如何生活的呢？從墓碑上的文字和其他相關的文件，我們又可以讓學生學到哪些技能和知識呢？學生書寫的作業怎樣反應他們的態度呢？

同樣的，當我們學校三年級學生學習美洲原住民時，他們遠遠超越美國歷史的課文內容所呈現的範圍，以一個更多元的觀點來學習美洲原住民。存在於美洲原住民部落與美國政府之間的差異，是在不同的文化情境下進行檢視，並且瞭解哪些文化方面的信念會影響人們的態度和行爲。同理可知，存在於不同的美洲原住民部落之間的差異，也是協助學生觀察和理解不同的生活形 144
態、家庭、傳統和態度方面的一個方式。三年級學生如果以一個美洲原住民的觀點來檢視這些問題，將爲他們後來在五年級時，檢視民權運動鋪設學習的管道。

我可以爲我們學校的每一個年級提供更多的例子來說明我們在這方面的努力，而且每一個例子都將會強化相同的觀點。我們通常很容易將社會科當作一個整理知識和資訊的概要手冊（當社會大眾對於任何一所學校的辦學績效主要是根據該校學生在標準化測驗所獲得的成績來決定時，我們就特別傾向這樣的教學工作），不過這樣做的結果將會忽略歷史和地理在提升和強調人種多元化議題上的獨特角色。

從我的同仁身上所感受到的差異性豐富了我的生命。

～布萊恩

學生需要瞭解，人類的行爲（我應該想說的是「男人」；譯註：以往我們在英文呈現時，通常用 man 代表所有的人們，不過也說明早期的人類歷史就是男人的歷史，特別忽略女人所能夠扮演的角色）在法規、維繫傳統習俗、發動戰爭，在在都反應了我們對於那些和我們不同類的人們抱持負面態度才會產生的。我們從這些例子當中可以看到女人和那些不是出生在富裕家庭的人因爲欠缺機會才會發生這些不幸事件，我們也可以在民權運動過程中研究這些現象，婦女參政權的爭取過程，愛爾蘭馬鈴薯飢荒（Irish Potato Famine；譯註：在 1846 到 1849 年之間發生在愛爾蘭的飢荒，成千上萬民眾不是餓死，就是移民到其他地方的一次大災難），美國移民政策的歷史演變，拘留日本集中營的歷史也都看得到這些事件反覆發生著。很不幸的事情就是這樣的清單可以不斷的寫下去。

不管研究的主題或年代是什麼，每一位老師都有義務要合宜的提升和支持學生對於人類多樣化差異議題的學習。即使如此，我們清楚的瞭解到一位社會科老師遠比一位數學老師可以更駕輕就熟的帶領學生進行人種多樣性的討論，就像是一位語文科老師也應該比一位化學老師更容易教導多樣化的人種議題。數學老師和化學老師可能要比較努力的找尋一些對於人類有所貢獻的非傳統型態的數學家和科學家（也就是那些不是高加索的男人）。不過就誠如每位老師需要一肩扛起重責大任來教導學生需要學習的學業技能和理解一樣，每位老師也需要體認到協助學生理解和欣賞存在於他們之間的差異也是很重要的學習項目。

正式課程必須包含一些對於偏見和歧視的理解，這涵蓋了歷史上曾經發生過的事件與當今的事件。例如，
145 美洲原住民血淚之旅（Native American Trail of Tears journey；譯註：在 1790 到 1830 年之間，居住在喬治亞州的美洲原住民被政府強迫搬遷離開他們原先居住的住所的血淚史）是否也呈現在美國歷史的相關課程，讓學生可以學習原住民的歷史呢？蘿莎・帕客（Rosa Parks；譯註：美國黑人民權女鬥士，在 1955 年 12 月拒絕了巴士司機要求她讓位的行爲，爲黑人民權的奮鬥爭取權益）的行動是否可以和湯姆斯・莫爾（Sir Thomas More；譯註：1478-1535 年的英國律師，以他的多才多藝著名）的行爲相提並論呢？學生是否瞭解到偏見和歧

視，以許多不同的型態，仍然存在於美國的日常生活中呢？以一種適合學生發展理論的方式，我們認爲有必要在正式課程強調這類型的議題，並且讓學生瞭解針對每一個議題，都有許多多元的觀點來看待相同的議題。同等重要的項目，就是要讓他們學習瞭解到我們每個人在協助這個世界成爲更好的住所方面也都可以扮演重要的角色。

學校的領導者必須確保在正式課程和非正式課程當中都反應了學校對於多樣性議題的覺醒和考量。他們可以透過協助教職員工瞭解它的重要性來達成這樣的目標，或者在教室觀察的前後提到可能可以運用的多樣性差異的議題，以及提出問題帶領教職員工進行反思。

如果一位領導者能夠瞭解一個議題的各個面向，而不是採用他或她的情緒來管理，就是我喜歡的領導者了。

～瑪麗

最後，雖然我把討論的焦點集中在課程上，不過很重要的一個觀點，就是不僅在我們教導的內容上需要考量，我們同時也要考量自己到底是如何教導這些內容的。我們的教學應該支持其他的多樣性；體會到人們以不同的方式學習。例如，卡洛・安・湯母林森（Carol Ann Tomlinson, 2001）或是羅伯・馬桑諾（Robert Marzano, 2001）與他的同事提出各式各樣的方式來達成這種個別化學習的目標，也就是迦納博士所倡導的多元智慧理論的實踐（Faculty of the New City School, 1994, 1996）。不管擁抱哪一種課程和個別化教學的模式，都比不上我們能夠期望每個人都重視彼此間的差異。

學校的硬體設施

多年前，新城小學的董事會正在討論我們在支持多樣性差異方面的努力。在討論的過程當中，有位黑人董事會的成員問道：「我們能夠重視多樣性確實是一件非常好的作爲，不過如果我在深夜時刻身處於校園內，會獲得怎樣的訊息呢？我會知道我們這所學校眞的非常重視多樣性的差異嗎？」董事會議的成員驚訝於她所提出來的問題，瞬間呈現一片沉默。

146 董事會的成員所指出的是一個被我們遺忘的機會。所以雖然我們在校園的牆壁和走廊都展示著學生的作品——那些具有高品質的作品，一些明顯呈現「不斷進步」的作品，以及代表各種智慧的作品——不過卻很少有作品可以直接了當的說明我們對於多樣性差異的鑑賞和努力的程度。我們對於多樣性差異的企圖相當單純，不過並沒有反應在我們張貼或者分享的作品上。瞭解到這個現象後，我們進行了一趟棒極了的討論，確保我們所重視的能力不管在白天或夜晚的任何時刻都清晰的在校園的任何角落可以看得到。

現在，在我們校園的一個樓梯間有一個巨幅的多樣性差異壁畫（大小差不多是三十呎高，十五呎寬）。壁畫是我們的學生在美勞老師的指導下創造出來的，它說明了那些克服各式各樣不公平待遇的人們。在這裡可以找尋到印度的甘地，也可以找到海倫・凱勒的壁畫。同樣的，我們也可以找尋到海麗特・塔布曼（Harriet Tubman；譯註：一個來自於馬里蘭州的逃跑奴隸，後來被譽爲「奴隸的摩西」。冒著極大的風險，在十年內，幫助數以萬計的奴隸透過「地下鐵路」的計畫投奔自由）、羅斯福總統（譯註：美國第32任總統）、金恩博士（譯註：著名的美國黑人民權鬥士）、路易斯・布拉立（Louis Braille；譯註：法國人，盲人識字系統的發明

很快的，我們將會理解到教室裡的多樣性差異不再是一個問題，它將會是一個解決的方案。

～莫尼卡

人），與米萊恩・歐德翰（Miriam Oldham）——一位聖路易斯的民權鬥士。我們相信沒有誰可以走過我們這樣的走廊，而不會被我們的校園投入這樣的空間而感受到我們的努力，也會深深領略到影像的魅力無窮。不過那也只是我們投入這方面的開端罷了。

我們學習到單純在走廊上呈現這些作品來展現我們的辦學績效是不夠的；這些作品還必須能夠證明我們的辦學績效（譯註：多數學校也把學生優秀作品呈現在布告欄，不過到底這些優秀的作品是學生從校外的才藝班或學校老師認眞教導才獲得的學習成效，就無法得知，當然就無法證明學校的辦學是否認眞；透過底下建議的策略，也就是在展示的作品旁，同時並列學生創作的靈感、老師的評語和學生修正的作法等等，將可以大幅改變現況），也要具備教育的功能。每一位經過我們學校走廊的學生、教職員工、家長和訪客都因爲這些作品的展示，所以對我們有些微的瞭解，並且看得到我們校園所重視的努力方針。我們使用這些空間來展示我們對於多元智慧的信賴，也讓大家瞭解到我們的學生有許多不同的方式來展現他們聰明智慧的一面。

我們也聲明我們重視人們的個別差異，也展示了我們在學生群體當中發展出這樣差異性的某些作品。我們學到不管這些作品的內容多麼豐富，單純張貼學生的作品是不夠的；我們還需要提供作品的解釋。因此，我們張貼在走廊上的學生作品都伴隨著敘述說明。這樣的解釋提供展示的原因，並且協助參觀者體會學生在創作當下的努力和靈感。這樣的展示也教育參觀者。例如，近來張貼在我們走廊的展示作品如下：

147 ·在一個布告欄上，比較幼稚園學生的膚色和相似物質的顏色（黑糖、麥片、可可粉和香蕉）。學生的姓名以一個垂直的方式排列在他們的膚色旁邊，因此變成了一個長條圖。這項活動和展示說明了校園裡面學生的皮膚顏色，並且讓我們可以輕鬆舒適的討論膚色的主題。

·一份分析獵鹿的相關詩詞。有一半的學生從鹿的觀點來寫詩，另一半的學生則從獵人的觀點來寫詩，爲學生未來的多元世界做準備。當中有一個重要的部分，就是協助他們「欣賞其他人的觀點，特別是那些來自於其他種族和文化的人的觀點」（這些文字來自於我們給學生的成績單的第一頁；那也是我們評量學生的某些事情）。孩子們很容易把每一隻鹿都看成和斑比一樣的可愛；所以從獵人的觀點來看這個情況可強迫他們拓展他們思考的方式（譯註：作者或許是因爲閱讀了李奧波的《沙地郡曆誌》，瞭解到野生的鹿群對於一座山的影響，可能遠遠超越野狼對於鹿群的影響力）。

·一張相片展示學生創作的皮影戲，在這張相片所展示的影像，能夠掌握在美國內戰之前發生在美國南方的緊繃情況。學生從三個不同的角度學習這個課程——一個奴隸、一個奴隸的主人以及一位協助奴隸脫身的自由人——然後老師繼續要求學生書寫對話來描繪這些人可能會討論的對話和他們的感受。

·壁畫上伴隨著書寫的文字，說明一些不同的歧視或偏見（種族歧視主義、性別歧視主義、年齡的歧視或外觀的歧視，就是當人們因爲他們身體外觀的差異受到其他人的歧視）。學生使用他們的空間智慧來展示他們所觀察到的歧視和偏見，然後書寫他們的感受。

成年人的社群

雖然課程和學生應該是一個重要的聚焦點，不過我們不能夠忽略人的情境，就是考量我們到底怎麼教導課程，而學生又是如何學習的情境。當我們考量應該做哪些事情，才能夠創造一個學習環境讓每個人都感受到安全、舒適，也受到賞識時，我們就必須考慮到學校這個大家庭的所有成員。我們針對多樣化差異所做的努力必須包含這所學校的所有成年人，即使是那些很少走進這 148
所學校大門的人。

這樣的信念和巴斯（1990）對於教職員工共同領導的主張不謀而合：如果我們想要學童成長和學習，那麼在相同情境下的成年人也必須成長和學習（在第 2 章已經討論過）。同樣的，如果我們想要讓學生理解他們之間的差異，並且能夠進一步欣賞彼此之間的差異，那麼這所學校裡的大人也必須理解他們之間的差異，並且進一步欣賞彼此間的差異。可惜的是這樣的賞識說來容易，做起來卻困難重重。個人的價值觀和政治傾向都讓大人比孩童在處理多樣性差異或種族議題時，更無法輕鬆的面對這樣的議題（當然，這樣的心神不安在我們要求他們在面對學生學習，強調多樣性的議題和種族議題時，幾乎變成了不可能的任務）。此外，這樣的努力有時候會遭遇到教職員工的反彈，因爲他們會認爲「那不是我們在這裡的原因」，或「我們趕課都來不及，哪有時間作這類型的遊戲呢？」或「我的工作是要教導孩童如何……」。不過身爲學校的領導者，我們不能夠被這種勉強心態所嚇壞，而不去追求我們的目標。如果我們想要一所學校的環境爲學生未來即將面臨越來越多樣化的世界做準備，那麼我們就有責任爲我們校園裡的所有成年人針對多樣性差異的議題做些準備和學習。

教職員。有一次我們進行一次教師研習活動，學校裡的所有教職員工圍成一個大圓圈，站在體育館裡面，那個圓圈可大了，直徑大約有六十呎長。琳達是我們學校的一位老師，也是我們教職員工多樣性差異委員會的主席，站在圓圈的正中央，帶領我們進行一項社會身分辨識的活動。「這是一個不可以交談的活動，」她這麼說著。「等下將會有時間讓您們交談。我將會大聲唸出所有類組的名稱，這樣您們應該都聽得到我的聲音，我還會唸第二次。在那之後，請移動您的身體到最能夠描述您的組別去」。她大聲唸出一個類別，接著唸出那個小組裡面其他的類別，指出在這房間裡還有很寬廣的空間可以移動所有參與者的身體。在她唸出第二次類別時，每當我們聽到最能夠精確描述我們的類別，我們就移動到那個圓圈的部分（譯註：主持人在第一次宣讀的時候，讓所有參與人員對於所有的類別都能夠有所掌握，避免因爲只唸一次，就誤以爲自己適合的類別，這是唸兩次的主要目的）。

149 在宣布了出生次序的類別之後，琳達繼續說出這類別底下的其他選項。「如果您在家裡面排行老大，請站到這邊來」。她一邊宣讀，一邊指著她左邊的位置。在此她稍微停頓了一下，接著她繼續說：「如果您在家裡面是排行在中間的人，請您站到這邊來。」她一邊宣讀，一邊指著她右手邊的位置。她繼續宣讀下一個出生次序，並且指著她正前方的位置：「如果您是家裡面的老么，請站到這裡來，如果您是家裡面唯一的小孩，那麼請站到那邊。如果您既不是家裡面排行老大，也不是老么，也不是排行中間的人，請站到距離我最遠的地方。」她停了一下之後，接著說：「請看看您周遭的伙伴，哪些人在您的小組裡，哪些人不在您的小組裡，您認爲當作這個小組裡的一個成員有哪樣的感受呢？」有趣的事情是觀察我們在這活動過程當中如何被分配到不同的小組，看到同一小組的成員時那種感受眞的令人著迷；我們也注意到某些小組特別大，另外一些小組特別小，也是讓我們投入的原因。

我們通常以我們感覺舒適的方式把我們自己區分爲不同的類別，例如慣用的手與出生的排行；我們有時候也會提到比較燙手的議題，像是宗教信仰，以及我們出生的家庭所屬的社經地位高低，和我們目前所歸屬的社經地位身分。在這個練習可以使用的類別範例可以在表 9-1 找得到。

在幾次情況下，我驚訝的發現不同的人是怎樣把他們自己歸類到某一類別的人。舉例來說，有一次，有位和我同事多年的老師將她自己歸類到一個我沒有期望的類別。這個分類的過程反覆進行了十多次，大約耗時三十分鐘。就像前面提到的，我們在活動中是不可以彼此交談的，這樣的靜默讓我們專注於自己所分派到的任務，也讓大量的反應和問題在我們的腦海中持續發酵。我還記得相當清楚的一件事情，就是在活動當時，我還

領導者激發信心、具有彈性，並且能夠將其他人內在的潛力發揮到最大的極限。不過我認為最重要的還是激發出每個人的信心。

～凱西

150

表 9-1　社會識別符號的活動

慣用的手：

- 右撇子
- 左撇子

區域的辨識符號：

- 北方人
- 南方人
- 美國東部來的人
- 美國西部的人
- 美國中西部的人
- 美國西南部的人
- 新英格蘭地區的人
- 來自於其他國家的人

種族：

- 非洲後裔美國人或黑人
- 歐洲後裔美國人或白種人
- 拉丁美洲人或南美洲人
- 中東地區來的人種
- 混雜多元種族的人或混血的人種
- 美洲原住民
- 太平洋島嶼國家來的人種
- 南亞地區來的人種

年齡：

- 二十多歲
- 三十多歲
- 四十多歲
- 五十多歲
- 六十多歲
- 七十多歲

宗教信仰：

- 無神論者
- 不可知論者
- 佛教徒
- 基督教徒
- 印度教徒
- 猶太教徒
- 回教徒
- 祆教徒（Zoroastrian）
- 不執行宗教信仰者
- 其他

出生排行：

- 老大
- 排行中間的孩子
- 老么
- 獨生子或獨生女
- 既不是老大，也非老么，或排行中間的子女

成長過程時的社經地位情況：

- 低收入戶
- 工人階級
- 中產階級
- 中高階級的家庭
- 上流社會階層或富裕家庭

今日的社經地位情況：

- 低收入戶
- 工人階級
- 中產階級
- 中高階級的家庭
- 上流社會階層或富裕家庭

性別：

- 男性
- 女性

視力：

- 眼鏡一族或隱形眼鏡族
- 沒有戴眼鏡或隱形眼鏡者

成長過程時的家庭結構：

- 小家庭（或稱核心家庭）
- 單親家庭
- 父母離異的家庭
- 父母當中至少有一人曾經離異再婚，並有已往婚姻生活所生下來的孩子在一起的家庭（blend-

表 9-1 社會識別符號的活動（續）

ed family）
- 大家庭（從小被祖父母或其他親戚撫養長大的家庭）
- 其他結構的家庭

現在的家庭結構：
- 小家庭（或稱核心家庭）
- 單親家庭
- 父母離異的家庭
- 父母當中至少有一人曾經離異再婚，並有已往婚姻生活所生下來的孩子在一起的家庭（blended family）
- 大家庭（從小被祖父母或其他親戚撫養長大的家庭）
- 其他結構的家庭

飲食習慣：
- 素食主義者
- 猶太教的餐飲模式（kosher）
- 肉食主義者或非素食主義者
- 嚴守素食主義的人（vegan）

與男同性戀和女同性戀熟識程度：
- 你的小家庭成員當中的某個人是男同性戀者、女同性戀者、雙性戀者、跨性者、性向尚未確認者
- 你所屬的大家庭當中的某個人是男同性戀者、女同性戀者、雙性戀者、跨性者、性向尚未確認者
- 一位親近的朋友是男同性戀者、女同性戀者、雙性戀者、跨性者、性向尚未確認者
- 一個以上的熟識朋友是男同性戀者、女同性戀者、雙性戀者、跨性者、性向尚未確認者
- 就你所知道的情況，沒有任何家庭成員、朋友、熟識的人是男同性戀者、女同性戀者、雙性戀者、跨性者、性向尚未確認者

四肢健全、身體強壯的程度：
- 目前不是四肢健全，或者不見得總是四肢健全者
- 總是四肢健全的人

眞的很想要找些人來討論當下發生了什麼事情。

在我們分類，並且再度為我們自己重新歸類後，下 149
個步驟就是以五人為一小組的會議。活動指導員給了我們一小時十五分鐘的時間來聆聽小組成員分享我們在活

動過程中的所見所聞，然後思索這樣的活動對於我們這些擔任教職的人有哪樣的意涵。當琳達給我們這些任務時，我記得我的腦海在想的就是，開什麼玩笑，七十五分鐘的時間，幹嘛要給我們那麼多時間呢？我們根本不需要那麼多時間——我還有好多事情等著我去處理呢！
151 我錯了。實際上，就因爲我們有七十五分鐘的時間，所以我們不斷的討論、再討論，在這過程當中有些尷尬的沉默時間，不過這樣的沉默時間也給我們帶來豐碩的互動關係。因爲我們有這麼多時間來討論，所以我們遠遠超越了膚淺的名詞定義（「我相當意外的發現有這麼多素食主義者」），才有能力討論一些重要的議題。例如我們討論了一件事情，那就是我們的教職員當中有許多人來自於完整的家庭，這樣的事情將會如何影響我們的教職員？會不會因爲這樣，讓我們這群教職員對於分居或離婚家庭的子弟沒有感同身受的互動關係呢？或者我們反過來會過度的敏感呢？

我們也好奇的想要瞭解，我們當中有許多人都是家庭中的老大，這樣的情況對學校的教學有哪樣的意涵呢？多數的教職員都是在一個中產階級的家庭撫養長大，所以我們也討論了這樣的情況會如何影響我們對待那些來自於富裕家庭或貧窮家庭的子女呢？種族當然是一個主題，我們也討論了我們這些教職員和學生群體的種族結構，並且把這樣的事實和我們幼年生活、求學過程以及現在的工作場合所遭遇的種族情況加以比較。

針對琳達大聲宣讀出來的類別，我們討論這些不同的類別，然後好奇的想要瞭解對於某些人來說，能夠自我辨識自己所屬的小組將會是多麼困難的一件事情。不過偶爾我們也會分享類似的情形可能會發生在我們身上。在小組裡面進行觀點的分享，總比走出去，在整個群體面前分享心得來得舒適多了。

活動之後，我和其他小組的同仁討論他們的心得，發現一個共識：所有的對話都相當令人著迷、也都心胸開朗；這項社會識別符號的活動讓我們以不同的方式來看待其他人，也協助我們欣賞和理解彼此間的不同。這樣的活動也為後來接著討論的主題鋪設良好的管道，讓我們可以繼續討論我們的背景和特質，不管是明顯的或是隱藏的背景或特質，以及這些背景和特質對於我們身為平常人與教師的影響。

這次的活動非常棒，不過我們犯了一個錯誤，我們只有在學校的老師和行政人員之間舉行這樣的活動。我們當中好多人都同意，因為我們沒有讓其他的同仁也都參與這項有意義的活動而錯過一次機會。亡羊補牢，我們瞭解自己錯過的機會，不過還是在稍後幾個月，針對學校其他的教職員工進行了同樣的研習活動。我再次參 152
與這項活動，不過在春季參與這項活動的老師就沒有參與這次的活動。活動的目標仍然相同：以一種正向的方式來提升我們同仁對於多樣性差異的瞭解，並且協助我們開始瞭解和接受彼此，他們對於這個活動的回饋還是和稍早那次一樣的正面。之後我們針對我們教育委員會的成員舉辦這樣的活動，多數都不是教育界的伙伴，不過研習活動的成果還是非常棒。

我不是要過度高估這項活動的意義；畢竟這也只是一次教師進修活動當中的幾個小時而已。然而我仍在這裡提到這項活動，是因為它是所有的學校領導者都需要

> 全體教職員應該在一起共同熱愛、學習、哭泣、玩樂和成長。
>
> ～安吉

具備的一項能力。一旦我們確認在校園裡推動校園中的成年人對於多樣性差異的理解是非常重要的議題，那麼我們就有責任找尋方式協助我們的教職員工在這一方面持續成長。不過，就像在其他領域一般，即使是最優秀的學校領導者仍然需要其他人的協助才得以完成這樣的使命。我目前確定一個主動積極的教職員工多樣性差異委員會在探索這一領域是有必要的。在新城小學，這一小組協助我們架構教師進修的活動來支持多樣性差異的推動（例如他們規畫社會身分辨識的活動），討論多樣性差異的議題，以及我們學校在這方面可以如何改善，經常支持一個多樣性差異的讀書會。去年暑假，這個小組所挑選的讀書會書籍是《第一名淑女偵探社》。在前一個暑假裡，我們閱讀了《男生女生不一樣的學習》，以及《一次一個心智》這兩本書。這個小組也閱讀了《爲何所有黑人小孩在學校餐廳都坐在一起呢？》、《女兒》、《白人老師》、《鬥士不要哭泣》，還有《我知道籠中小鳥爲何唱歌》等書籍。在第 2 章當我提到形成一個讀書會小組的時候，也提到它們可以當作學校追求同儕共同領導的一項工具。同儕共同領導永遠都是我們的目標，不過有些時候我們會挑選一本書來拓展我們對於這觀點的鑑賞，當然這裡所談的就是多樣性差異的理解囉！

員工。針對多樣性差異的議題，就像是發生在許多其他領域的議題一樣，我們的員工在我們成功推動這議題上扮演舉足輕重的角色。在學校與學生家長的應對過程中，他們站在最前線的位置；他們通常和我們的學生進行雙向互動的關係；他們總是廣泛的和教職員進行互動。他們有需要知道對於人群的多樣性差異的理解和鑑

賞是非常重要的項目，這代表著它們在適當的時機應該涵蓋在教師的進修研習活動裡。要求一位秘書和工友參 153
與教導發音的課程或爲了大學預修課程做準備的課程看來沒有多大的意義，不過當我們提到多樣性差異時，包含它們在我們的對話裡是有意義的。

在節慶的派對、女性同仁的送禮活動、生日派對和類似的活動裡，我們有必要有意識的包含所有的員工。我相當喜愛的一位哲學家和作者，羅琳女士（J. K. Rowling）在《哈利波特 4 ：火盃的考驗》（*Harry Potter and the Goblet of Fire*, 2000）一書當中注意到這個觀點。當書裡面提到哈利波特時，天狼星說：「如果你要知道一個人到底是什麼樣的人，好好的看看他是如何對待他的下屬，不是看他如何對待同伴。」（p. 525）我發現「下屬」這樣的字眼讓我反胃，不過天狼星的觀點是一個令人信服的觀點。我們必須讓我們的員工，通常是薪資最低、工作最卑微的員工感受到我們對他們的重視、尊重和欣賞。

家長。家長需要理解一所學校多麼認眞的爲推動多樣性差異而努力，我們也應該邀請他們加入我們在這方面的努力。例如多年來，我們主辦了一個多樣性差異的晚餐和對話〔Diversity Dinner and Dialogue（DD&D）〕，發起這項晚餐邀約的動機，來自於我們體認到一個發現，那就是與不同種族的人一起工作和遊戲對我們的學生來說，遠比我們要求他們的家長來進行這些遊戲和工作容易多了。我們的學生家長大多數在種族隔離的地方長大成人，他們多數在沒有那麼特別多樣性的情境下工作和生活，當然不會像我們的學校那樣具多樣性差異。

這個晚餐的邀約起因於我們體認到這樣的現象，發現我們的學生家長和我們的教職員工雖然在膚色和社經地位方面有所差異，不過他們通常分享相類似的興趣。

所以在這個晚餐的邀約時，我們邀請家長和教職員來到晚餐的現場，根據他們的選擇，特別有興趣的議題分桌坐下來。在每一個桌面上有個巨大的標示說明在該夜晚那一桌所要討論的主題。我們所標示的選項包含了政治、運動項目、園藝、汽車、烹飪、旅遊、書籍、健身、電影和興趣等等，家長們各自挑選一個主題／桌子，坐下來一邊享受晚餐，一邊盡情的聊天。請注意，我們故意不把種族的關係當作晚餐邀約的一個主題。我們覺得這樣的一個主題應該會浮現在每個人的腦海裡，特別是我們刻意把這樣的晚餐邀約掛上那樣的主題，不
154 過我們可不想提供一個具有爭議性的議題來破壞晚餐良好的談話氣氛。當然，許多桌的人們最後還是以某種方式或其他方式提到種族的議題。

DD&D 確實是一個很棒的成功經驗。在晚餐結束之後，許多人告訴我他們眞的享受和不同種族與背景的人們深度的討論他們感到興趣的主題。當然，他們當中有許多人在學校的走廊曾經看過對方，或者長年在足球比賽的場邊觀賞同一場比賽呢！

我們學校在舉行幾年的 DD&D 來協助親師之間的對話之後，這個活動逐漸演變成邀請專家學者到校來和家長、教職員、員工在晚餐的過程當中演講多樣性差異的議題。這樣的議題範圍非常的寬廣，包含了中東地區，猶太人與阿拉伯人的關係，到 911 的攻擊行動的回應，到美國境內的種族隔離政策，或者男女同性戀的議題。

近年來，每一年我們開始爲家長提供一個多樣性的活動項目，比較偏向娛樂招待的走向。

幾年前，我們的教職員多樣性差異委員會規畫了一次教師進修活動，研習男女同性戀的議題。我們邀請那些男女同性戀的學生家長組成一個專題討論小組，邀請他們和我們的教職員分享他們成長的經驗。因爲我們使用這項活動當作一項工具，讓我們的學生家長瞭解我們所重視的項目與我們的所作所爲，所以我在這一章分享這項訊息，而不是在第 10 章，討論我們學校鼓勵家長參與校園運作的章節，主要是因爲我們認爲學校和學生的家長在多樣性的情境下建立關係是學校非常重要的政策。

我們發現我們需要一個「禮儀的計畫」；我們暫緩自己對於他人的判斷，不要立刻認為對方就是和我們站在同一邊的伙伴或是另一邊的敵人。

～貝瑞

教師進修活動的當天早晨，我們的教職員在聆聽這個專題討論小組的分享之前所面對的是一張大張的海報，以幾個格子的方式區隔開來。這樣的目的是想要誘導出我們個人的經驗，以及我們與男女同性戀者相處時的舒適程度。我們每個人都有一小張自黏貼紙，讓我們可以把我們自己與男女同性戀者相處的感受張貼在最適合的方格裡面。在表 9-2 可以看到這樣的類別。

回應這個簡單的圖表可以完成兩個重要的日的。首先，它爲當天研習活動確定氛圍，讓我們每個人可以反省我們自己的經驗，並且讓我們知道當自己和校園裡其他教職員相比之下是怎樣的情況。其次，在這項教師進修活動後，我們把這一大張的紙張張貼在我們學校前面的大廳，讓我們學生的家長可以看得到，旁邊還有這樣的註解：「上星期的教職員進修活動日，我們討論了同性戀恐慌症的議題。我們先標示出我們每個人與男同性

155 **表 9-2　與男同性戀和女同性戀者的互動**

我不認識任何男同性戀者或女同性戀者	我認識一些男同性戀者或女同性戀者	我的家庭成員有人是男同性戀者或女同性戀者
我所信仰的宗教社群裡有成員是男同性戀者和女同性戀者	我的鄰居有人屬於男同性戀者和女同性戀者	我很親密的朋友當中有人是男同性戀者或女同性戀者

戀者、女同性戀者的個別經驗開始進修研習的活動，然後聆聽由新城小學具有男同性戀與女同性戀身分的家長所組成的專題討論小組分享他們的成長經驗。我們的目標是要創造一個學校氛圍，讓每個人都可以感受到安全無虞的學習環境，也受到所有人的重視，而且我們每個人都可以欣賞和尊重其他人。」我也在那個星期五寫給家長的信函裡提到當天的討論焦點，溝通我們的所作所爲，拓展我們的生活圈，讓更多家長樂意加入這樣的對話。

然而，就像是許多不同領域的領導統御一樣，我們無法藉由我們是否取悅了每個人來判斷是否成功完成我們的使命。假如我們眞的很棒，那麼我們就無法取悅每一個人。這樣的理解從前面一個故事所延續下來的事件看得到我們的努力成果。這一章稍早之前，我提到一位新城小學教育委員會的成員質問我們如果她在深夜來到我們學校將會在校園裡看到什麼？「我是否能夠知道我們學校到底多麼重視多樣性差異的議題呢？」她這麼問著。在那裡我分享了一個豐富的討論因而產生，而且我們也同意校園的硬體設施還需要表現出我們所重視的主題。不過在那裡我並沒有分享這樣的討論是如何結束的。

在那討論之後大約十五到二十分鐘，有人問著：「這樣的對話很棒，不過我們怎麼知道我們是否成功的完成使命呢？」教育委員會當中最有智慧的一位成員這樣
回應著：「我們剛剛聽到一位黑人家長因爲她對於我們 156
校園的感受不太舒服而提出問題來，所以這一點確認我們的確疏忽了這樣的硬體設施。」他稍微停頓之後，這樣強調接下來的觀點：「如果我們成功的讓她在校園裡有一種溫馨的舒適感，那也是我們想要做到的境界，那麼我的猜想是這樣的，一些白種人家庭會認爲我們在這方面投入太多的努力，也就代表我們成功達成使命了。」

當我們大家還在努力瞭解他所提供給我們的洞見時，整個房間鴉雀無聲。就像在其他許多錯綜複雜的領域一樣，我們無法找到解決這問題的方案來讓每個人都感到滿意；嘗試著讓每個人都愉悅真的是一條讓人感到挫折和失敗的必經之路。相對的，我們需要決定哪些才是重要的，是我們需要往前邁進的方向，並且瞭解到任何行動都將會造成某種程度的反應、憂慮和不安的感受。學校領導者的工作就是要持續的往前推進，並且隨時爲無可避免的反彈做好準備。目的並不是要避免這樣的感受，而是要盡量降低它的可能性，並且確保它們在適當的時機才會發生那樣的感受。例如，在一個像是我所服務的學校裡，主要的老師都是白種人，如果我們的目標是要協助每個人對於種族的議題感到舒適愉悅，我們就需要瞭解到某些人，那些在態度兩極化的人們，就

我們需要尊重別人的意見，聆聽後才能夠理解，並且知道一個健康的壓力，可以建立一個優質的團隊。

～密雪兒

會覺得不快樂。就像是我的教育委員會的成員所指出的，有些白種人將會認爲我們做得太多、太過度了；不過某些黑人朋友將會認爲我們沒做到我們該做的份內工作。知道這些壓力將會存在，也樂意接受這些壓力的影響，將會讓我們走在一條成功大道上。

對於多樣性差異的個人承諾

學校的領導者總是站在展示台上鎂光燈焦點的位置，我們的所作所爲都會被別人特別注意、剖析和分析，這樣的仔細檢查意味著重大的事情才是重要的，小事也通常會變成大事一樁。我們是否有必要以相同程度的熱忱歡迎每一個人呢？我們是否需要和每個人聊天呢？讓每一位家長都瞭解到我們認識他們每個人是非常重要的，更重要的就是讓那些少數民族的家長也有這樣的感受。如果我們沒有足夠的時間到處察看，到處迎接
157 每個人，我們是否有必要確保和我們交談的那些人不是那些最有錢的人、或最有權力的人、或是和我們分享相同種族膚色的人呢？當我們處理多樣性差異議題時，我們是否有必要聆聽所有的觀點呢？

把高效能學校領導者和其他類型的領導者區分開來的一項特質，就是他們樂意把多樣性差異視爲一個主要的議題。就像我稍早描述的樣子，那代表著他們必須樂意，也感到舒適的考慮多樣性差異——多樣性差異的多樣性差異——幾乎在每一個情境下都一樣的考量。他們必須有意圖去看看到底其他人，那些和他們在某些方面不相同的人，可能因爲那樣的差異而以不同的觀點看待

同一個情境。學校領導者必須承認，即使他們相信他們的學校在多樣性差異的範疇是完美無缺的情況（當然沒有學校在任何一個範疇是完美無缺的），其他人可能不這麼認為，特別是那些因為以往的歷史背景剝削他們權力而必須小心翼翼生活的人。我們有必要把種族的議題放在桌面上討論，讓一位學校領導者公開討論種族的觀點，並且和不同種族的民眾分析、討論不同的種族看待同一個歷史事件的各個觀點。與多樣性差異有聯集的議題，通常不怎麼容易獲得解決的方案，所以重要的作為就是要讓校長瞭解到曾經存在的緊繃壓力，以及相伴隨的歷史事件了。

> 我們花費了這麼多時間來支持學生和家長，所以有些時候人們可能會忘了我們也是需要他們的支持。
>
> ～雪洛

因為這樣的議題非常重要，也因為學校的領導者的行事曆滿檔，所以一個可以考慮的方案就是指定一位教職員擔任多樣性差異委員會的協調者。這位協調者不會降低校長的任何責任，他可以扮演著道德指南的角色，確保校園裡的每一件事情——從聘僱的過程，到廣告的設計和張貼的地點，到正式與非正式課程，到學校的行事曆等等——都是在瞭解學校這些行政措施對於多樣性差異議題的影響力降到最低的程度所做的考量。當然這個人可以就是校長本人，不過指定另一位教職員擔任這個角色，會因為有另一個人協助校長在校園多樣性差異議題的情況下共同生活與體會而獲得另類的收穫。如果指定另一個人扮演這個角色，那麼校長就有必要讓每個人都清楚瞭解到，這位多樣性差異委員會的協調者扮演著校長的耳朵，而且她的建議對於校園的各項措施具有影響力。

把多樣性議題融入我們校園裡，並且把多樣性差異 158

的覺醒融入我們領導統御的風格不再是一個選項。如果我們眞的要爲學生的未來做好準備，也想要領導老師，那麼我們就有必要花費時間和精力來創造一個環境，在這環境裡人們的多樣性差異不只被大家所瞭解，更需要大家共同去賞識這樣的多樣性差異。如果我們無法做到這樣的程度，我們所傳遞的訊息就是「每個人都一樣」；當然這樣的訊息是令人哭笑不得的。那樣的態度對每個人的代價都非常高。當多樣性差異的議題被我們忽略時，它們只會累積，然後讓緊綳的壓力持續升溫罷了。當我們對每個人都以相同的方式看待處理時，我們就不會尊重每個人獨特的貢獻。每當我們把人們以均質化的方式處理時，我們都會變成失敗者。如果學校想要成爲每個人都可以成長，包含學童和成年人，那麼學校就要變成每個人都可以感受到安全無虞、舒適、受到尊重和賞識的地方，這當然也包含校園裡的學童和成人。

CHAPTER 10

與家長形成伙伴關係

學生的家長是否重要呢？那看起來很像是一個愚蠢 159
的問題。學生的家長當然重要！每個人都知道當學校和家庭一起合作時，孩子的學習就會得到最佳效果。我們都非常瞭解家長支持他們孩子的教育是很重要的。當家長參與他們孩子在學校的相關事務，學生就會因此而獲得更多學習，這幾乎已經變成了常識。

然而當我們考慮到某些學校是如何組織運作的，這樣的問題就變得不是那樣愚蠢了。在書面上提到鼓勵家長參與學校事務的運作是一回事，眞實的採取行動來協助這樣的家長參與完全是另一回事。瞭解家長參與學校事務運作對於一個孩子在學校的成功是很重要的因素，不過很不幸的，我們經常發現在理想與事實之間總會有脫節的現象。

每一個學校的領導者都有義務要去創造一個環境讓家長有溫馨感，而樂意參與校園事務的運作。所有學校都應該盡量負起這項責任，特別是對於那些學生家長有不舒服感受的學校。那些在求學期間是優秀學生的家長在走進校園時，或許會有一種輕鬆舒適的感受，會自由自在的提問題，並且提供建議和批評學校運作可以改善的方向等等。我們還是要去創造一個歡迎和支持這類型家長的校園環境，不過因爲他們在校園裡和老師相遇時，通常感受相當自在，所以要提供他們這樣的舒適環境並不困難。

有些時候，那些在求學期間表現並不怎麼亮麗的家長可以克服這種惡夢，他們也樂意參與校園事務的運作，也可以和老師進行雙向互動。這些家長瞭解到他們
160 的求學經驗對於他們所產生的影響力。即使他們並沒有感受到很高度的舒適感受，他們都相當堅決的確認他們的孩子在校園的學習可以有成功的表現。他們就是他們子女在學校學習的倡導者，必要時也樂意和老師以適當的方式一起合作。

其他家長的求學經驗可能並不是那麼輕鬆愉快，甚至有些困難，他們對於教育和老師可能抱持截然不同的態度。單就走入校園這樣簡單的舉動，就可能喚起他們求學時期的挫折，也感受到學業不如人的那種感受，他們似乎無法克服這樣的夢魘。老師和校長也可能會發現和這類型家長溝通時困難重重。讓我公平一點的說明吧！有些老師在與家長溝通時，只會以口惠的方式，把一些專業的教育術語直接講出來，或者要求家長在親師會議時坐在孩子的椅子上，以爲這樣就代表教學專業，卻不會善盡職責的與家長溝通學生學習的種種，直到問題大到無法解決才願意面對問題。不管家長的態度如何，我們都有義務要和每一位學生的家長合作。

家長是學生最早，也是最棒的老師。

～艾斯特拉

當我們在校園裡遭遇到家長時，不管他們是憂慮的、猶豫遲疑的，或是敵對的態度，我們都要使用我們與學生相處的同一種方式來和他們相處：進一步瞭解他們，並且與他們以一種個別化的方式來滿足他們的需求

和我們自己的需求。例如有些家長只是希望增加一些親師會議的時間，一旦我們知道這樣的要求，那麼如果我們還夠聰明的話，就會在他們的親師座談時間之後不立刻安排其他的親師座談（如果我們沒有根據我們瞭解的狀況去執行，我們就會讓自己的生活更加困難。因爲接下來的親師會談一定會延誤開始的時間，那麼更後面的親師座談時間肯定也會被耽誤；譯註：新城小學的親師懇談不是一次和許多家長面對面懇談，而是一次一位家長與老師之間的懇談）。有些家長想要瞭解他們的孩子是否參與了學校的某些活動，那麼他們就想要預先知道這樣的活動安排；還有一些家長認爲如果他們接到學校的電話，肯定是事情已經很難處理了。有些家長每天早晨都會來到教室門口探望一下；其他家長就需要老師誘拐他們來到學校，並且提醒他們要參加親師懇談。就像是我們與小孩的互動一樣，家長行爲與反應的範圍非常寬廣，也像孩子們一樣，我們的任務就是盡量不要去做價值判斷。有時候，我們對於學生家長抱持比較高的標準，期望他們沒有任何缺點或犯錯的可能性；當然那絕 161
對是不切實際的想法。生命是很有趣的，正因爲我們當中沒有誰是完美無缺的。

老師對於某個學生家長的行爲感到挫折是一個合宜的自然表現：「我不敢相信她的媽媽居然忘了我們約談的時間，還是她提出要和我見面討論事情的呢！」然而，引來負面的推論是不合宜的，困難的就是要盡量克制自己這樣做的可能性。當我們遇到類似「她一點都不在乎！」或「她必定認爲我的時間一點也不重要」之類的評語所伴隨的挫折時，盡量不要有任何實質上的作爲，否則就會失去公平性，也不符合邏輯推理。我們的工作就是要提醒家長要支持擁護他們孩子的學習，而我們需要和家長一起合作來協助學童獲得成功的學習經驗。

檢視制度上的習性

請記住底下的格言：當你要求家長關注你所在乎的事情之前，你需要讓家長知道你確實很在意他們子女的學習。我們是否讓家長知道我們確實理解和關懷他們的子女呢？如果他們沒有這樣的認識——即使我們眞的很關懷他們的子女——那將會影響到他們和我們互動時是否抱持開放的態度，或者只是敷衍了事的態度。他們是否知道我們把他們的小孩不僅當作學校裡的學生，我們也以對待成年人的方式來協助他們的子女？我們是否聆聽學生的聲音呢？我們是否公平、公正的對待每一位學生呢？我們是否盡可能以優點大轟炸的方式來找尋學生的優點呢？這類型的行爲和互動模式對於任何一位老師和校長都是重要的。如果對於這些問題的回答都是正向的，那麼家長參與並且支持學校事務的運作機會就會提高。

除了我們個人與家長的互動關係外，在制度上還有一些我們從來都不會質疑的習性、實踐和政策。因爲我們已經習以爲常，所以我們不會懷疑的就繼續做下去！有時候，這些習性對於家長來說可能不是那麼的友善。例如，學生各項活動的表演和親師懇談的時間通常安排在白天進行，對於現今的家長來說，是否比二十年前的

家長來得更不容易調出時間來呢？當我們的社會變得越來越會質疑，也比較不會信任他人時，我們回應這種社
會變遷的方式是否透過更多的資料分享，讓家長瞭解我 162
們的教育哲學，也提供更多機會讓他們參與呢？表 10-1 所呈現的問題，都強調學校目前所面臨的許多制度上的

表 10-1　學校可以和家長搭起溝通橋樑的方式

	從未	很少	有時	經常
1. 老師是否隨時都可以和家長進行特別的小型會議（放學後或上學前的時間）？	☐	☐	☐	☐
2. 老師和行政人員的電話號碼和電子信箱是否提供給家長呢？	☐	☐	☐	☐
3. 校園內是否有一個歡迎家長的舒適空間呢？	☐	☐	☐	☐
4. 在規畫教學觀摩或班級表演時，是否考慮到那些白天要上班的家長可以在晚上來學校的可能？	☐	☐	☐	☐
5. 是否在夜間提供足夠的親師座談的時間，讓家長可以挑選呢？	☐	☐	☐	☐
6. 學生的成績單是否在親師懇談之前送到學生家長手上，讓他們在會議之前有時間消化吸收成績單上面的訊息呢？	☐	☐	☐	☐
7. 標準化測驗的成績是否在親師懇談前送交家長呢？是否有一個友善化的說明讓家長更容易瞭解他們子女的表現呢？	☐	☐	☐	☐
8. 學校日或親師懇談時間是否提供足夠的時間進行雙向互動和問答呢？	☐	☐	☐	☐
9. 校長是否提供家長每週的信件說明呢？	☐	☐	☐	☐
10. 導師是否提供家長每週的班刊訊息呢？	☐	☐	☐	☐
11. 科任老師（美勞、音樂和體育老師）是否定期和學生的家庭溝通？	☐	☐	☐	☐
12. 校長是否定期的請求家長提供建議，並且針對這些建議提供回饋？	☐	☐	☐	☐

習性。這些問題可以協助您反思學生的家長在您的學校所扮演的角色，以及他們與老師和行政人員的關係。最起碼，我們也該瞭解一下這些習性傳遞給家長哪樣的訊息。

163 提倡一個歡迎的態度

我在許多研討會分享經驗，通常在我演講中，我會這麼說：「接下來的投影片是我要和你們分享最重要的一張相片。」聽眾——那些還醒著的聽眾，不管如何總會想辦法專注一點，身體往前傾——手上拿著筆想要記錄一些重要的訊息。不過他們看到什麼呢？那是一個咖啡壺安穩的放在一張桌子上的相片！

好吧！那不單純只是一個咖啡壺，那是一個在我們學校穿堂的咖啡壺，在我們學校歡迎家長蒞臨的區域。在咖啡壺旁邊有這樣的一段文字：**親愛的家長，請享用您的咖啡；請和我們共度美好時光！**

「這張相片是一個咖啡壺的相片，就在我們學校歡迎家長的地方，就在我的辦公室對面」我這樣告訴聽眾。「在校園裡有一個讓家長感到溫馨、受歡迎的地方，並且提供免費的咖啡，就代表了我們希望家長在我們校園多停留一些時間的想法了。不過我想要提到的重點應該是在這段文字裡的焦點，也就是『請與我們共度美好時光』」。

試著去找尋一些理解，別人才會想要瞭解你。

～貝瑞

我繼續說下去，指出並不是每一位家長都喜歡咖啡，也不是說每一位家長都會在早晨的時光來到我們校園的穿堂。不管家長喜歡喝哪一種飲料，或是一位家長何時走過那個地方，共度時光都大聲的說明我們歡迎家長的訊息，它說明了家長在校園裡是受到我們熱情歡迎的。歡迎家長的區域裡的沙發和椅子都具有吸引力，加上共度時光的字眼都強化了我們企圖達成的目標。共度時光的字眼不僅說明我們歡迎家長蒞臨校園，它更指出他們甚至不必有一個特定的議題或議程才可以逗留在校園裡。我們就是那麼珍惜他們出現在校園，也會很高興他們願意在校園閒蕩（每一年，新來到我們學校的學生家長都會告訴我這個訊息讓他們感動，也很高興看到這樣的訊息；譯註：國內因為校園性侵犯議題層出不窮，所以家長到校也要登記，繳交證件，無形中會毀了這樣的企圖心；不過該如何積極防範校園不該發生的性侵犯，應該也是教育伙伴該認眞思考的主題）。

有些校長還會更進一步鼓勵家長走入他們的校園，並且在校園都多停留一點時間。我知道有一位本地的校長在她的學校設置了洗衣機和烘衣機，並且免費提供這些設施給學生家長使用（譯註：作者服務的學校學區有非常高比例的學生來自於低收入戶，所以這樣的歡迎具有更大的吸引力）。她也一樣希望家長在校園感受到溫馨感，並且樂意走入校園與學校師生共度時光。對於她的學生家長來說，有機會在學校洗衣、烘衣（而不是去外面的自助洗衣房），在吸引家長蒞臨學校是有效的作爲。 164

我把這個例子當作一個具有創意的點子，說明一位校長可以如何盡心盡力的吸引家長走入校園。一旦家長在校園裡閒蕩，他們或許就有可能以別的方式積極主動的參與校務。最起碼，他們只要看看牆壁上所張貼的資料，就有機會可以學習學校的教育哲學觀和教學計畫。

當他們在那裡的時候，他們可以和其他的家長閒聊，有時候校長也可以參一腳，成為討論的一員。所以不管是咖啡壺或是洗衣／烘衣機都是一種鼓勵家長走進校園，並且進一步在校園閒蕩，或與校園的師生共度美好時光的訊息。我相信我們應該有許多不同方式來鼓勵家長走入校園，就像是我們有許多不同類型的學生家長一樣。

讓家長確實感受到他們參與校務運作，他們就會主動協助你。
～默翰墨德

我瞭解到鼓勵這類型家長出現在校園有時候可以幫忙我們對一些難以解決的問題打開大門。確實，有些家長可能在校園閒蕩太久而打攪了校園的學習氛圍。是的，有時候會發生「停車場秘密犯罪事件」，會把一些微不足道的小事擴大到讓我們無法辨識原來的事件。不過家長參與校務運作的好處應該勝過可能的缺失。感受到校園溫馨的家長比較可能參與校務運作，並且支持學校的各項活動推展。

鼓勵雙向溝通

雙向溝通是與家長建立良好合作關係的關鍵。有時我們認為優良的溝通意味著我們特別具有說服力、具有洞見、甚至是博學多聞的人。不要搞錯了我的意思：能夠具有說服力、洞見和博學多聞當然是一件好事，不過單純具備這些品質不見得會構成優良的溝通管道。好的溝通應該是雙向溝通，是一種交換意見的溝通。就像你無法單純依靠觀察一位老師的教學，就可以精確的評論他或她的教學品質——因為我們也要看看學生如何反應老師的教學，才能夠決定他們到底學了哪些知識和技能——你也無法單純根據學校提供給家長的資訊來判斷一個學校進行溝通的品質。要有效判斷一個學校所提供的溝通的品質，我們必須提供親師互動以及家長與校長之間互動的機會。實際上，親師互動的機會遠比家長與行政人員之間的互動機會普遍多了。經常發生的事情就是當一個大問題出現時，才是校長聽到家長抱怨的時機。 165

新城小學使用許多特定的策略來協助我們進行親師間的雙向對話：吸收會議（intake conferences）、新的家長的咖啡時間與家長的問卷調查。這些策略的每一項都是設計來提高家長在校園內的溫馨感受，並且提供一個環境讓彼此的問題或關懷可以暢所欲言的分享著。此外，所有教職員工的電話和電子郵件信箱都清楚的條列在我們學校的「親師聯絡橋」。與共度時光一樣的，這個訊息也傳遞給家長隨時可以和任何教職員工聯繫，不管他們是否曾經和任何一位老師聯繫過。

請記得，家長在遇到他們的子弟有困難時，會失去所有客觀的觀點。

～安吉

吸收會議

在新城小學，我們在開學後的第三個星期舉辦吸收會議，故意安排在這麼早的時間，主要是希望能夠更深入認識我們的學生。顧名思義，吸收會議就是一個家長講話、老師聽的會議，這個會議的期望是希望家長能夠使用 75% 的時間分享他們對於子女的瞭解，而老師則花那 75% 的時間來聽家長分享這些學童的點點滴滴！在會議之前，我們提供家長一份清單，讓他們瞭解在這個會議中可以和老師分享哪些資訊和議題。

- 您的子弟如何看這所學校？
- 今年您對於貴子弟在這所學校的目標爲何？

・您的子弟在學校以外有哪些課外活動的安排呢？
・您如何處理貴子弟的功課呢？您是否協助您的子弟完成這些功課，或者您只需要確認他們做完作業後給您檢查就夠了？
・您的子弟在家時如何解決問題呢？
166 ・依據您的觀察，貴子弟最強勢的智慧是哪一項呢？哪一項智慧是貴子弟會盡量避開的項目呢？
・就您個人來看，您認爲您個人最強勢的智慧是哪一項呢？哪一項是您盡可能避開的智慧呢？
・您期望貴子弟在即將來臨的這一年有哪樣的改變呢？

吸收會議也可以是一個探索多樣性差異議題的大好時機，也可以強調對我們的學校來說多樣性差異是多麼重要。我們提供給家長的一些範例包含底下的清單：

・您的家庭慶祝哪些節日呢？您的家庭重視的節日所舉辦的活動是否有哪一個會影響貴子弟在學校的學習呢（譯註：例如我們的農曆春節，在美求學期間通常不可以放假慶祝，不過猶太人的節慶已經爭取到可以讓猶太人回家團聚。所以這裡特別提到這種節慶的慶祝活動是否會影響學校的學習）？
・您是否願意在學校和我們分享您的家庭所承襲的世襲呢？
・貴子弟是否在某些場合看到家裡的成員受到其他人的歧視過呢？
・您是否曾與貴子弟討論過膚色的事情呢？如果曾經做過，您是如何與貴子弟分享的？
・您是否曾與貴子弟討論過經濟條件上的差異呢？如果

有過，您是如何進行這樣的討論的？

・您的家庭成員曾經使用哪些方式來協助您的子弟欣賞種族、血緣或經濟方面的差異性呢？

在他們參與過新城小學所舉辦的吸收會議之後，多數的家長不再需要這樣的清單，就可以找到他們自己的主題和老師分享。除了提供我們這群教職員工在學年度開始不久就可以更進一步認識我們的學生和他們的家庭狀況以外，吸收會議也扮演一個權力的平衡角色。典型的情況是，老師——即使他們和一位學生只相處了短短幾個月的時間——我們就假設他們是專家的身分，所以家長來參加會議的工作就是乖乖聽老師分析自己孩童的特色。所以我們刻意舉辦一個全然不同的吸收會議，它的設計理念反應了我們學校認為家長才是專家，他們對於自己的子女認識最深刻，所以他們具有可貴的洞見和觀點，而這些資訊將會對老師有莫大的幫助。

新的家長的咖啡時間 167

學校開學一個月後（給學生家長足夠的時間來認識他們原先不瞭解的事情），我會主持許多新的家長的咖啡時間，多數是在早上七點四十五分舉行，有一個是在午餐時間進行，還有另外一到兩次是在下午五點進行。這樣的咖啡時間我通常會先提到校園的意外事件，或者我們學校課程的某個觀點來當作開場白。「不過今天真的沒有一定要討論的主題，」我接著說：「除了我真的想要聽聽你們的想法以外。哪些事情讓您感到驚訝的，哪些進行的不錯，哪些是讓您失望的呢？您還想知道哪些事情呢？」

您一定要和家長建立良好的關係，不管他們是如何的讓您抓狂！
～邦尼

我發現當我提問「哪些讓您感到意外的？」通常會引起比較豐富的資訊交流，至少會比我問家長哪些事情讓他們失望或他們不喜歡的事。回應「驚訝」的問題有些時候會包含一些讓人們不怎麼開心的事情，不過因為他們回答的問題是讓他們感到驚訝的，所以他們比較沒有壓迫感——也比較不必憂慮——至少在分享某些讓他們感到不開心的事情時。即使我自認為是一個相當容易與家長接觸的人，不過有些家長不太情願開啓對話。提供一個對話的私密空間會讓他們比較容易參與對話。

家長的問卷調查

家長到底在想些什麼事情？我們如何知道他們在想哪些事情呢？除非我們正式請求家長提供他們的感覺，否則很容易以為(1)每件事情都很棒，所以校園沒有任何問題需要討論；(2)每件事情都很糟糕，世界就要毀滅了；(3)如果有哪些事情是我應該知道的，我就會聽到那些事情。正確的答案，當然是(4)以上皆非。沒有向外主動探究，並且正式的請求家長提供建議，我們所冒的危險不是助手的觀點就是批評者的觀點。在沒有任何資訊的情況下，當某人說：「我聽說有些家長對你們學校有些怨言！」我們就無法回應這樣的資訊。

每一年我通常會發放兩次到三次的問卷調查（一次
168 是在 11 月親師懇談之後，另一次是在春季的檔案之夜後，還有一次是在學年結束時；譯註：檔案之夜請查閱譯者翻譯，遠流出版社出版的《多元智慧的教學與領導》）。通常我還會在一封寫給家長的信件請求他們提供額外的回饋。例如，我會詢問：「事情進行的如何了呢？我想要瞭解您對於這所學校今年的表現會使用哪一種形容詞來形容。」定期的詢問家長的觀點，其實就是創造一個回饋機制的重要部分（附錄三包含家長問卷的一些樣本）。

此外，我們會努力設計我們的學校日，讓學校日可以超越單純的單向分享。在學校開學後的第一個或第二個星期舉行（在吸收會議之前，這樣家長對於我們的教學計畫有些認識），我們有三個學校日的夜晚活動，來提升那些有兄弟姊妹同時在我們學校的家長可以參與他們每一個孩子的學校日活動。我們在學校劇院開始學校日的活動，然後很快的移動到各班教室進行。老師說明他們的課程和教學的方式，並且確認有時間可以讓家長提問問題。我們通常根據反思和互動進一步發展親師對話，讓老師引導這樣的對話：「好的，現在我希望您轉身和您身旁的家長面對面，請您花費幾分鐘的時間來討論到底有哪些事情讓您感到驚訝的，以及您還有哪些問題想要瞭解的。」我們發現在許多場合，那些有子女曾經在我們學校就讀過的家長在學校日都擔負稱職的詮釋和解釋的工作。

我認為我的工作就是要教育家長「最佳的實務工作」，特別是關於什麼叫做合乎心智發展的最佳實務工作。如果我能夠用崇敬和熱忱的態度執行這項工作，家長就會感受賦權增能，也會覺得他們能夠掌握學校運作。

～塔瑪拉

我們學校日的形式在過去幾年確實有所更改。在過去，我們習慣邀請家長在夜晚來到學校參加學校日，並且讓他們體會他們的子女在這所學校學習的相同模式。在那種情況下，家長需要從一個學習中心，轉移到另一個學習中心，或嘗試使用他們的各種智慧。那時候家長也享受這樣的經驗，老師也認爲這麼使用時間的方式相當貼切，因爲透過這樣的親身體驗，家長可以更加瞭解他們的子弟在學校到底怎樣學習。然而我們逐漸認爲這樣有點像是在欺騙家長（和我們自己）一樣，因爲我們沒有足夠的時間可以解釋我們的教學計畫。因此我們決定回到一個比較傳統的模式，不過我們仍在遲疑我們是否做了一個正確的抉擇。

很清楚的，雙向溝通是一所優質學校必備的條件。我們需要知道家長的偏好，他們所關懷的重點，還有他
169 們問題。我們可能無法同意那些讓家長不開心的事情，不過一旦我們理解這樣的議題，我們可以決定他們所關心的重點是否有價值，以及我們是否應該改變我們所作所爲來回應他們所關懷的重點，或是改善我們溝通和解釋的模式，以便建立更優質的親師溝通管道，以及更優質的校園。

充分利用單向溝通的管道

與雙向溝通並行的，優質學校也會大量使用單向的溝通管道（從學校傳遞給家長的資訊）。在我的學校裡，單向的溝通主要是在我們給家長的信件看得到（雖然我們也使用我們的走廊和牆壁來進行這類型的溝通）。每個星期我寫一封信給每位學生的家庭，而且每位老師也給她的每位學生家長一封信。

如果您忙著評判學生的家庭，您就無法支持學生的家庭。

～雪洛

學校領導者必須花點時間來告知家長校園裡所發生的事情。分享的時候不僅要說明學校發生哪些事情，還要分享爲何發生那些事情，才會讓家長對學校的運作有更好的理解，也才能夠更加欣賞學校老師的付出。在過去二十八年擔任校長期間，我每個星期都會寫信給家

長。以往我們使用那種油印的方式來印刷信件；現在可以使用電子郵件，還有我們的學生做了哪些事情的相片（您可以在新城小學的網頁看到我每週給家長的信件與相片， www.newcityschool.org）。時光快速流逝，我寫的信件也越來越長。實際上，有時候我會聽到一些怨言，抱怨我的信件寫得太長，他們抱怨我分享太多訊息了。有些家長說他們會熱切的等待信件，也喜歡信件裡面鉅細靡遺的說明！我的偏見是提供所有的訊息，不過心裡有數的知道並不是每個人都會詳細的閱讀信件。

我的信件包含家長所需要知道的重要訊息：學校即將舉辦的重要活動、體育團隊的登記程序、他們可以參與校務運作的機會等。我也會用一段標示爲「成功校友」（Alum Success）的專欄，讓我敘述本校畢業生畢業後在
高中的學習（有時候還會報導那些在大學的畢業生學習 170
情況）。我們在專欄特別報導的學生有那些獲得優等生名單的學生、體育團隊的隊員、參與戲劇或舞台表演的學生、西洋棋代表隊隊員、學治會會員等等。當他們的子弟在我們學校求學時，他們曾經在我寫給家長的信件看到這些專欄報導的學生表現，所以等到他們的子弟畢業以後，也會和我分享他們的訊息。此外，我也會閱讀高中的出版品，找尋本校畢業生成功表現的報導。

同時我也使用這些信件當作我想要改變家長教育信念的工具，透過信件與他們分享我們的教育哲學，並且解釋我們在學校裡的所作所爲。這樣的訊息不僅對於那些正在我們學校就讀的學生家長有所幫助（我希望他們已經熟知這些主題），對於那些未來會進入我們學校就讀的學生的家長也有所幫助。閱讀學校正在發生的事件讓

> 他們需要知道您真的關懷他們之後，才會關心您想要知道的事情。
>
> ～莎拉

他們可以到處看看，也可以研究未來可能發生的事情。附錄四包含了去年春季我寫給家長兩封比較長的信件(我所寫的信件通常有三到四頁那麼長)。

除了我星期五寫給家長的信件以外，每一個學年的老師也會寫信給他們的家長。各學年老師寫給家長的信件比較聚焦到那個年級所進行的活動：即將來臨的校外教學活動、烘焙餅乾特賣（譯註：美國學校通常透過學生烘烤餅乾、蛋糕來籌募一些經費）和其他特殊的活動。老師也可以針對他們課程的某個觀點提出他們的個人詮釋。這兩封信的結合，一個是我寫給家長的信件，代表全校性的觀點；還有一個是年級教師寫的信件，代表特定年級的觀點，讓家長對於學校正在發生的事件有豐富的認識。

重視參與

當家長參與校園事務的運作時，每個人都因此而獲得好處。然而，就像我們每個人都熟知的，要請求家長參與校務運作已經比十多年前來的困難許多。在我擔任學校領導者角色的時期，我看到越來越少家長能夠在白天來到校園參與學校事務的運作。欠缺時間並不意味著沒有辦法讓學生的家長參與校務運作，只是說明了家長的參與比較困難罷了。

171 所有的學校都有它們的需求，從事務性的協助，到講故事給學生聽，到協助擔任家教，到照顧學校的花園，再到整理校園裡遺失事物認領（通常遺失的項目遠比認領的項目多出許多)。一個起始點是徵詢家長他們擁有哪些技能和興趣，以及他們想要如何幫忙學校事務的運作。實際上，我發現鼓勵家長參與的最佳方式來自於我們爲剛來到本校的學生家長舉辦的咖啡時間的討論。我也會在我每個星期寫給家長的信件徵求幫手。當家長和我討論時，一個相互結合的興趣或機會通常就會這樣浮現出來。

鼓勵家長參與的策略可以也應該因應學校和社區的需求而有所變化。我們可以做的範圍依賴我們所教導學生的年級，我們所處的社區範圍，還有學校的文化。不過在每個情況下，一個恆常不變的常數就是當家長對於學校的運作抱持支持的態度參與時，學生的學習會發揮到最佳境界。

學校的領導者必須花費時間，並且確保他們的學校對於學生家長是一個溫馨感人的地方，他們的學生家長的聲音可以被仔細的聆聽，還有家長也可以參與校務運作。這些目標都不怎麼容易達成，不過就像學校領導統御的其他方面一樣，它們都是非常重要的目標，讓我們不可以疏忽任何一個目標。

CHAPTER 11

在西元 2025 年擔任學校領導者

我們現在所做的決定將會爲我們明天的願景設定框 172
架。當我們決定學校要採購哪一類型的電腦操作系統，當我們選擇聘用愛麗絲而不是巴瑞，當我們決定我們的學生需要哪一類型的準備時，我們都是根據我們對於未來的假設所做的決定。到處看看，然後預測明天、明年，乃至於十年以後將會發生哪些事件通常不會準確。戰爭、股票市場解體與下雨之前都是我們想要預測明天即將發生哪些事情所發生的愚蠢猜想。

例如在 1943 年的時候，IBM 的老闆湯姆斯・華生說：「我認爲全世界可能可以賣出五台電腦。」另外，德卡唱片公司在 1962 年拒絕了披頭四出唱片的要求：「我們不喜歡他們的聲音，吉他所演奏出來的音樂正在退熱當中。」還有在 1968 年的《商業週刊》（*Business Week*）則聲明：「我們在美國境內已經有五十種外國進口的車子在這裡販賣，所以日本汽車工業不太可能在美國市場佔有一席之地。」（這些和其他「不好的預測」都可以在底下的網站找得到報導：http://rinkworks.com/said/predictions.shtml.）

對於未來，我們唯一可以確認的就是未來是無法掌握的。任何具有常識的人都不願意嘗試對未來做任何形式的預言。當然也就沒有誰笨到那種程度，想要以白紙黑字的方式把這樣的預言書寫下來，讓後世子孫來嘲笑！雖然要面對這樣的冷嘲熱諷，不過我願意嘗試一些「新的」，然後大膽的向前看到 2025 年可能發生的事情。

讓我清楚的說明一點，那就是我不認爲我對於未來抱持任何特殊的洞見。我並沒有購買微軟的股票，在
173 2004 年的總統選舉，我投票給約翰・凱瑞（譯註：當年由小布希和凱瑞競選總統，結果小布希獲勝），而且我還在等待寬領領帶的時尚復古風潮再度來臨。雖然我們無法精確的預測未來，我們從某些邏輯性的假設，特別是那些可能發生改變的領域來嘗試預估的可能性。從那裡，我們推測可能在學校發生的一些事情。眼睛盯著我這個半模糊的水晶球，我看到三個領域對於學校和教育領導將會有所影響：不斷擴展的科技、改變中的家庭生活，以及不斷提升的績效和競爭。

在更進一步說明之前，你可能想要花幾分鐘的時間，進行你自己對於這些領域對 2025 年的教育將會有哪些影響力的預測。你會如何回應底下的問題呢？

一位領導者必須同時具備遠見和實用主義。

～愛波

1. 科技進步將會如何影響學校呢？
2. 改變中的家庭結構和人口統計資料將會如何影響學校呢？
3. 要求越來越嚴格的績效和競爭將會如何影響學校呢？

不斷擴展的科技

因爲我們無法預測到 2025 年將會有哪些科技界可以

提供的全新的科技產品，所以嘗試去掌握科技在那個年代對於教育的運用，可以發揮哪些影響力將會是一件困難的事情。當電腦的晶片越來越小，越來越快速，也越來越強力的時候，科技的爆炸將會超越我們的想像空間。在 1994 年的時候，網際網路對於我們多數人來說是新玩意，那時候的電子郵件更是稀客（譯註：確實在早期，國內只有交通大學和中山大學有連線的網路可以連結到其他國家。要寫電子郵件也沒有現在的 IE ，或 outlook 之類的瀏覽器，還要使用一些特殊的文字處理軟體才能夠寫中文。當時應台北縣政府要求，找了四位不怕死的師院生去幫忙建立台北縣教育網，還要使用特殊軟體來寫網頁。還好後來那些學生都陸續成爲這方面的專業人士）。

而今日，已經有超過八億八千八百萬人使用網際網路；從 2000 年到現在爲止，全世界在這方面的成長已經提升了 146%（Internet World Stats, 2005）（有時候我會覺得所有使用網路的人都給我寫一封電子郵件呢；譯註：作者每天收到成千上萬的電子郵件，所以會有這種幻覺）。在今日，動態的電子影像以鮮豔的色彩幾乎從電腦螢幕跳躍出來，個人的電子數位助理包含的圖書館充滿了各式各樣的資訊，已經可以被我們攜帶在口袋到處遊走。慢跑鞋裡面鑲嵌著電腦晶片，可以監控一位慢跑者的速度和距離。

科技幾乎無所不在，不過這才只是剛開始罷了。在 174
《心靈機器的年代》（*The Age of Spiritual Machines*）一書當中，克威爾（Ray Kurzweil, 1999）彩繪了一個未來的世界，在那世界，人類與電腦的差異就變得相當模糊不清了。克威爾還預測到了 2019 年：

· 只花費一千美元所買到的個人電腦，將會和人腦在計算能力方面幾乎相同。
· 電腦將會越來越小，幾乎是看不見的東西，也會在每個地方都看得到它們的蹤跡——鑲入牆壁、桌子、服飾、珠寶首飾和人類的身體裡面。
· 紙張做的書本或是文件將會相當稀少，多數的教學將會透過電腦模擬軟體般的老師進行。

學校需要越來越少的頂尖組織領導者，不過也需要越來越多膽敢在混亂中有勇氣的嘗試者。那些能夠聽到或具備偉大想法和願景的人，同時也看到他人的優點，這樣就可以最快的速度進行真實的學校創新改革。

～艾倫

此外，在《我們是心靈機器嗎？》（*Are We Spiritual Machines?*, 2002）這本書當中，克威爾預測在這個世紀的後半部，在人類的智慧與機器的智慧方面將不再有任何差異了（p. 55）。

魯尼・布魯克（Rodney Brooks）在 2002 年這樣擴展科技的角色：「一個看起來合理的假設是認為到了西元 2050 年的時候，我們在婦女受孕的當下就有能力可以介入，以便選擇胎兒的性別，還有許多身體、心理和人品方面的特質，一些比較瑣碎的細節也都可以依據我們的需求來規畫」（p. 190）。

如果我們假設克威爾和布魯克都是對的（或者甚至說他們所預測的只有三分之一是正確的），對於學校領導者的意涵也會相當深遠的。首先，學校領導者必須對於最新的科技有一種非常舒適愉悅的感受，這樣一種舒適感是非常重要的，這樣他們才能夠使用科技來協助帶領學校，也才能親身示範他們與科技之間的感受給其他人體驗。科技的進展將會導致學校以不同的方式聚集在一起，處理、監控和報告學生的成就和成長的資料；校長需要善於處理這些事情。

對於科技抱持高度的舒適感也會是很重要的事情，這樣學校的領導者才會知道哪些時候使用科技不是妥當的行爲。我們不必刻意偏離科技可能可以培養學生的學習，或者協助領導者運作學校這兩方面的優勢，不過我們必須瞭解到科技可能被過度使用，或者不恰當的使用著。在《閃爍的心智》（*The Flickering Mind*, 2003）這本書當中，透德・歐本瀚美（Todd Oppenheimer）反覆的提到許許多多的故事，說明老師如何被科技將爲教育帶 175
來解決方案的構想所吸引，卻沒有主動去理解科技，或者體會科技所能做，以及科技無法取代的項目等等。就像是許多工具一樣，在我們使用一項科技發明之前，我們需要捫心自問一下，看看它是否是我們想要嘗試解決的問題的正確解答。

科技持續進步的另一個含意指出學校的建築物或是校園將不再是正規教育可以發生的唯一，或者可能是主要的場所了。實際上，這樣的趨勢早就在大學或專業發展的階層啓動這類型的學習機制。鳳凰城大學，主要透過線上課程的提供，已經有超過二十萬個學生在全美一百五十個中心註冊（Read, 2005）。許多大學或學院也提供線上課程（就像是 ACSD 也提供線上課程一樣）。有時候，線上課程是純粹的電子化課程；在其他時候，它們提供一些混合的方式，包含一些面對面的互動課程。

很快的，我們即將看到國中和高中也會把一些例行性的課程，透過線上課程的方式提供給他們的學生。除了明顯的優勢，可以允許學生以他們自己的步調進行學習以外，對於那些不想要一次所有完整的學校經驗的人們也有相對優勢，電子化的學習將允許學生繼續擁有一個不在下午和夜晚工作的職業，還可以一邊求學。當然，這也意味著將會有越來越少的老師會在早上八點到下午四點的時間在學校工作的可能性。網際網路——或者它後續的繼承者（三度空間、與實物一樣大小的，沉浸式的電視節目？）——也會被用來督導這些老師的工作。或許網際網路將會被用來督導多數老師的工作。

雖然線上課程將會變得越來越普及，我發現我很難想像線上教學對於那些小於十歲或十二歲的學生可以扮演一個重要的角色。年輕的學生需要與一位老師建立關係，也需要比較多的指導；還有一個重要的概念，那就是他們比較不太可能單獨在家而沒有大人的督導。不過網際網路的潛力真的無可限量。

網際網路將給每位老師教導每一位學童的機會。一位在內布拉斯加州奧瑪哈工作的老師，可以同時和全國
176 各地或全世界各地的學生分享她的教學熱忱和專業。他們將會聽到、看到，並且與她互動，就像是她只是站在他們前面五或十呎的距離而已。實際上，克威爾可能會說，就所有實用上的目的來分析，她和學生的距離就在五到十呎之間；他們不會知道她到底是與他們同在一個房間裡，或者在奧瑪哈或新加坡。「線上」學習的想法可能可以被「碰得到」的學習所取代，學生將可以觸碰得到，也可以操控科技創造出來的影像——與來自於新加坡的老師握手，或者觸碰她的圍巾。

你可能會認爲，我曾經聽過這類型的預言。畢竟，在四十年前也對教學用的電視對於教學的影響做了相似的預測。透過親身體會，我知道這樣的預測曾經發生

過。在那時候，我坐在一間高中的英文課堂上，那是一堂從別的地方來的老師所教導的課堂。我的同學和我發現我們很容易就會忽略了從我們前面那台十五吋的黑白電視所散發出來的演講內容。我們從來都沒有見過、或與這位老師講過話，所以他在我的心中仍舊是一位遠距離，兩度空間，不會超過一英呎高的人。我們與他的互動侷限於寫信給他，並且在一星期之後聽到他在電視上宣讀某些信件的內容。相對的，明日的科技會是徹底的互動模式，所以互動這樣的詞彙將會失去它的意義。互動將會退回到一個早期的時代，人們將會發現很難揣摩這個詞彙的意義（或許就像是今日我們在說冷凍庫或立可白一樣的難以揣摩）。未來的科技將會越來越無法看得到，如果不是完全隱形的話（這樣的改變早就發生了。大多數的人都沒有察覺到一輛新車有比較多的費用是用在汽車內建的電腦，而不是用在車身底盤所需要使用的鋼鐵）。

科技的進步也會改變我們與學生家長溝通的模式。與學生家庭的溝通將會比較容易、快速，也比較能夠包容一切——記錄一位學生成長方面更多的觀點——也更頻繁的紀錄下來。現在已經有些家長可以透過學校網頁的拜訪，看到他們的子女在學校的所作所爲（也可以確認他們的子女就在學校裡面）！

當家長和老師都能夠使用相同的資訊，過去那種因 177
爲家長單方面從他們的子女觀點，以及老師以她另一個觀點看待同一件事情的壓力就會消失。因此，在教育方面，家長和老師將會變成親密的伙伴關係。相同的科技也將會改變——已經改變——我們在組織裡的溝通模式。不管地理上的距離多麼遙遠，或是員工在組織的身分地位相差多少，幾乎是任何員工都可以透過電子郵件很容易的和其他員工接觸。

以上這一切對於學校的領導者有哪樣的意義呢？矛盾的是，我認為我們越來越普及化的依賴著科技，也將會讓人與人之間的關係更加重要。如果沒有其他原因，面對面的互動和關係將因為越來越難看到這樣的關係而佔有更重的份量。我必須對克威爾說一聲抱歉，因為我相信沒有任何電腦程式可以取代人與人之間的互動關係。不過，因為電腦將提供一個接近真實的情況，也因為我曾經建議，我們將會越來越需要依賴它，我們都會越來越依賴它們，那種特殊的人與人之間的接觸與互動，不管是真實的或象徵性的，將會很重要。不管科技可以提供什麼貢獻，也不管未來溝通的形態為何，好的學校仍將是一個學習型的組織，在裡面所有的大人都能夠成長，也能夠在一起互相學習。明日的校長將需要找尋方式來使用科技，才可以一邊保留面對面互動的重要角色，也能夠提升校園裡的共同領導。

當我感受到我已經做得太多時，請不要期望我會加快腳步繼續往前邁進。

～邦尼

改變中的家庭生活

家庭改變了，孩子通常因此而感到痛苦。核心的家庭型態，包含一位媽媽、一個爸爸以及他們親生或認養的子女，正在衰退當中。離婚率顯然已經達到一個水平，不過太多的婚姻仍然以離婚收場。相當多的孩子生活在貧困裡，他們通常連基本的身體與情緒的需求都沒有滿足就來到校園。好幾百萬的孩童沒有足夠的健康照

顧，而且在某些情況下，他們在身體方面的安全都沒有 178
獲得保證（譯註：請參考譯者翻譯的《錯綜複雜的教學世界》，提到目前學校的學童遭受到這方面的威脅遠超過我們早年求學時的情況）。不幸的，當我們往未來看的時候，沒有任何事情可以保證這些情況將會獲得明顯的改善。不過，這類型的改變並沒有消除老師在教養學生方面的責任。當每一個孩童走入我們教室的門時，我們還是需要盡我們的本分來協助他學習。

這些情況建議一個趨勢，就是學校需要擔負起一些與教學無關的事務，才能夠讓一位孩童的身體和成長持續進行，甚至加快速度的成長。我們也會看到更多社區服務的整合，這些服務有許多項目都會使用學校的空間進行。實際上，有些學校校長已經這麼做了。一個不錯的範例就是一位校長已經設置一台洗衣機和烘衣機在她的辦公室，讓她的學生家長可以使用（請參考第 10 章的討論）。

行政人員有必要理解和尊重一位課堂教師所感受到的動態。

～塔瑪拉

學校可以支持家庭的可能性幾乎是無限多的。當孩童的需求，以及家庭可以滿足那些需求的差異提升時，越來越多的責任將會落到學校，由校長指派或由校長承擔這類型的責任。例如，許多年前當我們試著去想出一些方法來支持我們在新城小學的學生家長時，我們確實考慮到學校可以提供一個乾洗的服務。我們考量在校園設置一個容器，讓家長可以把他們的髒衣服在早晨丟進去，中午的時候，清潔工將會蒐集這些髒衣服。他們會在隔天把乾淨的衣服送回學校來，讓家長在接送子女時，可以領回他們清洗乾淨的衣服。比較聰明的腦袋獲勝（我認為），我們最後決定不要在我們的學校穿堂設置一個髒衣服的容器，因爲我記得如果一位家長不高興襯衫上面還殘存一些澱粉，你知道誰——絕對不是清潔人員！——會受到家長不滿意的態度所衝擊著。

雖然假設家長會因爲他們襯衫上的澱粉而感到不高興的想法看起來有點荒唐，不過我得承認這個邏輯的價值。畢竟，如果我們提供一項服務，或者在校園內讓外面的人員來提供這類型的服務，即使它是乾洗的服務，我們就需要爲它的品質負起責任來（往前看，我想如果
179 我們眞的接下這個燙手的山芋，果眞提供一個洗衣房的服務，我們將會把學生的美勞作品放在容器的旁邊，讓它顯得更有吸引力，或者我們會使用那個空間來提醒家長學校即將播放的電影、投票人註冊或是流行性感冒的疫苗注射等等）。

無可避免的，學校領導者的許多角色將會變得越來越包羅萬象，也將變得更加複雜。「單純的」負責學生在教育方面的進步情況將被取代，學校領導者也將需要照顧其他方面的活動，從提供早餐和午餐服務（在許多學校這早就已經是校園生活的一部分了），到提供放學後的課後輔導活動，到提供牙醫和健康服務的空間，到設置嬰兒照顧與托嬰服務（譯註：美國有許多國中和高中的少女懷孕生小孩，他們如果要到學校上學，就沒有人照顧小孩，所以變成學校的責任），到老年人參與學校活動的可能性，到開放校園，讓社區民衆可以在夜間和週末時間用校園來強調其他社交和家庭的需求等等。

服務的項目像這樣爆炸開來的擴展，眞的讓人感到苦惱，不過有些學校已經開始展開這樣的服務項目。在新城小學，我們的課堂從早上八點半開始上課，下午三

點半放學。我們從早上七點鐘開始提供免費的照顧服務，也以免費的方式提供延後放學的服務到下午六點半為止。我們延後放學的計畫提供一個自習時間，也可以使用學校的電腦教室，還可以讓學生在愉快的氛圍，低調的督導情況下進行些遊戲。延後放學的計畫同時提供各種免費的才藝班別（棋類、藝術、音樂和新聞）。每天放學以後有超過一半的學生留在學校繼續進行延後放學的各項活動。在春假、寒假與暑假期間，我們也提供露營和督導的活動，以及在親師懇談會的日子和教師進修的時間提供這類型的服務項目。

就像許多學校一樣，我們持續找尋新的方式來支持我們學生的家庭。就在我寫這本書的時候，我們的學校正在把兩間體育館當中的一間轉變成一個五千四百平方呎的多元智能圖書館。圖書館將包含一個樓中樓，許多鮮為人知的地方，一個迷你劇院，一堆書籍，還有許方式可以讓學生進行學習，或者展示他們所學到的知識和技能。不過那還不夠，我們正計畫拓展圖書館的使用與使用者的對象，這是我們支持學生家庭的另一種方式。
圖書館在放學以後還持續開放，從下午三點半開放到六 180
點半，那些想要閱讀圖書的家長，或是和他們的子女一起閱讀的家長，以及一些有兩位子弟在我們學校求學，一位子女還沒有完成足球、籃球或是壘球練習的家長可以妥當的使用這個圖書館（這些運動項目都在校園舉辦）。我們正計畫在星期六早晨開放學校給我們社區的民眾使用我們的圖書館（雖然距離我們學校不到一哩遠的社區才剛剛新設立一間公立圖書館）。

我們也在討論如何利用我們這個新的空間，在夜晚舉辦一些演講，讓一些教育伙伴來我們學校與家長和社區成員聊聊。最後，圖書館將包含一個空間，那空間在設計時就是要鼓勵家長來學校喝一杯咖啡，並且盡可能在校園閒晃用的。就像在第 10 章已經介紹過的，我們學校大門剛進來的穿堂已經有家長休息區域，就在我的辦公室對面，家長經常整天在那裡消磨時間。因爲我們有越來越多的家長要在校園消磨時光，所以我們顯然需要第二個家長休息區。新的圖書館不僅可以擁抱我們的學生，也是我們伸出雙手，和我們的社區進行交流的一項工具。

當學校提供的服務項目擴展時，我們所需要的資源，以及我們需要做的連結就會以指數的方式提升。校長早就欠缺足夠的時間來做領導學校所需要做的所有事情，將會發現他們必須爲更多在學校以外舉行的活動和外部的關係扛起責任來。當然，比較可能發生的危險是一位校長必須爲這麼多不同的任務扛起責任，她就沒有辦法成功的經營當中的任何一項。當責任開始拓展開來時，我想像學校需要使用行政助理來協助校長在這些非關學業的領域的經營（這些工作的經費預算將可能來自於學校學區預算以外的經費）。這些人，可能沒有教育方面的學位，也可能沒有任何大學的學歷，將擔任社區仲介的角色：辨識出社區有哪些資源、關係的發展、規畫一些教育計畫，以及監督它們的運作。當然，這個角色也可以當作行政實習生或是有抱負的校長的訓練課程之一。

181 還有另外一個向外接觸社區的策略，許多學校會形成鄰近社區諮詢委員會。這些委員會主要是由那些沒有子女在學校就讀的民眾所組成（雖然有些成員可以是畢業生的家長）。委員會的成員將和校長在兩個領域一起合作：把服務的項目從校園往外推展，走入社區；以及把資源從社區拉進校園。校長將會發現與這類型的團體一起工作時，需要面臨的挑戰將和他們與教職員或家長一起工作時所面臨的挑戰截然不同。因爲鄰近社區諮詢委員會的視野遠遠超越教育領域的範疇（甚至可能根本就不包含它），所以校長就需要發展新的興趣和不同的領域專長。當校長持續在彼此競爭的興趣和找尋共同的好處之間尋找平衡點時，這樣的訴求很可能會要求校長扮演一個更泛政治化與促進者的角色。

強勢的行政主管不會害怕捲起袖子，親自撩下去工作。

～凱西

這個趨勢意味著當我們開始看到學校學區教育局長的遴選，校長也比較可能來自於非教育相關的背景，他們會具備不同類型的專業訓練和心態上的預期。雖然總是有機會讓傳統的教育者帶領學校（譯註：這裡的傳統相對於那些來自於其他領域的專業伙伴，和教育可能完全毫無關聯。譯者服務的學校校長原先和師資培育也毫無關聯，就是一個明顯的個案）——變成行政主管的老師，然後進修獲得行政方面的碩士或博士學位——遴選領導者的焦點比較會集中在候選者所擁有的技能，而不是他們所具備的教學經驗或學術方面的準備。當學校的角色擴展開來，並且快速轉變時，社會工作者或諮商輔導人員可能擁有合宜的技能來領導學校。一位發展領域的主任可能相當擅長於建立關係，或者一位律師可能在規畫策略方面有傑出的表現，那都是經營一所學校所必須具備的技能。有些人具備行銷方面的背景，可能是激勵教職員工以及與社區結盟的理想人選。有些學校的領導者可能擁有這些能力，當然也有可能我們可以在學校鄰近社區的諮詢委員會的成員當中找尋到這些技能。不過一件事情清晰跳脫出來：不管行政助理或諮詢委員會
182 是否存在，明日的校長將需要在教育以外的議題具備足夠的知識，也需要擁有與各式各樣的民眾相處的能力，不再單純只侷限在家長而已。

績效的提升和競爭

領導者在未來帶領一所學校將會比今日的學校帶領來得更有挑戰性；瞭解今日的眞相，那已經說明某些事情了！兩股截然不同的勢力正匯聚在一起，強化績效與學校彼此競爭的環境。這兩股勢力分別是⑴使用量化分析方式來判斷學校經營好壞的趨勢正在提升；以及⑵家長具備比較多的權力來爲子女選擇就讀的學校。

量化分析，我的意思是說我們——教育家、家長、政治家和媒體的成員——越來越會計算、測量和比較許多事情。「把每一位學生帶上來」的聯邦法規是這項量化、重大政策的幕後推手，不過它絕對不是孤軍奮戰。當我們想要針對我們學生的進步情況與他們的同學的進步情況，與美國境內其他學生的進步情況，以及和全世界其他地區學生的進步情況作比較時，就可以看到測驗評量的企業蓬勃發展。當我們依賴數字來確定價值時(不管這個數字是百分比、累積百分比、分級制度或是其他方式)，進行比較就顯得容易，也是無可避免的事情了。當數據資料越來越公開化，我們就會發現學校需要爲他們的學生在這些測驗的表現負起責任來。依賴這些

硬梆梆的資料不見得一定是一件壞事情。我們應該知道我們的學生是如何成就的，我們更應該使用資料來監控、規畫和評量學生的成就。但是，因爲容易比較就會提高比較的可能性。在越來越多的情況下，學校的領導者將會需要爲學生的表現肩負起責任來。

有些人會爭論（我是他們當中的一員）量化分析通常會忽略了一個高品質教育所做的貢獻，以及學校爲學生在眞實世界獲得成功經驗所做的努力。我們怎麼能夠使用一個數字來指出一位學生對於運動的喜愛程度、對於動物是否仁慈，或是關懷他人的程度呢？我們怎麼能夠使用一個數字來測量一位學生遭遇到逆境時的積極性，或者當每一件事情都毀了時的幽默感，或是在處理改變中的錯綜複雜事物時的創意和足智多謀呢？告訴我，這些鴻溝指出依賴量化資料的一個主要缺失。經常我們測量那些可以被測量的事物，而忽略了無價的珍貴物品。 183

然而，當我朝向未來看過去的時候，我毫無疑問的瞭解到，心理測量與科技的進步將會讓我們想要紀錄和追蹤學生的態度與價值的企圖變成可能。我們可以質疑這類型工具的正當性，不過它們將會變得相當普及。當學校在找尋更寬廣與更豐富的方式來記錄學生的成長時，測驗公司會做出適當的回應。另一方面，因爲我們能夠決定學生的同理心以及他們對於他人的關懷是否會隨時間而增長，所以我們瞭解這方面正在改善當中。另一方面，當這些品質和特質變成可以被量測得到的事物時，它們就會被人們計算出結果，並且加以比較。在 2025 年的網路新聞（在那時候報紙這個詞彙可能也會被

一位好的領導者具有可以讓那些與他或她一起工作的人把事情做好的魅力。

～黛比

淘汰，當然立可白就一樣會被淘汰）不僅會根據學生的閱讀理解和數學運算能力把學校加以比較排行；他們也會根據學生在標準化測驗所得到的同理心、創意和堅持的表現加以比較、排序。

另一項加快學校辦學績效的重要因素是比較多的家長選擇權。實際上，這樣的轉移早就發生了。根據 Hassel 與 Hassel（2004）的調查指出：「在 2003 年，足足有一千兩百五十萬的學生不是在他們被指派的學校就讀（不包含在家教育的學童），如果與 1993 年只有八百六十萬個學生相比較，足足提升了 45% 。」（p. 34）

特許學校在這個現象的過程中也扮演了一個角色。它們提供當地公立學校的一個替代性選擇，它們在教育的範疇裡提高了選擇權的議題。第一所特許學校在 1990 年代早期通過相關法規的設置，目前在美國境內的特許學校數量（3,000 所）已經超過獨立自主學校的數量。雖然這些學校也不是完全沒有經營上的問題和挑戰，不過
184 這個叫做「特許學校」的精靈已經無法再放回到它原先的瓶子裡了。不變的是，每一年將會有越來越多的特許學校會被創造出來。如果我們把特許學校的教育價值先擺在一旁（我也相信它們確實有它們的價值），它們的出現其實就是我們在這個社會上的其他行業都可以看得到的消費者運動的一部分。

與二十年前比較，現在的美國消費者在食物、服飾、汽車與電視節目方面都有比較多的選擇權。所以沒有任何道理可以想像這樣的趨勢在教育的範疇會有所不同。當營利與「數位學院」都增添到家長所擁有的選擇權時，不管我們是否喜歡，教育將成爲另一項商品。

公立學校學區在它們各個學校之間與校園裡將提供更多的選擇權來回應這樣的競爭市場。與其想要創造一個同一個模子做出來的學校，也就是在它們所服務的所有地理範疇都提供一模一樣的課程（不管這麼模子做得多好），公立學校需要開始創造獨特的身分，並且將它們本身的努力圍繞在課程方面。當一個學校學區有許多國民小學，何不把當中的一個架構在一個基礎的課程方面，另一個架構在藝術方面，而第三個學校則架構在戶外教學方面呢？家長可以從他們的學校學區挑選他們想要的學校。同樣的，如果有許多高中同在一個學校學區，爲何不把當中的一所奉獻在藝術方面，另一所投入自然科學方面呢？當然，許多年前，這樣的作法已經透過磁石學校的建立，當作我們在消除種族隔離時的一項工具。

> 提供教職員工可以一起合作，腦力激盪出一些想法和解決的方案，反思和提供回饋的機會是重要的。
>
> ～珊蒂

提供消費者和教職員工一項選擇將會帶來特別的好處。當家長可以爲他們的子女選擇課程和學習的情境時，認知的衝突就會變成一項因素，而且他們與他們的子女將會以一種比較高的忠誠度，展開全新的體驗。那代表著未來的校長也將需要具備行銷的專業；當然，這不見得說校長自己必須擁有行銷的專業。不過最基本的條件，就是校長必須有能力充分利用別人的行銷專業能力。

我們這所學校早就已經注意到行銷的重要性了。當
作一所獨立自主的學校（譯註：新城小學不是公立學 185
校，但也不像是國內的私立學校，比較接近特許學校），我們必須行銷我們自己給未來的家長，不過那還不夠。因爲我們具備一項獨特的教育哲學——尊重學業、學生

的多樣性差異、多元智慧、主題教學和個人智慧——那和我們的學生家長以前曾經求學過的學校都有十萬八千里的差異，所以我們需要把我們自己行銷給他們認識。我們需要讓現在的學生家長瞭解到我們正在做的事情，以及做事的原則；我們需要他們欣賞我們學校重視的價值，並且樂意把他們的子女不斷的送到我們學校來就讀。這是為何我們學校的走廊上展示作品，它們不僅可以用來裝飾學校，還可以當作教育用途。這也是為何我們會特別強調我們學校會鼓勵學生家長走入校園，並且在校園裡閒晃了。這也是我為什麼要在家長教育和溝通方面耗費這麼多精神的原因。當我們與我們的消費者（我們的學生）和我們的顧客（他們的家長）保持良好的溝通時，每個人都因此而受益。

領導者與分散型的智慧

如果我對於未來的第六感是正確的，那麼學校領導者的工作將會變得越來越複雜，也越來越有挑戰性。越來越多的責任和越來越寬廣的責任將會落到校長的身上。因此，如果校長想要成功經營學校，那麼他們就需要發展不同的技能，並且投入許多時間在這一方面。這樣的情節並沒有為未來的校長或學校提供良好的預警。多數校長會認為他們已經花費太多時間在他們的工作上，不過他們仍然因為沒有做足夠的工作，或沒有做好那些工作而感受到挫折。這些張力可以在表 6-1 看得到。學校學區在找尋足夠的好校長方面，早就已經面臨困境，偏偏越來越多的要求和期望，將會讓我們更難找尋與留住好的校長。

這項令人氣餒的情節如果有解決方案，也一定落在校長如何界定他們的角色。校長需要承認他們的工作是要創造一個學校文化，讓每個人都成長與學習，包含他們自己在內。他們必須把他們看成是團隊的成員，並且 186
瞭解到他們可以因為身旁的人們而變得更加聰明。分散型智慧（distributed intelligence）的觀念對於領導統御這個互動式的定義是相當切題的，而且分散型的智慧是明日校長能夠成功不可或缺的一部分。

分散型的智慧就是認識我們的智慧不是侷限於我們皮膚裡面所擁有的知識與技能；我們的智慧有部分是取決於我們是否有能力在我們身邊辨識出資源，並且能夠使用那些資源〔分散型的智慧這個詞彙原先是指一系列的電腦連結在一起時所產生的運作能力的提升現象。所羅門（Salomon）在 1993 年所寫的《分散型的認知》（*Distributed Cognitions*）一書，在分散型的智慧方面提供許多思考的內容〕。

當我們依賴計算機、電腦、書籍、手工藝品或我們身邊的人們解決眞實世界的問題時，我們就在使用我們的分散型智慧。心智上計算 4 × 312 的數學問題，會使用我們的邏輯數學智慧，不過使用一台計算機來解決 4 × 312 的數學問題就是使用我們的分散型智慧（就此而言，如果一個人需要使用一台計算機來運算 2 + 2 的數學問題，那也是在使用分散型的智慧）。盯著天空的星星來解決一個航行的問題是在使用空間智慧；使用全球定位系統（global positioning satellite device, GPS）或其他工具也是在使用分散型的智慧。如果兩個人都可以使用一間圖書館來解決一個問題，不過當中只有一位瞭解杜威的分類系統，她的分散型智慧將會允許她更有效率的找出她所需要的圖書館資源。聰明的人們總是在使用他們的分散型智慧，不管他們是從一個洞穴的牆壁上所留下來的符號進行推論，或者從一個雲層的形成狀況來預測天氣狀況，或者當他們挑選團隊隊員，好讓團隊更加堅強，都在使用他們的分散型智慧。

我們很容易就會認為分散型的智慧主要就是使用科技的能力。看起來科技無所不在，那些有能力使用科技的人如果和那些不會使用科技的人相比較時，確實佔有優勢。在 1450 年代，當約翰尼斯·固騰伯格發明活字印刷術時，這是一個千眞萬確的觀點，到了今日，這樣的
187 觀點仍然更加正確。實際上，知道如何有效率的使用科技——知道哪一類科技切題，也能夠協助問題的解決——就是在使用分散型的智慧。利用科技只是分散型智慧的一部分，不過對我來說，它是最不重要的一項分散型智慧。

在我的腦海裡，一位領導者使用分散型智慧最佳的方式，就是他有能力充分利用身旁的人的能力。具有強勢的分散型智慧的領導者將會辨認出他人的優點，並且知道可以如何使用這些優點，透過這些優點來進行學習等等。他們將會知道他們自己的缺點，並且想辦法透過互補的關係來扶持這些缺點。假如有一位領導者具備強勢的分散型智慧，將盡可能利用這一章稍早之前所提到的鄰近社區諮詢委員會的功能。她將知道哪些領域是她不足的領域（或許是行銷、設備或是財經），那麼她將會找尋具備這些技能的那些人與她搭配，這樣她就可以從

他們身上學習，並且鼓勵他們使用他們的天賦來協助她解決問題。即使沒有一個諮詢委員會的存在，一位具備強勢的分散型智慧的領導者對於他人所擁有的優點會有所感覺，也能夠知道那些優點可以如何搭配或支持她自己的智慧輪廓。一位強勢的領導者找尋她可以配合無間，也可以從這些人身上學習的他人一起合作。

領導者可以是消費者或是能量的釋放者。優質的領導就是一種要把員工所蘊含的能量給釋放出來的藝術。

～珍妮絲

就像我在這一章一開始所提到的，偷窺未來不是一件簡單的任務。往前看，很明顯的看得到唯一不變的就是世界一直在改變。我們知道社會將會改變，學校也會因此而被要求進行改變和演化。不過我們也知道不管學校是如何被要求進行改變的，如果我們期望校園裡的師生都成功的話，強勢的領導是必要的。強勢的領導者創造一個環境讓每個人都可以學習和成長。

Afterword

跋

首先，假設你已經完整的閱讀完這本書其他章節之 188
後才看到這部分來，那麼我要感謝你的興趣和耐心。不管你的工作位階或情境為何，我希望我所寫的內容對你有所幫助。雖然我已經提出許多「如何做」的策略和各式各樣的建議，不過我相信我的角色是要提出更多的問題，提出比較少的答案才對。

書寫這本書是一件令人感到謙卑的經驗。反思這本書所提到的許多主題都反覆的提醒我一些我沒有經常做、或快速的或應該做的事情。它也提醒我另一件事情，那就是我也經常拖泥帶水，沒有把該做的事情做好。我寫這本書的時候不是虛情假意的謙卑；有許多事情我做得不錯，少許事情是我擅長的項目。不過寫這本書也清楚的提醒我有許多工作的表現還低於我的期望。就像是我星期六早晨的籃球比賽，寫這本書帶領我去面對面的接受存在於期望和眞實之間的落差。

把自我鞭笞擺在一邊，寫這本書對我來說有非凡的意義。我努力的廣泛閱讀，檢視其他人的策略和實踐，檢視我自己領導統御的風格，反思我應該怎樣做會更棒。我也和許多人參與非常豐富的電子郵件的對話和辯論，多數是我從未見過面的人們。雖然我總是在看著我們和我在新城小學沒有做得令我滿意的事情，寫這本書讓我——不，導致我——看到我們所做的每一件事情。「如果它並沒有損壞，就不必修理」這句格言變成了「把它搞壞，這樣我們可以將它修理得比以往任何時候都還要棒」。我們早就已經完成我們在新城小學設定專業目標
189 的歷程。我也使用相當不一樣的方式來思考，以及我該如何運作會議，並且充分運用我們社區成員的優勢。我有一些優異的討論，討論人們的多樣性差異、老師的創意、教師評鑑以及需要集中每個人的能量等等。眞實的情況是，如果我沒有寫這本書，書上許多事情就不會發生了。我希望閱讀這本書讓你退一步想想、辯論、重新檢視和假設你自己的學校環境。

不斷的學習

（譯註：就是國內習慣說的終身學習）

當我重新閱讀我在這本書所寫的內容以後，我期望自己並沒有對一所學校的運作呈現太令人氣餒的圖像。畢竟，每一章節都在反覆的提出和討論許多教育的問題。因爲我的意圖是要提供策略和解決的方案，以及提出問題來，我必須強調一些困難和挑戰。當然，運作一所學校遠比這本書所提到的困難還要更加艱辛，有些時候還會讓人無法抵擋那種經常來臨的排山倒海的感受。

> 生命是一系列新的開端，在過程當中將會出現跳躍和陷阱。
>
> ～黛比

對我而言，不管如何，擔任校長的這份工作，最棒的部分除了學校行事曆反覆循環的本質，以及許多可以預期的觀點以外，這份工作絕對不會顯得遲鈍不堪。每天都有許多例行性公事，不過每一天同時也提供一些新

的事情以及許多不一樣的事情。即使我們的學童和我們的教職員工仍然是同一批人，他們是會改變的；他們長大成人，他們也會持續發展。成熟的過程，是我最後才會看的事情，已經超越我們的權責範圍，不過學校的領導者對於學生和老師是如何發展的過程卻可以有深遠的影響力。

眾所周知的一件事情，就是校長對於學生的學習成就，不管我們如何評量成就，都可以有一個強而有力的影響力。校長需要和她的團隊在一起，與學校的教職員一起合作才能夠完成這樣的使命。當學生有傑出表現的時候，是因爲每個人都成長，也獲得學習。好的校長爲全校師生的成長設定氛圍；好的校長也會成長，他們熱情的與他們的教職員工分享他們的成長與他們所面對的挑戰。協助每個人發展是學校領導者的主要責任，她的
所作所爲都應該帶領人們邁向成長與發展的方向，這樣 190
的學校除了令人感到興奮以外還有什麼可以相比的呢？

做些改變

去年，就在我們學校畢業典禮之前，一位學生的爸爸要求來看我，他最小的孩子即將畢業。來賓已經坐定位置，舞台上也有許多花束，我們那群即將畢業的學生在走廊上排成一列。我的立即想法是，喔！我到底哪裡做錯了呢？

這位爸爸把我拉到一旁，緊緊抓住我的手，並且把他的手臂放在我的肩膀上。「謝謝你來到這所學校，我每一個孩子都從這所學校畢業」他這麼說著。接著他簡

請永遠記得要保持良好的幽默感。

～勞瑞

短的提到他的男孩當時正在轉變成怎樣的一個男士，而我在他們的生命過程扮演怎樣的一個角色。

就這麼一次，我突然間變得相當呆滯，講不出話來，我緊緊的抱住他，深呼吸之後感謝他對於學校的信心，並且感謝他願意將他們家裡全部小孩都送來我們學校求學，與我們分享成長的喜悅。我們每一次的畢業典禮都具有深遠的意義，也都相當感人肺腑，不過因為他剛提到的事情，讓這一次的畢業典禮顯得更加特別。在那一刻之後的幾個月裡，我不斷的想念那一刻的感覺，也想到過去這段時光我所曾經接觸過的每一位學生和教職員工。

在《管理非營利組織》（*Managing the Nonprofit Organization*）這本書當中，彼得・杜拉克（1992）觀察到那些在非營利組織工作的人們有一項特殊責任。當我們即將從這個世界離開的時候，我們可以捫心自問，也應該好好問自己的問題是：「我們是否讓這個地方變成一個更棒的地方了呢？」透過我們的行動——透過政策的決策，每天日起日落的策略，艱辛的會議，與個別老師召開的會議，我們抱持的標準，我們所提供的彈性，我們所提供的支援系統，我們所展現出來的堅忍不拔，我們所貢獻的創意，我們給予和誘導出來的笑容，以及我們帶來的甜甜圈——我們是否正向的改變了這個地方呢？

我們所改變的可能不是那麼的重要，甚至可能不是那麼明顯易見。偶爾，我們的行為舉止和角色是明顯易見的。不過在許多情況下，我們真實的工作只有我們自己和少數的其他人知道而已。在某些情況下，只有我們自己知道我們所扮演的角色。帶領一所學校並不是為了要獲得別人的賞識和名望；它是在許多大大小小的方式裡做些改變。這些都很重要。小小改變會累積，小小的改變會改變我們前進的軌跡；小小的改變通常會導致大大的變化。 191

改變學生生命的機會，透過他們來觸碰到未來，從來都不會比今日的世界所提供的挑戰更加令人興奮——而且更加迫切需要。整個社會對我們有更多的期望，卻提供很少的支援和資源。學生來自於各式各樣的社經地位和家庭背景，對於許多學生來說，學校的教育仍是可以讓他們邁向更好的明天的唯一管道。據說阿基米德曾經說過：「給我一根足夠長的槓桿和支點，我就可以轉動這個世界。」學校領導人理解那樣的說法；我們每一天都在做這樣的事情。我們帶領學校，給予前進的方針，不過那不是我們所做的每一件事。我們同時挑戰和支持，我們設定一個氛圍讓每一個人都受到尊重，我們創造一個環境來鼓勵冒險和成長，我們抱持高度的期許，我們支持每個人的努力。

有始有終

有效能的領導者先認識他們的天賦和挑戰。他們瞭解到自己的領導技能與學校運作的問題有哪樣的關聯，他們使用分散型的智慧來辨識他們身旁的人擁有哪些技能和天賦來讓他們的團隊更加堅實。他們知道領導統御不只是領導者擁有什麼；領導統御也不僅是關於他們的願景、智慧和技能。就像教學一樣，領導統御是一門藝術。有效能的領導統御有個特性，就是領導者的能力讓其他人變得更好，協助他們成長，支持和挑戰他們的成長，並且從他們身上學習，還願意與他們身旁的人一起學習。因此，我們回到一開始所提到的觀點：「領導統御是一門關於人際關係的藝術。」

附錄

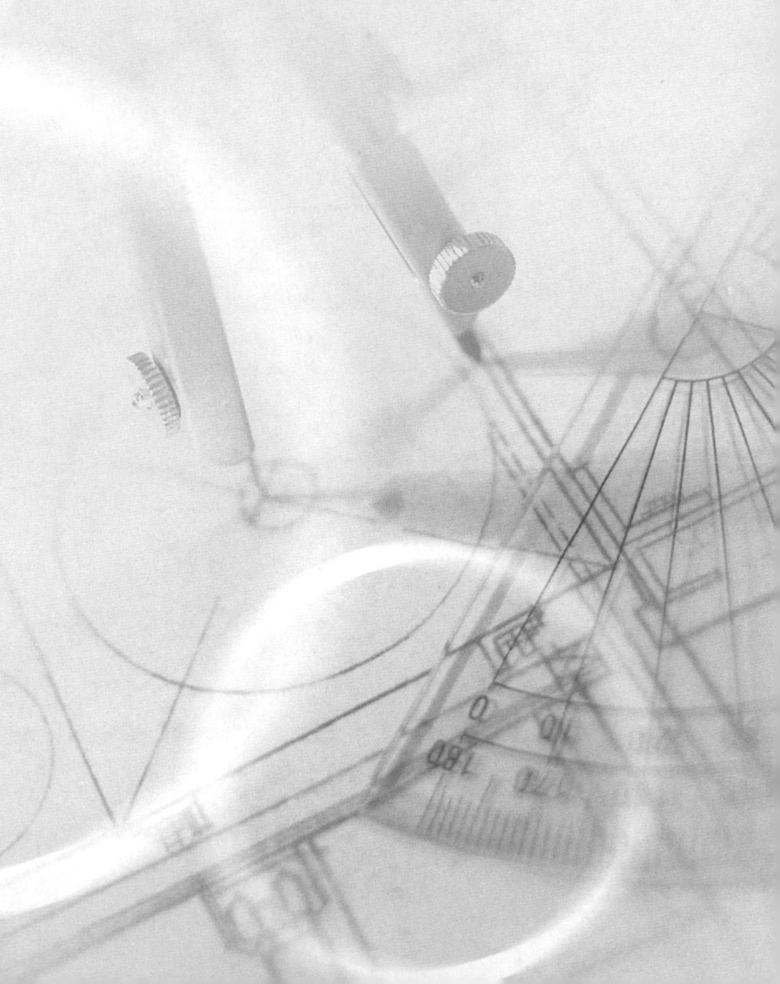

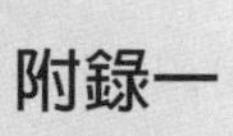

新城小學教學申請函

新城小學

5209 Waterman Avenue · St. Louis, MO 63108 · 314-361-6411

新城小學是一所都會型的獨立自主的學校，在一個愉悅且具有創意的環境下，提供學齡前學童到六年級學生一個挑戰、個別化的教育。我們想要透過學業、周遭環境與多樣性差異來發展關懷、自信與終身學習的民眾。

教學職位的申請函

（請用正楷書寫）

申請日期 __________ 學齡前 幼兒園 1 年級 2 年級 3 年級 4 年級 5 年級 6 年級

請圈選喜好的年級（可複選）

姓　名 ______________

地　址 ____

電話（家）____________ 電話（辦公室）____________ 電子郵件 ____________

社會安全證號碼 ___________________ 種族背景（隨意）___________________

您是如何得知新城小學的呢？____

您是否曾經犯過罪（輕罪或重刑），這不包含一般的交通違規事件？

___ 是 ___ 否　如果有，請說明 ____________________________________

您是否曾經有虐待孩童或疏忽照顧而被調查過的紀錄呢？

___ 是 ___ 否　如果有，請說明 ____________________________________

(通過申請的應徵者，在正式聘用之前，將需要填寫一個完整的審查表格，送到密蘇里州家庭服務機構審查。)

以您自己想要的方式來使用這個空白的空間，當作您可以告訴我們，或秀給我們瞭解，您到底是怎樣的一個人。讓您自己隨意發揮吧！

說明：請完整的填寫這個申請表格，並且寄到新城小學人事室，我們的地址在上面。也請包含一份您目前的履歷表，以及推薦者的名單。

我們不會面談每一位申請者。如果您進入複選階段，我們將會通知您來校接受面談。

196

請以手寫的方式回覆以下的問題。如果有必要，請使用額外的紙張說明也可以。

1. 就您的觀點來看，學校的學業成功是否與學生在未來的生活中獲得成功經驗有所差別呢？

2. 請以發展合適的方式說明您最想要教導的學生年齡，哪些人類多樣化的議題是重要的，在課堂上您將會如何帶領這些議題呢？

3. 哪一本書或是藝術作品對您的影響最深遠呢？

我確認在這一封申請函所提供的資訊都是真實而且完整的。

____

申請者的簽名

我們感謝您對於新城小學的興趣。謝謝您申請一個與我們一起工作的教學任務。

附錄二

新城小學
197 連結教學表現與薪資所得的計畫

目的

新城小學規畫了連結老師的教學表現與薪資所得的計畫，原來是從 1984 年開始採用的，我們規畫這個計畫的目的是想要吸引和留住最棒的老師在校園裡。我們瞭解到一個學校的品質實際上端賴學校裡老師的品質有多高，學校的經營頂多可以達到那個境界，不太可能比較好或者比較差。就此而言，老師的觀察、反思與共同領導就融入校園文化以支持和協助發展校園裡的老師變成最棒的老師。

過程

標準

在每一年年終時，我們根據有效教學的五個向度來評量老師的表現：

1. 學科領域的知識
2. 兒童發展與學習歷程的知識
3. 課程介紹的技能
4. 與學生和諧相處的程度與熱忱
5. 專業素養與共同領導

這些評量是根據正式與非正式的觀察，以及其他的資料所得。評量的等級分別有「低於平均」、「平均」、「優秀」、「傑出」與「出色的」等五項。

為了要留在新城小學繼續擔任教職工作，一位老師必須在第三年即將結束時，在五個向度當中的三個類別被評比在平均值以上的等級（優秀、傑出與出 198
色的等）。在第三年以後，平均的等級已經不再是可以接受的程度。此外，如果一位老師在任何一年的任何一個向度低於平均值，行政人員可能選擇不要再提供下個年度的合約給那位老師。

專業成長的會議

每一位老師在每一年的秋季都會在一位行政人員的伴隨下，進行一趟目標設定的專業成長會議。通常，老師架構他們的目標來專心致力於特定的議題或主題。例如，在某些年當中，我們學校所設定的目標圍繞在學業、學習環境或多樣性差異。在另一些年份當中，目標集中在語文方面、多元智慧或團隊合作上面。老師和行政人員也會在年中召開會議來進行專業成長會議，那一次會議討論的重點在於老師邁向目標的進步情形，或是要求老師改變邁向目標的策略。最後一次專業成長會議在 4 月或 5 月份召開。在這一次會議當中，老師和行政人員審查老師的進步情形，並且討論在下一個年度如何利用這項已有的基礎來繼續努力。還有一次額外的專業成長會議會在春末或者初夏的時候召開，在這一次會議當中，行政人員給予老師他們的年度評鑑資料與下一年度的合約。

每一個教學團隊也會發展一個團隊的目標，這個目標架構在全校性的議題，例如提升家長的溝通，或是支持多樣性差異的努力。團隊的每一個成員都要在一張紙張上面簽名之後，繳交他們所設定的目標給學校保存。團隊邁向這個目標的進步情況在年終的時候會由行政人員與團隊所有成員共同討論。

觀察

剛剛來到新城小學的老師每一年至少會被一位行政人員進行六次正式的觀察。行政人員在教室裡觀察、紀錄，並且給予老師一份針對課堂的評語。這張
評語包含觀察的紀錄（發生什麼事情）以及評鑑的評析（哪些教學策略管用， 199

哪些不怎麼成功，以及哪些可以用不同的策略進行教學的活動）。通常在單元的摘要裡，行政人員將會注意一位老師在某一個特定評鑑的構成要素上的努力（像是學科領域的知識，或是兒童發展和學習歷程的知識）。

在所有五個評鑑要素都獲得優秀以上的評比等級之後，老師所接受的正式觀察會降低到每一年三次或更少（雖然正式或非正式的觀察在行政人員的判斷下隨時還是可以進行的）。老師和行政人員也可能規畫一個計畫讓老師可以運用同儕觀察或會議，錄影教學單元和分析或檔案來記錄分析他們的進步情形。

薪資的提升

每一年，新城小學的教育委員會授權一部分經費來提升教職員工的薪資，行政人員決定分配薪資提升的公式，也就是說有多少比例用來處理生活費的調高，那是分配到所有老師的薪資提升，以及多少比例是用來肯定某些老師的付出，那是個別老師需要努力付出去爭取得來的。個人薪資的提升是兩個因素的函數：生活費的調整與個人價值的提高，個人價值所累積的點數在金錢數量上是由學校總共有多少費用可以用在價值的提升，以及教職員團隊所累積的點數來決定。一個人的價值提升是由這兩個數字來決定，最重要的，就是老師在五個向度所得到的評量分數來決定。如果老師在一個評比的類別有一個平均以下的等級，就不會獲得任何價值的累積點數；價值的累積點數和價值的提升只有在老師獲得優秀以上的評比情況下才可以獲得。

審查委員會

萬一有任何一位老師覺得他或她在這些領域方面沒有受到公平的待遇時，
200 就可以請求學校形成一個董事會任命的審查委員會來處理這樣的問題。委員會將召開一次公聽會，並且在隨後與學校領導者召開會議討論。委員會並沒有權力可以推翻行政人員的決定，不過他們會在合宜的情況下，與執行委員或評鑑委員會分享這些資訊。

教師評鑑的構成要素

學科領域的知識

老師對於他們要教導的主題、議題和技能需要博學多聞；老師需要能夠把這些知識與技能和切題的訊息做連結，並且使用合宜的策略進行教學。老師需要能夠

- 充分瞭解教材，有能力可以提供清晰且精確的教學指導，並正確的回答學生的問題；
- 理解學科內容之間的關聯性，並且能夠統整學科知識到其他課程領域範疇；
- 把學科知識運用到一些發生在校園裡外的現況；
- 對於多元智慧的理論要有見識；
- 指導學生蒐集合適的資源；以及
- 採用經常性的方式把多樣性差異融入課堂單元的教學。

兒童發展與學習歷程的知識

老師需要理解孩童如何以建構、發展合宜的方式學習的原則；老師進行個別化教學，使用小組教學，並且有能力把多元智慧融入教學來滿足每一個孩童的需求。老師需要能夠

- 在考慮學生的學習風格與能力時，有能力運用許多種類的教學風格（包含不同的教材和不同的單元教學時間）；
- 在一個個別化教學的基礎上，專心致力於學生的需求和興趣；
- 理解每一個孩童使用各式各樣的智慧進行學習的活動；
- 只要可能，會從學生的興趣，以及學生在人口學的特質上發展單元課程，特別是在種族與社經地位方面的特質；
- 經常評估與監控學生進步的情況；以及
- 在教學的當下能夠評估學生的學習，以便做適當的教學修正。

課程介紹的技能

老師需要使用許多技巧來呈現教學，並且協助學生的學習；老師在所有的教學與評量當中融入多元智慧的概念。老師要能夠

- 使用各式各樣的教學策略；
- 運用各式各樣的智慧在教學與評量裡；
- 提出問題來刺激學生思考，提出開放式、比較高層次的思考性問題，也能夠提問合理的封閉性、知識性的問題；
- 進行規畫，所以一個單元課堂的時間對於所教導的學童的年齡和注意力時間相當合宜；以及
- 教學的呈現讓學生成為積極主動，而不是被動的學習者身分。

與學生和諧相處的程度與熱忱

老師與學生能夠真誠的喜歡，享受和尊重對方。老師要能夠

- 是一位具有熱忱的老師，也要是一位具有熱忱的學生；
- 保持有教養的課堂，以及教室的控制；
- 誘導學生想要學習的渴望；
- 表露出對於每一個孩童的尊重，並且培養對學生的尊重；以及
- 鼓勵學生尊重彼此。

202 **專業素養與共同領導**

老師以專業的方式與其他的大人相處；老師能夠與同儕學習，也能夠從同儕處獲得學習的機會。老師要能夠

- 與家長建立良好的溝通；
- 與同儕建立良好的溝通；
- 與行政人員建立良好的溝通；

・接受批評，並且進一步改善自己的缺點；
・積極主動的參與委員會的工作；以及
・ 投入反省的實踐。

這項清單所辨識出的許多行為都是 Patricia Nuernberger 的貢獻，她是新城小學教務處助理主任。

附錄三

203

春季的家長問卷調查

親愛的家長您好：

當學校與家庭一起合作時，孩子學習的最棒了！那種合作關係有一個重要的項目，就是**雙向溝通**。到目前為止，您應該知道，我們使用許多方式與您溝通：您每個星期都會收到貴子弟的老師和我所寫給您的信件，我們還有校刊與年度報告，以及許多其他的信件往返。此外，我們的走廊和牆壁都充滿了學生的作品和資訊。

雖然這些都是很棒的訊息，不過它們卻是**單向溝通**，也就是從我們這邊單向往您的方向進行的溝通。為了讓我們的孩子擁有最好的學習，也為了我們不斷的改善，我們需要聽聽您的聲音。**我需要知道您的想法，想知道您最重視新城小學的什麼項目，以及您認為有哪些項目需要改善的**。

您的想法很重要。即使您以前已經做過一次，或者做過十次，請您花費十分鐘的時間提供您的回饋意見給我。這份問卷將會附在星期五的電子信件直接寄給您。

為了協助您的回應，我也使用了一個回郵信封在這份問卷中。請您於 **6 月 1 日**前完成並寄回這份問卷。如果您有一個以上的子女在本校就讀，請為每一個孩子填寫一份問卷（或者在同一份問卷說明您的子弟所就讀的年級，理想的情況是使用不同顏色的筆為每一個子女填寫問卷），也請說明您是否想要我個別回覆您的回饋。在此感謝您的辛苦，我真誠的想要聽到您的寶貴意見。

真誠的，

校長

湯姆·霍爾博士

2004 年 5 月

trhoerr@newcityschool.org

P.S.如果您覺得有必要，也可以用電子郵件回覆我！

204

2004 年春季的家長問卷調查

請在 6 月 1 日之前繳回問卷

姓名（可寫，可不寫）______________________________

電子郵件（請以正楷書寫）______________________________

如果您想要從我這裡獲得一個個別回覆的話，請在這裡打勾______（不過如果您真的在這裡打勾，就需要提供您的大名，否則我就無法與您聯繫！）

請圈選貴子弟就讀的年級：

學齡前　幼兒園　一年級　二年級　三年級　四年級　五年級　六年級

包含今年在內，您的子女在本校就讀多少年：

1　2　3　4　5　6　7　8　9　10　11　12

1. **您為何為您的子弟挑選新城小學就讀呢**？請將底下的理由進行排序：

   #1= 最重要

   a. 很棒的學業教學計畫。______

   b. 注重個人智慧和具有教養的環境。______

   c. 家庭支持的計畫。______

   d. 重視種族與社經地位的多樣化差異。______

   e. 本校的地理位置。______

   f. 使用多元智慧。______

   g. 與其他獨立自主的學校相比之下，比較便宜的學費。______

   h. 是否還有其他沒有被條列出來的考量因素呢？如果有，請條列出來，並且加以排序：______________________________ ___

   ______________________________ ___

2. **在問題 1 所條列的因素當中，哪一項是貴子弟在本校求學的重要因素呢？**請回到問題 1 ，並且在您挑選新城小學重要考量因素旁邊做（*）的記號。

3. 請用三個字來說明新城小學的**優點**：

4. 請用三個字來說明新城小學的**缺點**：

針對問題 5 至 7 ，請圈選最能夠說明您感受的項目。敘述性的評語和釐清 205
說明都歡迎您也一併寫下來。

	非常同意	同意	不同意	非常不同意
5. **個別化需求**獲得滿足	☐	☐	☐	☐
6. 我（湯姆）**相當友善，也相當支持**	☐	☐	☐	☐
7. **親師懇談與書面資料**都相當有幫助	☐	☐	☐	☐

8. **檔案之夜如何？** ______________________________

9. **我感到驚訝的是** ______________________________

我感到高興的是 ______________________________

我感到興趣的是 ______________________________

我感到失望的是 ______________________________

我相當好奇的是 ______________________________

10. 哪些事情是新城小學應該**開始**做的項目？

哪些事情是新城小學應該**停止**做的項目呢？

哪些事情是新城小學應該**持續**做的項目呢？

11.**是否還有其他想法、問題或觀察到的項目呢？**（如果有需要，請使用其他紙張書寫也可以。）

附錄四

寫給家長的信件樣本 206

親愛的家長您好：

上個星期稍早的放學，以及教師的在職進修日都產出相當可觀的結果。連續三個日子的活動（星期四下午、星期五早晨與星期五下午）都用來專心致力於新城小學的三個重要的元素：學業、周遭環境與多樣性差異。

在星期四下午，我們聚焦在多元智慧上面。每一個年級的團隊分享他們所創造的一項多元智慧的活動（雖然這個活動可以落在學業方面，或者就此來說，多樣性差異的議題，不過因為多元智慧協助我們創造孩童學習的環境，所以我把它算做周遭環境）。例如，一年級的團隊分享一份多元智慧學習中心的清單，學生在他們的語文課時間可以在這些多元智慧的學習中心進行學習（每天，孩子在上語文課時，有部分時間在一位老師的引導下進行閱讀小組的活動，語文課的其他時間則用在多元智慧的學習中心）。近來每個星期在多元智慧學習中心的選項包含了一個音樂中心，學生可以一邊拍打節拍器，一邊閱讀課文，還有一個自然觀察者中心，學生可以比較和對照一棵三色堇和一株金盞花，還有一個內省智慧中心，學生書寫他們喜好與討厭的蔬菜。每個年級（與我們的專家）分享多元智慧可以用來讓更多學生學習，並且讓學生有更多的方式進行個別化的學習。使用多元智慧創造了一個學習的環境，讓更多的學生因為他們在強勢智慧或興趣等方面進行學習而獲得成功的經驗。

在星期五早晨，我們的教職員聚焦在多樣性差異的議題。我們先進行一項活動，根據我們的背景以及一堆不同的變數把我們自己歸類成許多類別（例如我們的宗教信仰、我們成長的地方、我們現在居住的地點、我們的年齡、我們成長時的社經地位與現在的社經地位等等）。我們應該做了分類，不斷重新歸類的動作，好像有十多次歸類，然後我們看看自己的成長歷史對於我們身為老師的影響有多大。以這樣的方式或那樣的方式成長將會如何影響我們的教學，當作一個 X 或一個 Y 又會如何持續影響今日的我們呢？

在星期五下午，我們在學業方面努力，把我們在邏輯數學智慧方面的課程與我們給學生的成績單做相互的連結。老師也與鄰近的年級共同發展年級的標竿，並且確認數學課程在一個毫無缺漏情形下，從一個年級順暢的進行到下一個年級。

這些學習的活動讓我對於未來抱持樂觀的心情。就像這個學年度有個好的開始一樣，明年將會變得更好！

真誠的，

校長

湯姆・霍爾博士

2004 年 4 月 30 日

trhoerr@newcityschool.org

親愛的家長您好：

您是否好奇的想要知道對於明年的老師可以做哪樣的要求，對於您的子弟的求學比較有幫助嗎？首先，我們每一間教室裡的學生都採用異質性的分組方式平均分配。換句話說，我們嘗試讓一個年級的每一間教室在學生的技能、「老師時間」的需求、性別與種族方面都相當接近。那有一點像是想要嘗試用徒手畫的方式畫一個完美的圓圈；我們從來都沒有真的做到完美的境界，不過那不代表說我們沒有盡力而為。在要求老師方面，就像以前的要求一樣，我們接受您的要求，不過不會鼓勵他們（如果您真的期望分享您的想法，它們應該是比較少一點個人的指責，應該提供比較多將您的孩子視為一個學生和一位朋友時，所具備的優點、需求和興趣）。

那是說，您將需要信任我們對於學生分班方面的判斷力，即使這樣的分班方式和您偏好的方式不相同！是的，您或許聽過愛因斯坦是全世界最優秀的老師，不過您只要知道您的孩子布魯諾，將會在他的班級散發出燦爛的光芒就好了。不過我們可能以不一樣的觀點看待布魯諾。儘管您想要讓他獲得愛因斯坦的擁抱，不過我們可能認為布魯諾在一個稍微嚴格一點的班級更有可能獲得成功的學習經驗。也或許您想要讓孩子進入一位經常提供點心的老師的班級，不過我們認為布魯諾需要更多的栽培和教養。當然，這裡所提到的「我們」不單純只有我一個人；這裡的「我們」代表我們全體教職員和我們多年來安排學生到不同班級的經驗。我們很高興聆聽到您的建議，不過也請您瞭解您的建議只是我們決定如何安排學生的一個因素罷了。

最後，我們每一位老師都非常、非常優秀，否則他們就不會繼續在這裡擔任教職。我們在新城小學有一個連結教學表現與薪資所得的計畫。雖然我們的每一位老師都非常有愛心，也都非常認真工作，那還不夠。為了要能夠繼續在這裡教書，老師必須具有愛心，也要認真工作，不過他們必須也是好老師和好學生。對於我們校園裡的每一位老師來說，這都是千真萬確的事實。我們對於每一位老師的期望都很高，不過那就是它原本該有的樣貌。

真誠的，

校長

湯姆・霍爾博士

2004 年 5 月 13 日

trhoerr@newcityschool.org

參考文獻

Angelou, M. (1970). *I know why the caged bird sings.* New York: Random House.

Armas, G. (2004, March 18). Prediction for 2050: Minorities approach half of population. *St. Louis Post-Dispatch*, pp. 1–2.

Bandura, A. (1997). *Self-efficacy: The exercise of control.* New York: W. H. Freeman.

Barth, R. (1980). *Run school run.* Cambridge, MA: Harvard University Press.

Barth, R. (1990). *Improving schools from within: Teachers, parents, and principals can make the difference.* San Francisco: Jossey-Bass.

Barth, R. (Speaker). (2002). *Learning by heart* [Cassette Recording]. Alexandria, VA: Association for Supervision and Curriculum Development.

Barth, R. (2004). *Learning by heart.* San Francisco: Jossey-Bass.

Beals, M. (1994). *Warriors don't cry.* New York: Pocket Books.

Bolman, L., & Deal, T. (1997). *Reframing organizations: Artistry, choice, and leadership.* San Francisco: Jossey-Bass.

Brooks, J., & Brooks, M. (1999). *In search of understanding: The case for constructivist classrooms.* Alexandria, VA: Association for Supervision and Curriculum Development.

Brooks, R. (2002). The merger of flesh and machines. In J. Brockman (Ed.), *The next fifty years* (pp. 183–193). New York: Vintage Books.

Callahan, R. (1962). *Education and the cult of efficiency: A study of the social forces that have shaped the administration of public schools.* Chicago: University of Chicago Press.

Dauten, D. (2003, December 23). The corporate curmudgeon. *St. Louis Post-Dispatch.*

Deal, T., & Peterson, K. (2003). *Shaping school culture: The heart of leadership.* San Francisco: Jossey-Bass.

Diamond, J. (1999). *Guns, germs, and steel: The fates of human societies.* New York: W. W. Norton.

Drucker, P. (1992). *Managing the nonprofit organization: Practices and principles.* New York: HarperCollins.

Drucker, P. (1999). *Management challenges for the 21st century.* New York: HarperCollins.

Early, G. (1994). *Daughters.* Reading, MA: Addison Wesley.

Faculty of the New City School. (1994). *Celebrating multiple intelligences: Teaching for success.* St. Louis, MO: The New City School.

Faculty of the New City School. (1996). *Succeeding with multiple intelligences: Teaching through the personal intelligences.* St. Louis, MO: The New City School.

Florida, R. (2002). *The rise of the creative class: And how it's transforming work, leisure, community, and everyday life.* New York: BasicBooks.

French, J., & Raven, B. (1959). The bases of social power. In D. Cartwright (Ed.), *Studies in social power* (pp. 150–165). Ann Arbor, MI: Institute for Social Research.

Gardner, H. (1983). *Frames of mind: The theory of multiple intelligences.* New York: BasicBooks.

Gardner, H. (1991). *The unschooled mind: How children think and how schools should teach.* New York: BasicBooks.

Goleman, D. (1995). *Emotional intelligence.* New York: Bantam Books.

Gurian, M. (2001). *Boys and girls learn differently: A guide for teachers and parents.* San Francisco: Jossey-Bass.

Halberstam, D. (2004, September). The greatness that cannot be taught. *Fast Company, 86*, 62.

Hassel, B., & Hassel, E. (2004, September 15). Parents take choice driver's seat, but few have a map. *Education Week, 24*(3), 34–36.

Hoerr, T. (2000). *Becoming a multiple intelligences school.* Alexandria, VA: Association for Supervision and Curriculum Development.

Hoerr, T. (2004, September). The principal connection: New year, new goals. *Educational Leadership, 62*(1), 86–87.

Internet World Stats. (2005). *Internet usage statistics—the big picture: World Internet users and population stats.* Retrieved May 10, 2005, from http://www.internetworldstats.com/stats.htm

Kurzweil, R. (1999). *The age of spiritual machines: When computers exceed human intelligence.* New York: Viking Press.

Kurzweil, R. (2002). The evolution of mind. In J. W. Richards (Ed.), *Are we spiritual machines? Ray Kurzweil vs. the critics of strong A.I.* (pp. 12–55). Seattle, WA: Discovery Institute Press.

Levine, M. (2003). *A mind at a time.* New York: Simon & Schuster.

Machiavelli, N. (1998). *The prince.* Cambridge, England: Cambridge University Press.

Marzano, R., Norford, J., Paynter, D., Pickering, D., & Gaddy, B. (2001). *A handbook for classroom instruction that works.* Alexandria, VA: Association for Supervision and Curriculum Development.

Mintzberg, H. (1998, November–December). Covert leadership: Notes on managing professionals. *Harvard Business Review, 76*(6), 140–147.

Murphy, S. (2002). Leader self-regulation: The role of self-efficacy and multiple intelligences. In R. Riggio, S. Murphy, & F. Pirozzolo (Eds.), *Multiple intelligences and leadership* (pp. 163–186). Mahwah, NJ: Lawrence Erlbaum Associates.

Nohria, N., Joyce, W., & Robinson, B. (2003, July). What really works. *Harvard Business Review, 81*(7), 42–52.

O'Toole, J. (1995). *Leading change: Overcoming the ideology of comfort and the tyranny of custom.* San Francisco: Jossey-Bass.

Oppenheimer, T. (2003). *The flickering mind: The false promise of technology in the classroom, and how learning can be saved.* New York: Random House.

Ouchi, W. (2003). *Making schools work: A revolutionary plan to get your children the education they need.* New York: Simon & Schuster.

Paley, V. (1979). *White teacher.* Cambridge, MA: Harvard University Press.

Peters, T., & Waterman, R. (1982). *In search of excellence: Lessons from America's best-run companies.* New York: Harper & Row.

Read, P. (2005, February 10). University of Phoenix puts technology at learning's forefront. [Electronic version]. *Spokane Journal of Business.*

Rowling, J. K. (2000). *Harry Potter and the goblet of fire.* New York: Scholastic Press.

Salomon, G. (Ed.). (1993). *Distributed cognition: Psychological and educational considerations.* Cambridge, England: Cambridge University Press.

Senge, P. (1990). *The fifth discipline: The art and practice of the learning organization.* New York: Doubleday/Currency.

Smith, A. (1998). *The no. 1 ladies' detective agency.* New York: Anchor Books.

Tatum, B. (1997). *Why are all the black kids sitting together in the cafeteria?* New York:

BasicBooks.

Tomlinson, C. A. (2001). *How to differentiate instruction in mixed-ability classrooms* (2nd ed.). Alexandria, VA: Association for Supervision and Curriculum Development.

Tucker, P., & Stronge, J. (2005). *Linking teacher evaluation and student learning.* Alexandria, VA: Association for Supervision and Curriculum Development.

Wagner, T. (2001, January). Leadership for learning. *Phi Delta Kappan, 82*(5), 378–383.

Wetlaufer, S. (2000, July). Who wants to manage a millionaire? *Harvard Business Review, 78*(4).

資源

除了參考文獻以外，底下的資源在我構思這本書的各項議題時，都很有貢獻。

Brown, E. (2004, December 12). Can for-profit schools pass an ethics test? *New York Times*, p. B5.

Collins, J. (2001). *Good to great: Why some companies make the leap—and others don't*. New York: HarperBusiness.

Evans, R. (1996). *The human side of school change: Reform, resistance, and the real-life problems of innovation*. San Francisco: Jossey-Bass.

Fullan, M. (2001). *Leading in a culture of change*. San Francisco: Jossey-Bass.

Gardner, H. (1996). *Leading minds: An anatomy of leadership*. New York: HarperCollins.

Gittell, J. (2003). *The Southwest Airlines way: Using the power of relationships to achieve high performance*. New York: McGraw-Hill.

Gladwell, M. (2000). *The Tipping Point.* Boston: Little & Brown.

Goodwin, B. (2002). In the shadow of culture. In J. Brockman (Ed.), *The next fifty years* (pp. 41–51). New York: Vintage Books.

Hirsch, E. D. (1988). *Cultural literacy: What every American needs to know.* New York: Vintage Books.

Inclusion Network. (n.d.). Retrieved May 10, 2005, from www.inclusion.org

Lambert, L., Walker, D., Zimmerman, D., Cooper, J., Lambert, M., Gardner, M., & Slack, P. (1995). *The constructivist leader.* New York: Teachers College Press.

Micklethwait, J., & Wooldridge, A. (1996). *The witch doctors: Making sense of the management gurus*. London: Random House.

Putnam, R. (2000). *Bowling alone: The collapse and revival of American community.* New York: Simon & Schuster.

Sarason, S. (1999). *Teaching as a performing art.* New York: Teachers College Press.

Stewart, T. (1997). *Intellectual capital: The new wealth of organizations*. New York: Doubleday/Currency.

Surowiecki, J. (2004). *The wisdom of crowds: Why the many are smarter than the few and how collective wisdom shapes business, economies, societies, and nations.* New York: Doubleday.

索引

（正文旁數碼，係原文書頁碼，供索引檢索之用）
（頁碼後面跟隨一個 f，代表圖表）

A

B

C

D

E

F

G

H

I

J

N

O

P

Q

R

S

T

U

V

W

Y

國家圖書館出版品預行編目資料

多元智慧與共同領導／Thomas R. Hoerr 作；陳佩正譯.
-- 初版. -- 臺北市：心理, 2007（民 96）
面； 公分. --（教育行政；13）
參考書目：面
含索引
譯自：The art of school leadership

ISBN 978-957-702-975-1（平裝）

1. 教育—行政　　2. 學校管理

526.4　　95024986

教育行政 13　多元智慧與共同領導

作　　者：Thomas R. Hoerr
譯　　者：陳佩正
執行編輯：李　晶
總 編 輯：林敬堯
發 行 人：洪有義
出 版 者：心理出版社股份有限公司
社　　址：台北市和平東路一段 180 號 7 樓
總　　機：(02) 23671490　傳　真：(02) 23671457
郵　　撥：19293172 心理出版社股份有限公司
電子信箱：psychoco@ms15.hinet.net
網　　址：www.psy.com.tw
駐美代表：Lisa Wu　tel: 973 546-5845　fax: 973 546-7651
登 記 證：局版北市業字第 1372 號
電腦排版：辰皓國際出版製作有限公司
印 刷 者：辰皓國際出版製作有限公司
初版一刷：2007 年 1 月

定價：新台幣 350 元　
ISBN-13 978-957-702-975-1
ISBN-10 957-702-975-2

讀者意見回函卡

No. ______　　　　　　　　　　　　　　　　填寫日期：　年　月　日

感謝您購買本公司出版品。為提升我們的服務品質，請惠填以下資料寄回本社【或傳真(02)2367-1457】提供我們出書、修訂及辦活動之參考。您將不定期收到本公司最新出版及活動訊息。謝謝您！

姓名：______________　性別：1□男　2□女

職業：1□教師 2□學生 3□上班族 4□家庭主婦 5□自由業 6□其他____

學歷：1□博士 2□碩士 3□大學 4□專科 5□高中 6□國中 7□國中以下

服務單位：____________　部門：________　職稱：________

服務地址：________________　電話：______　傳真：______

住家地址：________________　電話：______　傳真：______

電子郵件地址：______________________________

書名：______________________________

一、您認為本書的優點：（可複選）

❶□內容 ❷□文筆 ❸□校對 ❹□編排 ❺□封面 ❻□其他____

二、您認為本書需再加強的地方：（可複選）

❶□內容 ❷□文筆 ❸□校對 ❹□編排 ❺□封面 ❻□其他____

三、您購買本書的消息來源：（請單選）

❶□本公司 ❷□逛書局⇨______書局 ❸□老師或親友介紹

❹□書展⇨____書展 ❺□心理心雜誌 ❻□書評 ❼其他________

四、您希望我們舉辦何種活動：（可複選）

❶□作者演講 ❷□研習會 ❸□研討會 ❹□書展 ❺□其他_____

五、您購買本書的原因：（可複選）

❶□對主題感興趣 ❷□上課教材⇨課程名稱______________

❸□舉辦活動　❹□其他____________　　　　（請翻頁繼續）

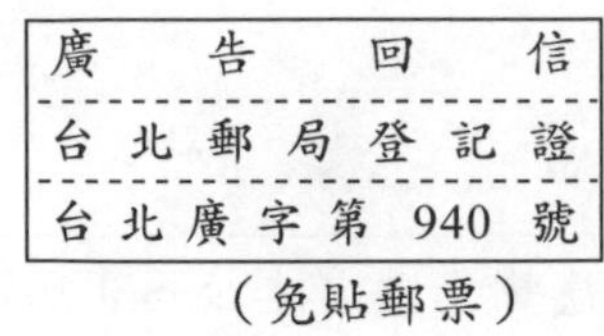

心理出版社股份有限公司
台北市106和平東路一段180號7樓

TEL: (02) 2367-1490
FAX: (02) 2367-1457
EMAIL:psychoco@ms15.hinet.net

沿線對折訂好後寄回

六、您希望我們多出版何種類型的書籍

❶□心理 ❷□輔導 ❸□教育 ❹□社工 ❺□測驗 ❻□其他

七、如果您是老師，是否有撰寫教科書的計劃：□有□無

書名／課程：________________________________

八、您教授／修習的課程：

上學期：________________________________

下學期：________________________________

進修班：________________________________

暑　假：________________________________

寒　假：________________________________

學分班：________________________________

九、您的其他意見

____

謝謝您的指教！ 41413